中国旅行社协会 研学旅行指导师团体标准成果
中国管理科学学会旅游管理专业委员会推荐教材
中国老教授协会研学实践教育专家委员会推荐教材
研学旅行管理与服务专业精品教材

研学旅行指导师理论与实务

◎总主编　韩玉灵　邓德智
邓德智　王彬　王亚超　著

中国旅游出版社

项目策划：段向民
责任编辑：张芸艳
责任印制：谢　雨
封面设计：武爱听

图书在版编目（CIP）数据

研学旅行指导师理论与实务 / 韩玉灵，邓德智总主编；邓德智，王彬，王亚超著 .-- 北京：中国旅游出版社，2020.7（2024.6 重印）

中国旅行社协会研学旅行指导师团体标准成果　中国老教授协会研学实践教育专家委员会推荐教材　中国管理科学学会旅游管理专业委员会推荐教材　研学旅行管理与服务专业精品教材

ISBN 978-7-5032-6406-1

Ⅰ．①研… Ⅱ．①韩… ②邓… ③王… ④王… Ⅲ．①素质教育—中小学—师资培训—教材 Ⅳ．① G451.6

中国版本图书馆 CIP 数据核字（2019）第 268855 号

书　　名：研学旅行指导师理论与实务

作　　者：韩玉灵　邓德智　总主编
　　　　　邓德智　王　彬　王亚超　著
出版发行：中国旅游出版社
（北京静安东里 6 号　邮编：100028）
http://www.cttp.net.cn　E-mail:cttp@mct.gov.cn
营销中心电话：010-57377103，010-57377106
读者服务部电话：010-57377107
排　　版：小武工作室
经　　销：全国各地新华书店
印　　刷：北京金吉士印刷有限责任公司
版　　次：2020 年 7 月第 1 版　2024 年 6 月第 3 次印刷
开　　本：787 毫米 × 1092 毫米　1/16
印　　张：16
字　　数：260 千
定　　价：59.80 元
ISBN　978-7-5032-6406-1

研学旅行管理与服务专业精品教材系列编委会

（排名不分先后）

前言

人们认识世界的方式主要有两种：一种是通过亲身实践，在与认知对象的互动中增进对客体的了解和认识；另一种是通过书本等媒介对知识生产主体搜集、整理和创造的智慧吸纳、思考与对话，间接地增进对客体的了解和认识。这两种认识世界的方式被概括表述为行知和学知。于是，是先行后知还是先知后行的思辨产生了，最终以“知行合一”实现了认识世界方式的统一。研学旅行作为一种教育理念产生后，又以国家必修课程进入学校，其实是人类科学地认识世界和对教育规律的尊重与回归。

研学旅行作为一种行走的动态课程、跨学科的生成课程，是实践育人的重要途径和方式。作为一种新的课程形态，师资是决定研学旅行教育活动成败的关键，那研学旅行的师资应该由哪些人组成，是学校老师、研究机构的科研人员、旅行社导游、景区景点讲解员，还是基地营地教练？从业者是一个独立岗位还是集体岗位（即是一个人还是一群人），应该如何分类，功能作用是什么？应具备什么条件？其定义、内涵和工作内容到底是什么？带着这些基本问题，我们全力投入到理论和实践研究中，经过几年的摸索实践，提出了“研学旅行指导师”这一专有名词，对其概念和内涵进行了全新界定，明确了研学旅行指导师应具备的职业素养、职业能力及工作流程规范，提出了研学旅行指导师是一个融合教育、文化和旅游属性的新岗位、新职业。在此研究的基础上，我们执笔起草了中国旅行社协会和高校毕业生就业协会联合发布的《研学旅行指导师（中小学）专业标准》（T /CATS 001—2019）。这是中国首个由旅游、教育双领域的全国一级社会组织共同实施的研学旅行人才标准。同年，在全国旅游职业教育教学指导委员会和教育部的大力支持下，申报成功了“研学旅行管理与服务”专业（专业代码 640107），为全国高职院校推开了专业开办的大门，从而构建起了研学旅行人才培养的短期培训和学历专业教育框架体系。

研学旅行人才培养不论是短期培训还是长期的学历教育，教材是基础。我们根据前期研究结果和研学实践编写了本书，全书共分六章，将研学旅行指导师定位于一个独立的工作岗位，其定义是完成策划、制订和实施研学旅行课程方案，在研学旅行过程中组织和指导中小学学生开展各类研究学习和体验活动的专业人员。从时间轴来看，工作范围包括研学旅行行前、行中、行后工作；从功能职责来看，研学旅行指导师是研学实践课程的策划者、组织者和实施者。对研学旅行指导师内涵的界定成为编制本书的基础。在编写过程中，为了避免出现只强调理论而忽视实践成为空洞教科书，或者只强调实操而成为没有理论支撑的培训资料等弊端，我们采取校企合作模式，与研学旅行新三板上市公司联手撰写，植入了一线研学企业管理实操与前沿理念。通过大量研学旅行案例选择，对研学旅行具体操作流程分析，总结提炼出具有普适性的工作规范，同时结合研学旅行早期实践者景朝霞校长积累的经典案例和经验，使本书极具操作性和可读性。另外，我们力求在系统性和前沿性的基础上，以实用、够用为原则，精简内容，合理把握理论尺度，充分体现出职业教育教材的特征。

然而，由于研学旅行属于新事物，有不少概念和内容仍在探讨中，要构建成熟、完整的研学旅行指导师理论与实务体系还有很长的路要走，但在韩玉灵和杜兰晓两位教授、孙桂珍和张广福两位秘书长及中国旅游出版社的鼓励、支持下，我们愿做研学旅行的铺路者，与各位同人携手与共，来推动研学旅行专业建设的发展，培养出社会急需的合格的专业人才。拙作是全国首本研学旅行专业教材，少有借鉴资料，加之水平和能力有限，书中难免存有遗漏和不足之处，恳请读者批评指正。我们相信真理不辩不明，相信“走的人多了，研学旅行指导师便有了‘路’”。

邓德智

2020 年 1 月

目录

第一章　研学旅行概述 001

第一节　研学旅行缘起发展 001

第二节　研学旅行内涵特征 008

第三节　研学旅行构成要素 014

第二章　研学旅行指导师 020

第一节　研学旅行指导师概念与分类 020

第二节　研学旅行指导师的职业素养 023

第三节　研学旅行指导师的职业形象 031

第三章　研学旅行课程设计 036

第一节　研学旅行课程概述 036

第二节　研学旅行课程方案编制 055

第三节　研学旅行课程手册编制 073

第四章　研学旅行指导师课程实施 080

第一节　研学旅行课程行前准备 080

第二节　研学旅行课程行中执行 110

第三节　研学旅行课程行后总评 128

第五章　研学旅行指导师技能 136
第一节　研学旅行指导师教学技能 136
第二节　研学旅行指导师管理技能 146

第六章　研学旅行指导师相关知识 156
第一节　法律法规知识 156
第二节　青少年心理学知识 166
第三节　教育教学知识 168
第四节　营地教育知识 169
第五节　博物馆教育知识 171
第六节　安全教育知识 173

附录 176
附录 1　教育部等 11 部门关于推进中小学生研学旅行的意见（教基一〔2016〕8 号） 176
附录 2《研学旅行服务规范》（LB/T 054—2016） 181
附录 3　研学旅行指导师（中小学）专业标准（T/ CATS 001—2019） 190
附录 4　北京市陈经纶中学分校齐鲁文化探寻社会综合实践活动学生手册 195
附录 5　北京市陈经纶中学分校齐鲁文化探寻社会综合实践活动研学旅行指导师手册 218

参考文献 245

第一章　研学旅行概述

无论在古代中国还是古代欧洲，伟大的学术先行者们的光辉思想，无一不是在学与行的结合中诞生的。研学旅行延续和发展了我国传统游学“读万卷书，行万里路”的教育理念和人文精神，成为素质教育的新内容和新方式。本章介绍了与研学旅行有关的基础知识，包括研学旅行的缘起发展、基本概念、内涵特征、价值等，力求用最少的笔墨勾勒出研学旅行古今中外的历史发展轮廓，让读者领会研学旅行的价值及正确理解现代研学旅行的内涵、特征。最后通过对研学旅行构成要素的分析，即研学旅行主体、组织方、承办方、供应方、课程及师资的阐述，为后面的课程学习奠定基础。

第一节　研学旅行缘起发展

研学旅行是社会经济发展到一定阶段的产物，是由我国古代游学、近代修学旅行逐步演变发展而来的。“研学旅行”作为一种教育理念产生，进而以国家必修课程进入学校，其实是对人类认识世界的规律和教育规律的尊重与回归，是认识主体以游历实践作为认知方式和作为书本学习的重要补充方式，不论在古代还是近现代，不论在中国还是西方各国都各具特色，研学旅行成为各个时期不同国家造就人才的智慧之旅。

一、国内研学旅行

追根溯源，作为有着五千年文明的古国，自古以来文人就有游学之风。据史料记载，距今 2700 多年前的春秋战国时期（约公元前 770—前 221 年），孔子 56 岁携众弟子踏歌而行，继而周游列国，先后到过卫国、曹国、宋国、郑国、陈国、蔡国、楚国，考察各地的风土人情，宣传礼乐文化，亲历各地风土民情，游说讲演或辩论，远游异地，从师学习，以所学游说诸侯，求取官职，堪称世界研学旅行的先师和典范。

先秦后汉时期，诸侯并起，厚招游学，广纳贤能。文士们通过游学增进学识，进而充当纵横家游说诸侯国，以言策建立功业，实现自己的理想抱负，成就了一大批人才。

两汉时期，学子们为学经，远行访师问道，既求闻达也求仕途。司马迁自述“二十而南游江、淮，上会稽，探禹穴，窥九嶷，浮於沅、湘；北涉汶、泗，讲业齐、鲁之都，观孔子之遗风，乡射邹、峄；戹困鄱、薛、彭城，过梁、楚以归”。正是因为有了这样漫长而大范围的游历和实地考察，才能深刻、生动地写出旷世奇著《史记》。

隋唐兴“壮游”、旅行学习之风，众多士子走出书斋，多作郊游、远行、交友、边塞之旅。他们访古问俗、优游林下、寻幽探胜、结交豪杰、相互学习，在旅行中学习知识、体悟人生、修为人格、传承文化，成就很多传世的诗篇，而开放、包容的文化，更成就了当时文化的空前繁荣。例如，郦道元遍历山川为《水经》做注；玄奘西去印度，历经千辛万苦传播东西文化，流芳千古；鉴真东渡至扶桑，传道解惑；李白和杜甫也是游历了祖国名山大川后才写出中国诗歌的巅峰之作，杜甫曾作《壮游诗》：东下姑苏台，已具浮海航，到今有遗恨，不得穷扶桑。王谢风流远，阖庐丘墓荒。剑池石壁仄，长洲荷芰香……

北宋科学家沈括自幼随父宦游各地，所见所闻终集成巨著《梦溪笔谈》；明代“千古奇人”徐霞客游历四方，“达人所之未达，探人所之未知”，著传世之地理名著《徐霞客游记》，且其开篇之日（5 月 19 日）现被定为中国旅游日。从过程和形式来看，这些通过旅行、变迁活动区域来获得不同的生活经历和见闻的行为，都可以被看作研学旅行最富有诗意情怀的雏形。

20 世纪 30 年代，著名教育家陶行知抱着教育救国的理想积极倡导“知行合一”，认为“行是知之始，知是行之成”。淮安县河下镇私立新安小学的“新安旅行团”成立于 1935 年 10 月，在校长汪达之的带领下，以旅行实践陶行知先生倡导的“生活即教育，社会即学校”的新教育理论。此次长途游学旅行，14 名学生通过唱歌、劳动、卖书、卖报、爱国演讲等办法自筹部分经费，看江南风光，观察、学习沿途地理、风俗、民情，调查乡村，走进工厂，一路研学，一路宣传抗战，克服重重困难，行走战时的中国，他们的创举轰动全国。

新中国成立以来，不同社会发展时期对教育有不同的要求，很多学校组织了各种带有研学性质的诸如学工、学农、学军、勤工俭学、爱国主义教育、国防教育、红色旅游、历史文化探源、地质生物考察等活动。随着传统文化里游学理念的回暖，加之外来修学旅游理念的刺激，在进入 20 世纪 90 年代经济的快速发展时期，伴随改革开放的深入，开始出现了由校外机构组织的游学活动，家长、学生们对国内修学旅行、出国游学的需求迫切，一些教育理念较开放的学校开始组织学生修学旅行、出境游学，不少旅行社根据市场需求组织专题的修学旅行或海外游学旅行团，推动这一市场蓬勃发展。但是由于教育市场的刚需，加上没有出台系统的政策规范来引导和监管市场，出国游学总体呈现野蛮生长的状态，教育质量参差不齐。直到 2001 年第八次基础教育课程改革后，加之“十三五”期间国家整体战略发展目标的调整，这种寓教于乐又富有知识性的教育教学活动逐步提上国家议事日程。

“研学旅行”一词最早出现于 2013 年 2 月国务院办公厅印发的《国民旅游休闲纲要（2013—2020 年）》，文件中提出了“逐步推行中小学生研学旅行”，这是我国首次以政府文件的形式使用“研学旅行”的概念，也宣告了“研学旅行”正式登上社会经济发展的历史舞台。2014 年 8 月 21 日，国务院《关于促进旅游业改革发展的若干意见》提出“积极开展研学旅行”首次明确了“研学旅行”要纳入中小学生日常教育范畴。2015 年，国务院办公厅印发《关于进一步促进旅游投资和消费的若干意见》再次提出“支持研学旅行发展”，将其作为拓展旅游发展空间、促进旅游消费、拉动内需的一项重要举措。2016 年，为了推进研学旅行健康快速发展，教育部、国家发展改革委、交通运输部和国家旅游局等 11 部门颁布《关于推进中小学生研学旅行的意见》，明确提出“各中小学要结合当地实际，把研学旅行纳入学校教育教学计划，与综合实践活动课程统筹考虑，促进研学旅行和学校课程有机融合，要精心设计研学旅行活动课程”。自此，研学旅行在教育部的主导下在国内全面推行。

历时多年，研学旅行经历了从“区域试点”“逐步推行”到“支持开展”“全面推行”的进程，研学旅行在落实立德树人根本任务，帮助中小学生了解国情、热爱祖国、开阔眼界、增长知识、提高社会责任感、培养创新精神和实践能力方面意义重大，研学旅行是全面推进素质教育的重要途径，很可能引领未来教育，推动教育新生态的演进。同时，研学旅行具有教育和旅行的双重属性，为旅游行业提供了广阔的空间，对激发市场活力、拉动内需、促进经济发展及旅游从业人员素质的提高产生了深远的影响。

二、国外研学旅行

研学旅行在国外又被称为修学旅游、教育旅游、营地活动等。在 16—17 世纪的欧洲地区兴起的"大游学"(Grand Tour) 运动是教育旅行的前身[1]，不少国家开始崇尚"漫游式修学旅行"。第二次世界大战后，欧美国家开始发展营地教育，日本于 1946 年发展修学旅行[2]，到 1960 年修学旅行已成为日本中小学校的常规教育活动。迄今为止，已有许多国家将研学旅行作为学校系统内能开阔学生视野、提高跨文化理解能力的一种教育方式，并且积累了有益经验。公元前 5 世纪（约公元前 480 —前 425 年）的古希腊作家、历史学家希罗多德，通过把旅行中的所闻所见，以及第一波斯帝国的历史记录下来，著成《历史》一书，该书成为西方文学史上第一部完整流传下来的散文作品，他也因此被尊称为"历史之父"。而历史学家狄奥多罗斯、地理学家保萨尼亚斯和斯特拉波都进行过横穿希腊的旅行，将记录汇成如今我们所知晓的丰富多彩的希腊神话。毕达哥拉斯、阿基米德、亚里士多德等也都是在周游列国的交流、考察、讲学中形成著作和学术思想的。我们所熟知的来自意大利的马可·波罗（约 1254—1324 年），从威尼斯出发游历归来后写出《东方见闻录》，为当时西方世界带去了一个全新的东方文明认知。下面我们来具体地了解日本、美国和英国的研学活动的发展。

（一）日本的修学旅行

对于日本修学旅行的原型，有的学者认为是 1886 年 2 月东京师范学校（现在的筑波大学）开展的长途远足。东京师范学校的《东京师范学校行军旅行（修学旅行）

1 付有强 . 英格兰教育旅行传统探析 [J]. 贵州文史丛刊，2013（4）：115-120.

2 蒋丰 . 日本修学旅游的启示 [N]. 中国文化报，2011-08-06（4）.

的创始》一文中提到，“修学旅行”名词的提出是在1887年，新谷恭明的《日本最早的修学旅行的记录》中，介绍了参与该修学旅行的学生的日记，能判断出修学旅行与当时盛行的行军旅行的明显区别，已经初显修学旅行的研究性质[1]。

作为最早提出这一概念的日本，于1946年开始将修学旅行正式纳入学校教育体系在全国范围实施，活动对象主要是中小学生团体，从学习传统文化知识、参观国家公园、访问历史古迹，到涉及职业选择、自然体验、考察先进企业甚至体验商人活动等，涵盖了政治、经济、文化等各个领域，以此来丰富知识、开阔视野、增长阅历、增进交流、锻炼意志、培养团队精神。

日本的修学旅行明确以学习为目的，学校组织学生进行的集体旅行活动，让学生更容易从旅行中学到知识，借此达成多元学习目标的教育方式。日本的修学旅行因学习的内容不同被细分成若干类别。比如历史学习，主要通过参观历史遗迹，学习历史知识。

日本本土修学旅行多以自然学校、青少年营地等为依托，开展相应的修学体验实践活动，据统计包括自然学校在内的教育基地有4000多家，每年超过1770万名中小学生参与相应教育的活动。丰厚的自然学校资源给学校和家庭提供了修学目的地的选择，学校会依据学生的不同年龄而有所侧重地开展修学旅行活动，时间一般为期数天，在外集体生活、学习，几个人同住榻榻米房间。因为远离世俗的干扰，师生可以毫无拘束地交流、自由探讨。其中，小学生主要就近参观名胜景点或是集体泡温泉；初中生不仅去名胜景点，而且会去教科书中出现的国会议事堂、东京塔等景点；高中生则倾向体验自然或了解往日战争的悲惨历史，因而常去冲绳、广岛、长崎等地。另有不少学校尤其私立学校，还会组织学生出国修学旅行，并将此作为特色写入招生简章。

（二）美国的营地冬夏令营

营地夏令营、冬令营活动均起源于美国，有着150多年的历史。1861年夏天，一位来自康涅狄格州的教师肯恩（Frederick W. Gunn），率领孩童进行为期两周的登

1 马亚琴. 中日研学研学旅行对比浅析 [J]. 度假旅游，2018（8）：131-133.

山、健行、帆船、钓鱼等户外活动，来调整孩童身心。“肯恩营队”每年 8 月在靠近湖和森林的简易营地里开展教育活动，并持续进行了 12 年之久。而美国霍奇基斯高中甚至曾组织 10~12 年级的学生去南极开展为期 3 周的探险之旅，让学生在考察南极半岛和周边岛屿，观察鲸鱼、磷虾群，拍摄帝企鹅、海豹、冰山的同时，听取随行的南极科考专家讲解生态学和当地历史。

在美国，营地活动作为一种体验式教育，与传统的夏令营和冬令营有一定区别。夏令营和冬令营往往没有固定的营地，营地活动更强调有固定的营地，有营地建设、营地活动、营地课程等。美国营地协会 1998 年给营地活动的定义为：一种在户外以团队生活为形式，并能够达到创造性、娱乐性和教育意义的持续体验。通过领导力培训以及自然环境的熏陶帮助每一位营员达到生理、心理、社交能力及心灵方面的成长。

美国约有 12000 个营地，住宿营在 7000 个，每年有 1000 万左右儿童和青少年、100 万成人参加营地活动[1]。有很多美国学生家长陪伴孩子参加营地活动，为满足或培养孩子的兴趣爱好提供了多种多样的选择，是非常受学生欢迎的活动。

美国极为重视博物馆的教育功能，几乎每家大、中型博物馆都设立教育部，成为学校课程开展的重要场所。现有的博物馆提供“K–12”教育项目，典型的博物馆每年为学生提供 100~223 小时的辅导服务，按保守估计，全美博物馆每年共为学生提供 390 万小时的服务。不少美国高中生会在假期里参加国内名校游，了解高校特色，为将来升学选择做准备。

（三）英国的大游学

作为现代旅游业诞生地的英国，一直以来就有崇尚游学的风气，“大游学”（The Grand Tour），实际就是修学旅游。从朝圣之旅到现代校外教育，研学旅行在英国经历了几个世纪的演变和发展，到今天已成为世界各国开展校外教育、拓展学习空间的学习典范。早在 17 世纪，英国王室就有教师带领王子们周游列国的先例；到了 18 世纪，这种游学普及英国上流阶层；到 19 世纪，倘若当时英国的青年学

1 数据来源于 2018 年美国营地协会统计数据。

子，尤其是贵族子弟不曾有过海外游学的经历，就会被人看不起。

2006 年春季，英国教育与技能部（ Department for Education & Skills，DFES）发布了时任部长安德鲁·阿多尼斯（ Andrew Adonis）的报告——《课外教育宣言》（ Learning Outside the Classroom Manifesto，以下简称《宣言》）[1]。由于最终目标在于促进学校为每一个学生提供高质量且安全的学校参观活动，该《宣言》成为英国开展研学旅行的重要政策文件并发挥了实际效用。《宣言》强调课外教育活动的立足点不在于“学生学什么”，而在于“学生如何去学”以及“在哪里学”，《宣言》为英国开展体验式环境教育（ Experiential Environmental Education）和社区教育（ Community Education）提供了强有力的制度保障。

英国的“大游学”作为一种校外教育模式，特别强调学生全员参与，同时把学生出行所达成的目标，能够实现的教育意义和价值，作为重要衡量标准，针对不同年龄层学生提供贴近生活和社会、形式多样的教育旅行，按照不同的空间和内容，大致概括为体验式环境教育、社区教育、航海旅行三种类型。

从国外中小学修学旅行、营地活动等相关文献资料来看，目前自然教育、生活体验、文化考察、交流学习为主要活动模式，并受国家宏观层面政策上的支持。从实施经验中可以发现，关联旅行活动蕴含丰富的教育内容，涉及空间上的转移及众多的参与人员和相关事物。从组织形式上来看，以学校为主要组织单位，以青少年学生为中心，学校老师参与组织、协调调动资源，学生则经历包括自然、文化、生活与社会等各个方面的明确的主题体验实践，以及研究性学习为目的的课程活动内容。从活动过程方面来看，鼓励学生在旅行中展开观察、记录、思考问题，特别在与学科关联的活动中，老师应引导学生运用课堂上获得的理论知识，通过实践使学科知识之间相互融通。

1　冉源懋，王浩霖．研学旅行的英国实践及启示 [J]. 西南交通大学学报（ 社会科学版），2019（ 5 ）:111-118.

第二节　研学旅行内涵特征

一、 研学旅行的概念

研学旅行作为一项撬动素质教育改革的杠杆举措和一种探索文旅发展的崭新方式，已进入旅游研究视野和成为综合实践育人研究的新领域。目前，教育部、原国家旅游局在颁布的研学旅行文件和标准中对研学旅行的概念进行阐述。无论教育部门还是文化和旅游部门，对研学旅行在教育对象、教育目标、教育形式、教育意义上皆有相似说明，区别在于对实施研学旅行的主体和过程诠释角度不同。

2016 年国家旅游局颁布的《研学旅行服务规范（LB/T 054—2016）》行业标准中，对“研学旅行”在概念上界定为：以中小学生为主体对象，以集体旅行生活为载体，以提升学生素质为教学目的，依托旅游吸引物等社会资源，进行体验式教育和研究性学习的一种教育旅游活动。在 2016 年教育部等 11 部门《关于推进中小学生研学旅行的意见》中，对“研学旅行”概念解释是由教育部门和学校有计划地组织安排，通过集体旅行、集中食宿方式开展的研究性学习和旅行体验相结合的校外教育活动，是学校教育和校外教育衔接的创新形式，是教育教学的重要内容，是综合实践育人的有效途径。从对两者的概念内涵界定来看，都认为研学旅行的主体是中小学生，都明确以集体旅行生活为载体进行综合实践育人，都强调研学旅行是重要的教育活动。

二、 研学旅行的特征

（一）计划性

在管理学中，计划具有两重含义。其一是计划内容，是指根据对组织外部环境与内部条件的分析，提出在未来一定时期内要达到的组织目标以及实现目标的方案途径。其二是计划形式，是指用文字和指标等形式所表述的组织以及组织内不同部门和不同成员，在未来一定时期内关于行动方向、内容和方式安排的管理文件。著名管理学家哈罗德・孔茨和海因・韦里克从抽象到具体，把计划划分为：目的或使命、目标、战略、政策、程序、规则、方案及预算等，研学旅行也同样适用。研学旅行计划性体现在三个明确上，首先明确研学旅行组织方及承办方的目标和任务，其次明确其实现目标所需的资源以及所采取的程序、方法和手段，最后需要明确各级管理人员在执行计划过程中的权利和职责。

（二）组织性

研学旅行组织性可以从静态与动态两个方面来理解，静态方面指组织结构，即反映研学参与者、研学资源、研学任务及其特定关系的网络；动态方面指通过研学旅行组织机构的建立，将研学旅行活动的各个要素、各个环节从时间上、空间上科学地组织起来，使参与研学活动的人员都能接受组织领导、协调行动，实现预定目标。这里组织保障和组织管理是研学旅行组织性的具体体现。

首先，在研学旅行组织保障方面。应由教育部门牵头，文旅、公安、财政、交通、文化、食品药品监管、保监和共青团等相关部门组成研学旅行工作协调小组，加大对研学旅行工作的统筹规划和管理指导，教育行政部门应建立健研学旅行的评价机制，把中小学组织学生参加研学旅行的情况和成效作为学校综合考评体系的重要内容。学校应建立对学生的研学旅行评价制度，对学生参加研学旅行的情况和成效进行科学评价，将评价结果纳入学生学分管理体系和学生综合素质评价体系。

其次，要规范研学旅行组织管理。教育行政部门和中小学要探索制定“活动有方案，行前有备案，应急有预案”的中小学生研学旅行工作规程，学校组织开展研学旅行无论采取自行开展还是委托开展的形式，均需要提前拟订活动计划并按管理权限报教育行政部门备案，建立与家长的沟通机制，以及培训、评价、采购、招标、安全等制度，明确各方的责任职责。

（三）集体性

研学旅行是纳入教育部门和学校教育教学计划的重要教学活动，它往往是以年级和班级为单位进行的集体出行活动，这是区别于一般的团队、散客旅游、亲子游的重要特征。学生们离开惯常环境，一起同行、同吃、同住、同体验。如何适应集体生活，形成团队意识和互助精神，如何学会交流和分享研学旅行成果和创意，如何提高与人交往能力，形成社会责任感以及积极履行公民义务的意识和能力等，这些都是由研学旅行的集体性创造出来的珍贵教学场景，同时也是通过研学旅行要实现的教育目标。从组织方和接待方的角度看，少则几百人多则上千人的研学旅行集体活动，在食、住、行的组织安排及安全保障等方面都会带来极大的挑战。

（四）教育性

研学旅行的根本属性是教育，教育性首先体现在“立德树人”。教育以培养人的德行为最高目的的观点，源于古希腊苏格拉底的知识与道德合一的观点。我国宋代周敦颐提出的“文以载道”亦有类似含义，用以说明教学在使受教育者学习知识的同时，必然影响其精神面貌，教学具有教育性是由其客观规律决定的。研学旅行作为一种必修的综合实践活动课程，组织中小学生走进社会、融入自然，感受中华文化的源远流长、博大精深，在真实的场景中去发现问题、研究问题，能够帮助中小学生学会生存、生活，学会做人、做事，培养他们的创新精神和实践能力，同时能促进中小学生形成正确的世界观、人生观、价值观。

（五）实践性

实践与认识有着相互促进的关系，对于大部分问题，我们只有通过实践才能一步一步发现真理，用实践去认识问题、解决问题，通过实践去更好地了解认识世界。陆游有诗云“纸上得来终觉浅，绝知此事要躬行”，朱熹提出“知之愈明，则行之愈笃；行之愈笃，则知之益明”。美国教育家 M. 希尔伯曼说过：“我们所能学到的东西是——所读东西的 10%，所听到东西的 20%，所看到东西的 30%，视听结合能理解 50%，与人探讨有 70% 的效果，亲身体验有 80% 的收获，给别人讲授后 90% 的东西是真正属于自己了。”研学旅行实践教学能够促进学生真正掌握课堂理论知识，巩固理论教学成果，同时引导学生用眼睛观察社会，用心灵感受社会，用思考探究社会，从与历史和社会沟通的各个方面获得真实自我体验，从而建立起学习与生活的联系。

（六）综合性

作为综合实践育人的有效途径，研学旅行是以统筹协调、整合资源为突破口，从立德树人、培养人才的根本目的出发，站在综合育人的高度，再基于核心素养的形成来进行统筹。研学旅行活动不属于某单一学科，是综合性活动课程，不仅超越学科，还超越文理之分，超越地理社会空间。因此包括学校内的学科整合、跨学科的整合，甚至是跨界的整合。比如说整合资源，要结合地区的情况、学校的情况、学生的实际情况，对科技馆、知名院校、工矿企业、科研机构等进行充分的挖掘，整合这些可用资源。

研学是目的，旅行是载体，秉承校内外相结合的原则，做到研究性学习和旅行体验相结合。研学旅行课程更强调超越教材、课堂和学校的局限，秉承贴近生活、融于自然、走入社会、规划人生的方向，在活动时空上向自然环境、学生的生活领域和社会活动领域延伸。风景如画的名胜区、人文遗址、博物馆、科技馆、现代农业示范园、自动化制造车间等都可以融合成为学生的研学实践课堂。

（七）安全性

研学旅行要坚持安全第一，建立安全保障机制，明确安全保障责任，落实安全保障措施，确保学生安全。各组织机构需要制订科学、有效的中小学生研学旅行安全保障方案，探索建立行之有效的安全责任落实、事故处理、责任界定及纠纷处理机制，实施分级备案制度，做到层层落实、责任到人。教育行政部门负责督促学校落实安全责任，审核学校报送的活动方案（含保单信息）和应急预案。学校要做好行前安全教育工作，负责确认出行师生购买意外险，必须投保校方责任险，与家长签订安全责任书，与委托开展研学旅行的企业或机构签订安全责任书，明确各方安全责任。旅游部门负责审核开展研学旅行的企业或机构的准入条件和服务标准。交通部门负责督促有关运输企业检查学生出行的车、船等交通工具。公安、食品药品监管等部门应加强对研学旅行涉及的住宿、餐饮等公共经营场所的安全监督，依法查处运送学生车辆的交通违法行为。保险监督管理机构负责指导保险行业提供并优化校方责任险、旅行社责任险等相关产品[1]。作为一名研学旅行指导师，应该对中小学研学旅行中存在的安全问题有一个全面的认识和知识能力的储备，能够综合运用各种方法和手段防止中小学研学旅行安全事故的发生，以及安全事故发生后能够及时、妥善地处理等，从组织机构到机制、人员都以保证学生的安全为主线来组织开展研学旅行活动。

1　教育部等 11 部门《关于推进中小学生研学旅行的意见》（教基一〔2016〕8 号）.

（八）公益性

教育是公益事业，从事研学旅行工作，与旅游市场运作方式不完全相同，讲究“薄利”“微利”，需要有一颗公益心，从而获取品牌与信任，赢得长足发展。研学旅行不得开展以营利为目的的经营性创收，对贫困家庭学生要减免费用[1]。教育主管部门、学校和社会研学机构应该合力构建研学公益体系，即教育主管部门要制定有效的研学帮扶政策，减免或补助家庭困难学生的研学费用；学校应该做好困难学生的认定和保密工作；社会研学组织应当适当让利，充分考虑到不同家庭的经济情况，并提供一些免费名额。通过研学旅行的公益性来推动教育的公平性。

三、 研学旅行的教育价值

研学旅行作为在国内兴起的新兴教育形态，由教育部门和学校有计划地组织安排，是通过集体旅行、集中食宿方式开展的研究性学习和旅行体验相结合的校外教育活动，有着较强的教育使命，是学校教育和校外教育衔接的创新形式，是教育教学的重要内容，是综合实践育人的有效途径。其典型的体验教育方式，既传承了中国传统的“读万卷书，行万里路”的精神，也与“生活即教育，社会即学校”的理念相契合，又有别于传统的课堂教育，将课堂融入自然界、社会生活和人际生活之中，让中小学生从学校走向更广阔的校外世界。让教育突破了校园的围墙，变得更贴近自然、贴近生活、贴近生命，也变得更丰富多彩、更有趣味、更有意义，使学生更好地感受生活、感受社会、感受自然。研学旅行作为学校教育与校外教育相结合的重要组成部分，其教育教学价值主要体现在以下三个层面。

第一，从国家层面来看，研学旅行承载着为国家民族培养优秀人才的使命。这是贯彻《国家中长期教育改革规划和发展纲要》的行动，是对具备 21 世纪竞争力的中国公民的培育，是培养学生的核心素养，让学生能够适应终身发展和社会发展需要的必备品格和关键能力的重要方式。教育部等 11 部门《关于推进中小学生研学旅行的意见》明确提出，研学旅行以立德树人、培养人才为根本目的。让广大中

1　教育部等 11 部门《关于推进中小学生研学旅行的意见》（教基一〔2016〕8 号）.

小学生在研学旅行中感受祖国大好河山，感受中华传统美德，感受革命光荣历史，感受改革开放伟大成就，增强对坚定“四个自信”的理解与认同；同时学会动手动脑，学会生存生活，学会做人做事，促进身心健康、体魄强健、意志坚强，促进形成正确的世界观、人生观、价值观，培养他们成为德智体美全面发展的社会主义建设者和接班人。

第二，从学校层面来看，研学旅行是突破应试教育向素质教育转变的有效载体，是形成学校办学特色和品牌的有效途径。由学校统一组织引领学生走出校门，有利于学校课程（国家课程、校本课程）与生活世界深度联系，以改变学生读死书、死读书的现象。从某种意义上来说，研学旅行的开展能够使得制约我们国家中小学素质教育实施的矛盾迎刃而解，有利于素质教育的推动及实现，在培养学生的综合能力方面起到不可替代的作用，从而形成学校的办学特色和办学品牌。

第三，从学生个体来看，研学旅行是激发学习兴趣、培养核心竞争力的重要手段。在研学旅行活动中通过一次次体验、实践、反思来获得运用知识、创新知识的能力，通过应对特定情境中的观察、实践、合作、沟通、创造的过程，将个体与个体、个人与团队的能力像串珠式地联系起来，从而帮助学生创造性地完成“真实”的学习，完成能力的综合运用、提升，促进思维的广度、深度发展，帮助其客观、辩证地看问题。研学旅行实践给了学生更多走出学校的机会，缓解了单一的从学校到学校、从课堂到课堂、从书本到书本的校园固化模式，也让实验室效应不仅仅停留在理论层面，改观了以往学校教育中学生对真实社会、自然了解甚少，不动手试验制造、不创造发明的教育教学现状，是对学习分数至上的功利性教育的变革，解决了书本知识与实际生活世界相脱离的困境，深化了学生对实践性知识的理解，丰富了学生的学习方式，帮助学生把知识技能运用到生活实践中，及时解决生活中面临的问题或困惑；让学生从实际生活中发现自己感兴趣的东西，培养其认知能力、合作能力、创新能力和职业能力，进而形成自己的核心竞争力。

学生关键能力培养

第三节　研学旅行构成要素

学校组织开展研学旅行可采取自行开展或委托开展的形式，不论是采用哪种形式都需要提前拟订活动计划并按管理权限报教育行政部门备案，通过家长委员会、致家长的一封信或召开家长会等形式告知家长活动的意义、时间安排、出行线路、费用收支、注意事项等信息，加强学生和教师的研学旅行事前培训和事后考核。学校自行开展研学旅行，要根据需要配备一定比例的学校领导、教师和安全员，也可吸收少数家长作为志愿者，负责学生活动管理和安全保障，与家长签订协议书，明确学校、家长、学生的责任和权利。学校委托开展研学旅行，要与有资质、信誉好的委托企业或机构签订协议书，明确委托企业或机构承担学生研学旅行安全责任[1]。因此，组织好研学旅行工作必须明确其中研学旅行主体、组织方、供应方、承办方、课程及师资要素，并对其在活动中的地位和作用做具体规定，保证研学旅行活动安全、有序、有效地进行。

1　教育部等 11 部门《关于推进中小学生研学旅行的意见》（教基一〔2016〕8 号）.

一、研学旅行主体

中小学学生是研学旅行参与主体，教育部等 11 部门《关于推进中小学生研学旅行的意见》明确指出：一般应安排小学 4~6 年级、初中 1~2 年级、高中 1~2 年级的在校学生参与研学旅行。

二、研学旅行主办方

研学旅行活动的主办方为教育行政管理部门和学校，既是研学旅行的保障方，又是研学旅行的决策和组织者。为学生的研学旅行活动保驾护航，提供各类保障措施。研学旅行活动主办方应对研学旅行服务项目提出明确要求，应有明确的安全防控措施、教育培训计划，与承办方签订委托合同，按照合同约定履行义务。

（一）组织保障

教育行政部门要建立工作领导机构，制定有关制度，不断总结推动，为学校开展研学旅行活动提供政策支持。学校要制订具体工作方案，建立研学旅行长效管理体系。

（二）课程保障

制定研学旅行课程方案和标准，将研学旅行和课程改革结合，突出课程性，开发自然类、历史类、地理类、科技类、人文类体验类等多种类型的活动课程。将学生参加研学旅行活动结果纳入学分管理体系和综合素质评价。

（三）安全保障

学校要制订详细的安全应急预案，要对参与活动师生进行安全防范知识和技能培训，要选择有资质、信誉好和风险管理能力强的旅行社或专业研学服务机构作为实施单位。基于《旅游法》，承接学校研学旅行项目实施的专业研学服务机构应同时具备旅行社资质，或委托有资质的旅行社落实。学校要制订科学严密的研学旅行操作流程，研学前要制订计划。精心策划，确定主题，与有关旅行社一起科学制订研学旅行实施方案（含安全方案），并上报有关教育主管部门批准。还要通过多种方式宣传和告知家长，根据学生数量和活动需要，成立专门的工作小组，明确分工，细化方案和责任，周密做好有关准备工作。在研学中要严格执行计划，做好应急处理，对各类可能出现的问题科学研判，未雨绸缪，防患未然。研学后要加强后续管理，及时做好研学旅行的总结工作，不断完善学校研学旅行课程设计和方案制订，提升研学旅行活动科学化水平。

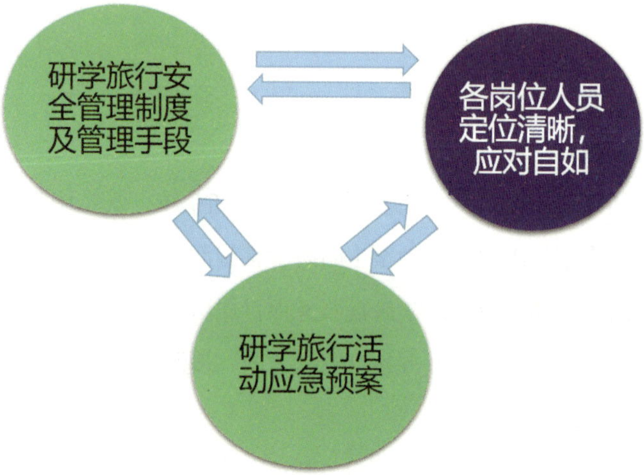

安全保障交互

三、研学旅行承办方

研学旅行承办方是指与研学旅行活动主办方签订合同，提供教育旅游服务的旅行社或研学旅行专业机构。目前国内大部分省市认可旅行社是研学旅行的承办方。因研学旅行的服务对象是中小学的学生，必须强调承办方即旅行社的专业性和安全性。根据行业标准《研学旅行服务规范》（LB/T 054—2016），作为承办方需要是依法注册的旅行社，符合《旅行社国内旅游服务规范》（LB/T 004—2013 ）和《旅行社服务通则》（LB/T 008—2011）的要求，宜符合《旅行社等级的划分与评定》（GB/T 31380—2015）的要求的 AA 及以上等级，连续三年内无重大质量投诉、不良诚信记录、经济纠纷及重大安全责任事故。根据专业性要求，旅行社要设立专门服务于研学旅行的部门或专职的研学旅行人员，宜有承接 100 人以上中小学生研学旅行团队的经验，有丰富的研学旅行产品，具有根据学校的需要定制研学旅行线路课程的能力。基于安全性要求，建议主办方一般会要求旅行社投保责任险保险额不低于 60 万元 / 人、旅游人身意外险保险额不低于 25 万元 / 人等，对旅行车辆、驾驶员、行车线路、住宿、餐饮要严格把关，杜绝安全隐患。在研学旅行活动开展前应与供应方签订旅游服务合同，按照合同约定履行义务。

四、研学旅行供应方

研学旅行供应方需要具备法人资质，有相应经营资质和服务能力，与各承办方签订合同，按照合同约定履行义务。包括提供交通、住宿、餐饮、目的地接待等服务机构和基地（营地）等，特别是研学旅行实践基地（营地）作为供应方开展研学旅行活动课程的，需要根据小学、初中、高中不同学段的研学旅行目标，结合基地（营地）的课程资源，有针对性地开发各类研学活动课程，实现教育教学目标。

五、研学旅行课程及师资

研学旅行课程属于综合实践活动课程中的考察探究类，是国家课程中的必修课程，与学科课程并列设置、相互补充，是中小学课程结构不可或缺的组成部分。研学旅行课程作为学科课程内容的延伸、综合、重组与提升，既是学科课程基础知识、基本原理的应用，也是跨学科生成课程的实践、培养学生核心素养的重要载体，因此研学旅行活动课程需要明确课程主题、课程定位、课程理念、课程目标、师资团队，规范研学课程结构、课程内容、课程实施、课程评价等，应深刻理解课程及师资要素对研学旅行的关键作用。

（一）研学旅行课程之行，在于行动

研学旅行课程有以下几个特点：第一，持续时间较长，短的一天，长的一周甚至以上。第二，行动安全要求高，相关部门基本会把安全要求放在研学旅行的第一位置。第三，行动组织难度大，涉及学生的衣、食、住、行和学习等方方面面，比室内课程或校内活动课程组织难度大得多。活动如何组织、安全如何保障、费用如何筹措等尤为重要，这体现在研学旅行的“行”即行动实践中。从研学旅行课程实践的视角，可以把研学旅行课程规划行动上分为活动前、活动中、活动后三个行动阶段；从研学旅行课程理论的视角，可以把研学旅行课程分为确定目标、选择资源、课程实施、课程评价四个行动环节；从研学旅行具体实施上可分为行前准备、出发及开营、活动中把控、返程及总结、返校后回访五个行动步骤。

（二）研学旅行课程之旅，在于过程

要理解研学旅行课程中“旅”的概念，我们要带着三个问题去思索：一是出行前的准备，思考带着什么出去；二是研学旅行中的学习，考虑整个过程的内容选

择；三是研学归来后的提升，探究课题如何持续。

第一个问题要求我们明白无论是哪种形式的出行，都应在出行计划开始前，就能够方方面面地考虑到，出行的基本保障（衣、食、住、行等）是否已做好；出行的安全问题是否已经尽可能考虑全面；出行期间的突发情况是否能做到及时地应对。

第二个问题正是我们需要仔细思考和探讨的问题：研学旅行课程中的旅行与旅游有什么区别。一趟出行带给学生的是怎样的体验活动，带回来的又是什么样的成果及评价。

第三个问题我们所需要考虑的也是思想家庄子所考虑过的“吾生也有涯，而知也无涯。以有涯随无涯，殆已！已而为知者，殆而已矣”。知识不能简单地说“越多越好”，旅行的路走是必须要走的，但不应贪功冒进去追求杳无人迹的冒险之旅，通过研学旅行，掌握的知识越纯熟越好，而非杂而不精。研学旅行注重的是旅行的各种线路和形式，也不是“网红”的足迹，研学旅行的旅行更注重的是对人生的启示。

（三）研学旅行课程之学，在于学习

学习即是人在生活过程中，通过获得经验而产生的行为或行为潜能的相对持久的行为方式。自助学习作为一种获取知识交流情感的方式，已经成为人们日常生活中不可缺少的一项重要的内容。研学旅行的学，就在于学习的对象和学习的方法，鉴于研学旅行走出去实践的特点，故整个学习的过程可以是变换的环境，也可以是无师、互师的环境，也可以是课题之外的经验获得过程。换而言之，研学之学，在于就特定的场景内多个体共享的过程，多视觉认知和了解的过程，多元化利用资源的学习过程。

（四）研学旅行课程之研，在于研究

研学旅行中的研包含了探索、钻研、考虑和商讨，其研究本身所代表的主动研磨和探究，既表现出了主动寻求根本性的过程，也表现出了探求到更多可靠依据的目的。在研学课程活动的开展之初，作为一个诱因、作为一个目标被立项的，不受限于科技力量和实现手段，也不受思维模式的制约，在于探究和求证的过程。

（五）研学旅行课程之师，在于师资

研学旅行的课程方案质量再高，如果没有合格的师资，研学旅行也无法实现预期目标，因此，研学旅行指导师是一位具有良好职业道德和人文素养，能熟练掌握

研学旅行相关政策法规和规范标准，熟悉中小学研学旅行相关教育政策、目标、大纲和方案要求的高素质专业技能型人才。一名优秀的研学旅行指导师能够从事研学旅行项目开发运营、策划咨询、线路规划设计、课程开发等运营、管理及服务工作，在研学旅行实施过程中能够有效地组织和指导中小学学生开展各类研究性学习和体验活动。

复习与思考

一、简答题

1. 尝试分析我国古代的游学与研学旅行的异同。

2. 简述研学旅行教育价值体现在哪三个层面？

3. 尝试从组织方式、活动时间、活动时长等维度以表格形式描述研学旅行与冬、夏令营的差异。

4. 你最关注研学旅行八个特性中的哪一个，为什么？

二、案例分析

根据以下图例分析思考德育教育在研学旅行中如何开展。

第二章　研学旅行指导师

研学旅行教育活动的关键是师资。本章通过对研学旅行指导师的探究、界定及其内涵的分析，明确提出研学旅行指导师是随着社会经济的发展、通过教育和旅游的融合诞生的一个新职业，有独立的工作岗位，承担着重要的岗位职责。同时根据不同的维度对研学旅行指导师进行分类，对研学旅行指导师的职业素养、知识结构、技能水平等进行具体阐述，并在基于教师和导游素质要求的基础上，结合研学旅行企业的实践要求提出研学旅行指导师的职业形象塑造内容。

第一节　研学旅行指导师概念与分类

研学旅行是一种行走的课程、动态的课程、跨学科的课程和生成性的课程，因此，师资的质量是决定研学旅行教育活动成败的关键。那么，研学旅行的师资应由哪些人组成，是学校老师、旅行社导游、景区景点讲解员，还是基地（营地）教练？研学旅行指导师的定义和内涵到底是什么？其是一个专有岗位还是集体岗位（即是一个人还是一群人）？应该如何分类？其功能作用职责是什么？什么样的人才能担任指导师等？带着这些疑问展开论述。

一、研学旅行指导师的概念及内涵

从目前实践可知，研学旅行活动师资构成是多样的。从狭义的职责角度看，研学师资主要负责研学旅行日常生活保障和课程活动的顺利开展，由辅导人员和专业教师组成。辅导人员主要负责学生日常作息及活动的组织管理，专业教师主要负责学生专业活动的知识讲解、活动安排、课题指导等工作。从师资来源角度看，主要由学校老师、第三方机构领队老师、聘请的专家老师、研学活动地老师等组成。在有些活动中还会有家长参与，他们通常是作为专家指导或者服务支持老师角色出现的。如果从广义的无边界课堂角度来看，学生在研学活动中接触到的辅导教师、专业教师、支持人员、参访对象等，都可以称为研学师资。因此，从教学设计的角度来看，研学旅行教育活动的老师应是一个群体师资概念，研学旅行指导师是由一群密切配合、各尽其责的老师来组成的。

但是从具体的“岗位或人员”的角度出发，研学旅行指导师则是独立的岗位，承担着明确的岗位职责。《研学旅行服务规范》（LB/T 054—2016）规定，在主办方人员配置中：应至少派出一人作为主办方代表，负责督导研学旅行活动按计划开展；每 20 位学生宜配置一名带队老师，带队老师全程带领学生参与研学旅行各项活动。在承办方人员配置中：应为研学旅行活动配置一名项目组长，项目组长全程随团活动，负责统筹协调研学旅行各项工作；应至少为每个研学旅行团队配置一名安全员，安全员在研学旅行过程中随团开展安全教育和防控工作；应至少为每个研学旅行团队配置一名研学导师，研学导师负责制订研学旅行教育工作计划，在带队老师、导游员等工作人员的配合下提供研学旅行教育服务；应至少为每个研学旅行团队配置一名导游人员，导游人员负责提供导游服务，并配合相关工作人员提供研学旅行教育服务和生活保障服务。可见，该规范将“研学导师”作为一个独立岗位，区别于主办方的带队老师、承办方的项目组长、安全员和导游员。随着研学旅行教育活动的普及，“研学导师”将作为一个新岗位甚至是新职业而存在。

同时我们认为“研学导师”这个称谓改成“研学旅行指导师”更贴合岗位和职业。“导师”与“指导师”虽一字之差但准确性却不同。《现代汉语词典》中对“导师”的解释有两种：一是高等学校或研究机关中指导人学习、进修、写作论文的人员；二是在大事业、大运动中指示方向、掌握政策的人。对“指导”的解释是指示教导、指点引导。因此，从研学旅行教育活动的客观实践出发，用“指导”会更加切合和准确，再根据文件规定的“研学旅行”专有名词，这个新岗位的名称是“研学旅行指导师”，如果再根据接待对象还可以细分为“中小学研学旅行指导师”，也可简称为“研学指导师”或“指导师”。

我们根据研究和实践明确了“研学旅行指导师”的定义（Study Travel Tutor）：是策划、制订和实施研学旅行课程方案，在研学旅行过程中组织和指导中小学学生开展各类研究学习和体验活动的专业人员［该定义由首个国家级团体标准《研学旅行指导师（中小学）专业标准》（T/CATS 001—2019）提出]。其中，研学旅行课程方案（Study Travel Course Program）是指为了完成研学计划、实现研学目标、遵循研学规律而制定的指导性、契约性的研学旅行课程规划。研学旅行指导师的定义从专业的角度明确了指导师是既懂得教育又懂旅游的跨行业复合型专业人才。从工作范围看，包括了研学旅行的行前、行中、行后工作。从功能职责看，是研学课程的策划者、组织者、实施者。从职业和岗位能力看，具备能够完成职业岗位任务的能力，达到规定的条件，经过正式考核才能成为研学旅行专业技能人员。

二、研学旅行指导师分类

因我国的研学旅行指导师正处于专业岗位形成阶段，且涉及面广、服务范围大、专业要求高，所以可以采用以下几种不同维度进行分类。

（一）按业务范围划分

按照委派主体和业务范围，可将研学旅行指导师分为以下四种类型。

1. 学校研学旅行指导师

指按照规定取得研学旅行指导师证书，接受学校委派，代表校方实施研学旅行课程方案，为研学活动提供专业服务并具备教师资格的人员。

2. 旅行社研学旅行指导师

指按照规定取得研学旅行指导师证书，接受符合《研学旅行服务规范》（LB/T 054—2016）的旅行社委派，代表旅行社实施研学旅行课程方案，为研学活动提供专业服务。若同时履行导游职责，应同时具备导游资格。

3. 基地（营地）研学旅行指导师

指按照规定取得研学旅行指导师证书，接受研学教育基地（营地）委派，代表基地（营地）实施研学旅行课程方案，为研学活动提供专业服务的人员。

4. 其他类研学旅行指导师

接受第三方研学服务单位的聘用和委派，代表第三方研学服务单位实施研学旅行课程方案，为研学活动提供专业教学服务的人员。

（二）按劳动就业方式划分

按照职业性质，可将我国研学旅行指导师分为以下两种类型。

1. 专职研学旅行指导师

指按照规定取得研学旅行指导师证书，被学校或研学企业固定聘用，以研学旅行教育工作为其主要职业的工作人员。这类人员受过高等教育和专门训练，大部分具有导游人员资格证书、教师资格证书等专业证书，是旅行社、基地（营地）、研学服务机构、学校的正式员工，专职履行研学旅行教育任务，并由聘用单位签订正式劳动合同，支付劳动报酬、缴纳社会保险费用。

2. 兼职研学旅行指导师

指被学校或研学企业临时聘用，不以研学旅行指导师工作为主要职业，而是被临时委派或利用业余时间从事研学旅行教育工作的人员。目前这类人员可细分为两种：一种是指被学校或旅行社、研学服务机构、基地（营地）等研学企业临时聘用，通过规定取得研学旅行指导师证书，但只是兼职从事研学旅行教育工作的人员。他们一般有其他职业和工作，只是被临时委派或在业余时间从事研学旅行教育工作的人员。另一种是指被学校或旅行社、基地（营地）等研学企业临时聘用，没有取得研学旅行指导师证书，但具有特定知识或技能，临时从事研学旅行教育工作的人员。比如，科研机构专家学者、文化遗产地专家技师传人、民间民俗艺人等，他们是研学旅行师资队伍重要补充，他们对研学课程的深入讲授和指导保证了研学旅行的高品质。

第二节　研学旅行指导师的职业素养

作为一名研学旅行指导师，不仅需要具备具体策划和制订研学旅行课程方案的能力，同时需要具备组织学生开展各类体验实践活动的能力。俗话说，要想给学生一滴水，老师就要有一桶水。研学旅行指导师更是如此，需要旅游和教育跨学科、跨行业的知识，需要丰沛的知识储备和充分的研学备课，需要依据实际情况对研学课程二次研发，需要激发学生对研学的兴致。研学旅行指导师要以学生“自主发现”为理念的主题式和项目式研习为导向，引导学生自我探索，形成发现问题、解决问题的思维方式。研学旅行指导师要结合学生年龄特征、学段课程需求和地理环境选择因材施教的内容，让学生乐行、乐学。如果研学旅行指导师没有过硬的职业素养是无法胜任研学旅行工作的。

一、研学旅行指导师的职业素养

职业素养是一个人的内在修养，是一个人职业生涯成败的关键因素，决定了一个人的人生高度。职业素养是职业内在的规范和要求，是在职业过程中表现出来的综合品质，包含职业道德、职业技能、职业行为、职业作风和职业意识等方面。

研学旅行指导师作为一个新兴的职业，需要从业者认识到研学旅行的意义，并热爱研学旅行指导师事业，具有职业理想和敬业精神，应注重用人格魅力和学识魅力教育和感染学生，做学生健康成长的指导者和引路人。现阶段研学旅行指导师的素养融合了教师职业素养、冬夏令营辅导员职业素养、导游职业素养等，归纳为以四素（四度）为核心的职业素养，即政治素养（政治高度）、道德素养（师者风度）、知识素养（学识广度）、能力素养（能力维度）。

（一）政治素养

教育作为百年大计之本，研学旅行作为综合实践活动课程的重要组成部分，研学旅行指导师在研学实践中肩负立德树人、促进学生培育和践行社会主义核心价值观，激发学生对党、对国家、对人民的热爱之情的重任，因此，研学旅行指导师必须树立正确且坚定的政治方向、政治立场、政治观念、政治态度和政治信仰。这样在研学旅行的活动中，才不会出现违背党的路线、方针、政策的言行，不会发表错误观点和编造散布虚假信息、不良信息，不会出现损害国家利益、社会公共利益或违背社会公序良俗的行为。才能自觉维护党和国家的领导，坚持党的方针和政策，维护国家和民族的尊严，研学旅行指导师的一言一行才会对学生产生润物细无声的效果，实现研学旅行“育人”的目标。

（二）道德素养

“人无德不立，国无德不兴”，作为一名研学旅行指导师应具备诚实、正直、合作、公平、正义的道德品质，需要遵守“爱国守法、恪尽职守；为人师表、立德树人；关爱学生 、保障安全 ；探索实践、开拓创新；知行合一、共同成长”的职业守则。研学旅行指导师因身份和角色的要求，需要维护学生的合法权益，尊重个体差异，平等对待每一位学生，不讽刺、嘲笑、歧视学生，成为学生实践活动中生活和学习的老师与朋友，使自己的行为成为学生风范，做到为人师表，尽显师者风度。

（三）知识素养

研学旅行指导师不仅要有深厚的文化理论修养、丰富的知识、合理且完善的知识结构，同时要有较高的教育素养。立德树人要求研学旅行指导师要从自身做起，深入研究思想政治教育专业领域知识，了解中外教育成功案例，并积极学习心理学和教育学等理念知识，以努力促进自身和学生的发展。作为研学旅行指导师不仅要带好学生，还要勤勉学习。在知识经济时代，知识的更新速度相当迅速，研学旅行指导师在引导学生开展实践活动所面临的育人难度越来越大，如若不加强自身学习、故步自封，就会被社会淘汰。因此，研学旅行指导师要加强学习，提高自身知识素养、提升精气神。同时，在业余时间多下功夫，不断地促进自己“识”的提升，多读、多思、多总结，成为学习型、研究型的教育者，不仅把研学旅行指导师当成一份职业，更应作为奋斗终生的事业。站在终身学习的高度，把握机会，拓展未知领域，提升实践育人理论知识的广度和深度，以适应未来教育所带来的新挑战。

（四）能力素养

在研学旅行实践活动中，研学旅行指导师在其综合能力素养上要具备对教师所要求的语言表达、教育教学和课程研发等综合素养。还应具有导游的沟通协调、计划执行、安全防控等能力。

在研学旅行执行中，综合能力素养具体表现为：了解活动流程，掌握课程和活动的目标，从设计到指导，一切以学生有效学习为依据；提前准备好活动流程并进行活动前备课；对研学活动出行风险进行预估并做出预案，能够妥善处理意外事故；能够熟练给学生讲解活动内容，秉承引导优于命令的原则，依据不同的课程目标，运用适当的引导风格与策略，组织、引导学生参加设定的研学活动，汇报、总结交流成果；在研学旅行中，能够协调学生关系、师生关系及与家长的关系；提供适当的学习情境与体验内容，能从体验中学习、反思、提升。

二、研学旅行指导师的知识结构

研学旅行指导师知识结构是指导师经过专门学习培训后所拥有的知识体系的构

成情况与结合方式。要求指导师既有精深的个人学科专业知识，又有广博的知识面，具有研学旅行实践活动执行及其发展所需要的最合理、最优化的知识体系。

事实性知识、概念性知识、过程性知识和元认知知识是布卢姆根据知识的内容对知识进行划分的四个层次，后一个层次的知识是前一个层次的提高。作为研学旅行指导师，除了应该具备研学旅行基本事实性知识和概念性知识之外，应当将研学旅行过程性知识和研学旅行元认知知识的学习贯穿于自身学习的全过程中，提高自身在研学旅行执教过程中“知行”和“知变”的能力。在构建研学旅行专属四个层次知识的学习过程中，需要建立一套适合研学旅行指导师的合理知识结构，遵循三大原则。首先，整体性原则，即专博相济，一专多通，广采百家为己所用。其次，层次性原则，即合理知识结构的建立，必须从低到高，在纵向联系中，划分基础层次、中间层次和最高层次，形成循序渐进的立体学习架构。最后，动态性原则，即研学旅行指导师所追求的知识结构决不应当处于固化状态，而是能够不断进行自我调节的动态结构，以适应21世纪科技迅速发展下知识的更新、研究探索研学旅行相关的课题和领域、行业动态等。

知识构建原则

研学旅行指导师知识结构图谱，作为研学旅行指导师学习方向性指引，可以通过有效研习获取，增强与学生及学校的沟通效果，提高自身言行表达能力。

首先，研学旅行指导师在知情层面要了解并具备研学旅行这个领域的基础知识，就研学旅行这个课题与研学机构或学校沟通交流顺畅，指导师所具备的研学基本政策知识和大量信息，是进一步提升的基础，同时也是深入研学旅行行业学习的前提条件。

其次，研学旅行指导师在知理层面要对教育学方面理论有所知，同时要加强对实践教育方面知识的学习，以确保自己在研学旅行中对关键问题提炼升华。同时，就研学过程中所隐含的学科及其他实践关联知识，能够从数据或实践中进行分析比较，从而可以引申出更高级别的知识体系。

再次，研学旅行指导师在知行层面，也就是研学旅行过程中的执行环节，应包括教学演示和引导学生实践学习两个层面。给学生演示是执行力的体现，也是知行的主要部分，除了具备自己了解的领域的知识外，还需要综合很多其他领域的知识，才能保证任务的完成，有效引导学生进行研学实践。

最后，研学旅行指导师在知变层面，讲解、执行和教育都是基于现有知识之上，如果仅仅学习而不去创新，知识很快就会滞后，研学旅行知识创新极度需要具备创造力的研学旅行指导师。作为研学旅行指导师知识图谱的最高层次，这种创新可以通过监测外部环境的变化而改变自身，参加研学专业会议、阅读专业文章、做一些原始性研究，在不断的实践实验中，获取一手的资料，对资料数据进行分析研究，提取经验，形成最新的知识生存。

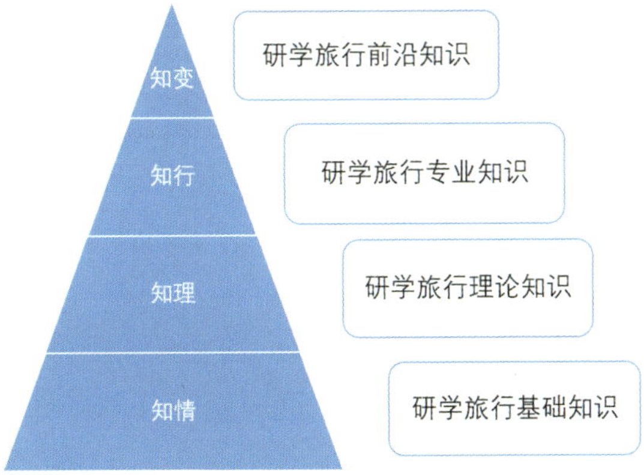

研学旅行指导师知识结构图谱

三、研学旅行指导师的技能水平

“能力”具有特定的含义，从词义上理解，它是指“能胜任某一项任务的主观条件”。从哲学的角度看，能力是指人们在认识和实践活动中形成、发展并能表现出来的能动力量，它和马克思所说的“人的本质力量”“人本身的自然力”一样，都是体力和智力的结合、物质和精神的统一。

研学旅行指导师应当具备对新知识、新技能的学习能力，较强的沟通协调、策划组织和语言表达能力，正确运用相关法律法规和规范标准的能力。同时，针对不同学校办学宗旨，满足不同学龄段学生需求的研学旅行项目，具备开发运营、策划咨询、线路设计、课程开发的能力，具备研学旅行安全管理、风险防控、系统保障能力。具备研学旅行课程实施与指导的能力，在研学旅行执行中能够恰当运用教学语言开展研学实践，能够设计并按既定的有效评价方法对研学过程中不同参与者进行评价和总结。下面重点对研学旅行指导师的课程能力进行阐述。

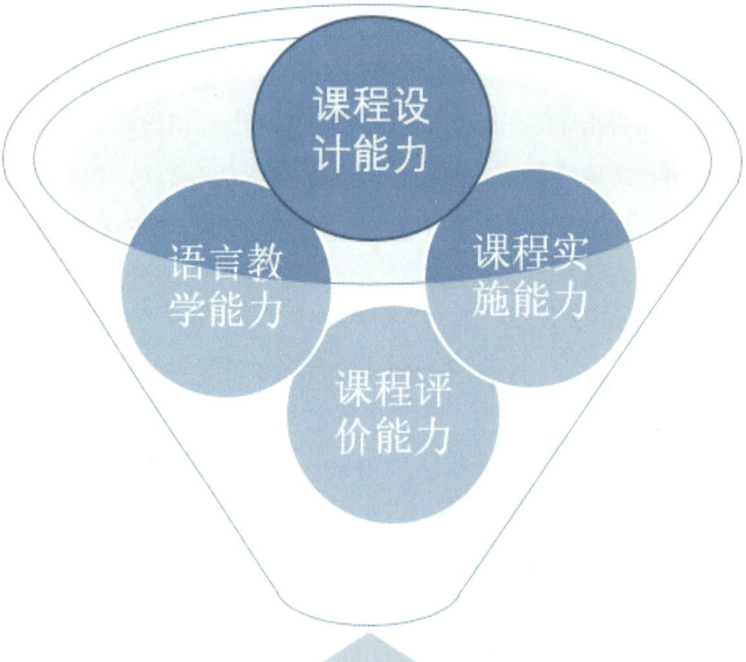

研学旅行指导师课程能力结构图

（一）研学旅行课程设计能力

研学旅行课程设计能力是指针对中小学研学旅行课程目的、课程内容、课程评价、课程结构等各个范畴做出的规划和安排，在这一层面上，研学旅行指导师要对每一范畴都提出具体的观点、主张以及实现这些观点和主张的程序、方法，并且形成特定的课程设计模式。

研学旅行指导师的课程设计能力表现为对研学旅行课程围绕着学生在校学习的全部内容加以拓展，将校内常规教育与校外研学教育有机结合，注重哲学、美学、心理学和教育学等方面的理论素养对课程设计与研发的影响，突出课程的本质、课程要素的基本关系。

（二）研学旅行课程实施能力

研学旅行课程实施能力分为广义和狭义两个层面。广义而言，研学旅行课程实施能力包括对课程取向的感知能力、对文本课程的解读能力、对各类课程的整合能力、对课程的设计能力、对课程执行的掌控能力和对课程的反思能力；狭义而言，主要指的是课程的设计能力和执行能力。总体来说，研学旅行课程实施能力在结构上包括个人对研学课程的理解能力、设计能力、执行能力和反思能力。

理解研学旅行课程包括剖析研学课程的基本内容、挖掘课程背后的基本假设和结合个人经验对课程的提升三个方面。研学旅行指导师只有对研学课程进行了深入、全面的理解，才能了解课程的价值取向、主要目标、组成结构、基本风格、逻辑线索、适用对象、教学方式等。研学旅行课程设计的环节维度上包括确定课程目标的能力、构建课程结构的能力、选择课程内容的能力、安排教学形式的能力、形成课程特色的能力等；在课程设计的任务维度上包括课程信息定位能力、课程信息收集能力、课程信息比较能力、课程信息再造能力和课程信息呈现能力等。研学旅行指导师的课程反思能力是一种综合能力，包括对课程内容的认知能力、对课程异同的比较能力、对课程过程的再现能力、对课程问题的捕捉能力、对课程本质的洞察能力、对课程现象的归因能力、课程实施效果的评价能力等。

研学旅行课程执行能力是研学旅行指导师进入研学教学场景，在学生、环境之间的相互作用中完成研学任务的能力。研学旅行指导师需要在预设课程与生成课程、个人经验与互动经验、参与团体与个人、活动价值与深远影响之间进行抉择和平衡。良好的课程执行需要研学旅行指导师具有充分的知识储备、机敏的教学思维、巧妙的沟通技巧和丰富的教学经验，将理论知识与实践经验、理论思维与实践智慧完美结合。

（三）研学旅行语言教学能力

研学旅行指导师语言表达能力在研学过程中的体现最为关键，代表研学旅行指导师与学生思想感情交流的能力，是把书本知识、教学信息、自己的思想和教学的要求传授给学生的过程。研学旅行指导师的语言表达在教学中起着一种重要的融通作用，学生通过指导师的语言表达来系统地把握、透彻地理解研学实践过程中的知识，研学旅行指导师只有具备一定的语言表达能力，才能把比较“死”的书面语言转化成为学生易于接受、直观性强的教学语言，让学生形成一个清晰的概念，从而顺利地由形象思维转化为抽象思维。指导师的语言表达能力对于学生的学习心理和思维活动有着直接的影响，指导师的语言表达能力强，一方面能诱发学生在研学旅行中的求知欲，激起学生学习的兴趣，吸引学生的注意；另一方面能引导学生积极思维。研学旅行指导师的语言表达力好，可以激发学生的表达积极性，成为学生竞相仿效的榜样，从而将指导师良好的语言表达特征内化成为自己的语言表达特点。

研学旅行指导师要实现超强的语言表达能力，重要的途径在于系统的知识学习。从汉语词源上来说，“知识”的“知”字从矢从口，矢亦声。“矢”指“射箭”，“口”指“话”。“矢”与“口”联合起来表示“说话像射箭，说对话像射箭中靶心”，也就是说作为一名研学旅行指导师，只有通过对知识的不断学习扩充，在指导学生时才能做到取词用句准确、引导方法正确、解读方向精准。

（四）研学旅行课程评价能力

研学旅行指导师应具备对研学旅行课程整体评价的能力。研学旅行课程实施效果如何，需要系统总结和评价后得出结论。那么，如何进行科学的评价？研学旅行指导师需要从课程主题、课程目标、课程单元、学习内容、教学方法、实施环节、教学反馈等环节进行评价。特别是在研学旅行课程的目标切合性、实施效果、教学行为的有效性、学习反馈的有效性、资源利用的有效性方面进行精心、重点的评估。如果研学旅行指导师不具备课程评价的知识和技能，是无法胜任该项工作的。

第三节　研学旅行指导师的职业形象

研学旅行指导师承担着整个研学过程中言传身教、引导育人的职责，从职业形象上来说，举手投足、衣着发式无形中都可能成为学生模仿的对象。作为体验式教育的研学旅行正是学生所期待的教育方式，友善的职业形象能有效拉近老师和同学的距离，真诚、微笑、彬彬有礼等有助于建立一种新型的师生关系，在潜移默化中使学生学到人际交往的常识，为日后与他人合作奠定良好基础。因此，研学旅行指导师在职业形象和行为规范上应做好表率。符合一名教师的要求，做好学生的引路人。

一、研学旅行指导师的形象要求

注重仪容仪表是研学旅行指导师在学生面前树立良好形象的基础和前提，良好的仪容仪表也是对参与研学师生的尊重，同时为研学旅行指导师带来自信，使其以愉快的心情为研学旅行的师生提供服务，为个人和研学旅行组织方、承办方树立品牌。

（一）仪表要求

仪表，即人的外表，包括容貌、举止、姿态、风度等。在研学旅行活动中，研学旅行指导师的仪表不仅体现其文化修养，同时也反映了其审美情趣和精神面貌。仪表中最重要的组成部分是服饰，研学旅行指导师得体的穿着不仅能赢得师生的信赖，给参与研学的师生留下良好的第一印象，而且能为研学旅行活动的顺利开展打下基础。若衣冠不整、穿着不当、举止不雅，往往会降低研学旅行指导师的身份，严重者影响其在师生心目中的形象。作为一名研学旅行指导师最基本的仪表要求包括以下几个方面。

（1）研学旅行指导师着装上要端庄、大方、整洁、美观、和谐，切忌过露、过透、过紧，夏天男士忌穿背心、短裤，女士忌穿吊带衫、超短裙和拖鞋。

（2）研学旅行指导师工作期间必须统一着制服、佩戴工作牌，禁止着奇装异服。

（3）研学旅行指导师在室外场域开展活动时禁佩戴墨镜、变色镜，以确保与学生进行眼神的有效沟通交流。

（二）仪容要求

仪容，通常是指人的外观、外貌，包括五官和适当的发型衬托。在研学旅行活动中，首先引起学生注意的是研学旅行指导师的仪容，它反映着研学旅行指导师的精神面貌、朝气和活力，是传递给学生视觉感官最直接、最生动的第一信息，这是形成“第一印象”的基础。作为一名研学旅行指导师，需要用心修饰仪容，充分展示自己良好的仪容形象。男性不留长发，发型要求前不遮眉，后不压衣领，两侧不盖耳。女性可适度淡妆，发型得体大方，不染过分夸张的发色和指甲等。

（三）仪态要求

仪态，泛指人们的身体所呈现出来的各种姿势，亦即身体的具体造型，主要包括站姿、坐姿、走姿、蹲姿、手势和表情神态。在研学旅行活动中，研学旅行指导师以一定的仪态出现在参与研学的学生面前，并以自己的一颦一笑、一举一动向学生传递不同的信息，站姿、坐姿、行姿、走姿应优雅自信，表情神态应热情有度，讲解手势应优美到位。

（1）研学旅行指导师在活动执行时，立姿应挺拔、舒展，从正面看，身体重心线应在两腿中间向上穿过脊柱及头部，要防止重心偏左或偏右。眼睛要平视，挺胸、收腹。表情自然，双臂自然下垂或体前交叉在腰间，不可抱在胸前。站姿忌讳无精打采或东倒西歪；忌双手叉在腰间或抱在胸前；忌将身体倚靠在墙上或以其他物品作为支撑点；忌弓腰驼背，两肩一高一低；忌身体晃动，肩摆腿摇；忌将双手斜插裤兜；忌各种习惯性小动作；忌讳在行进中摇头晃脑，左顾右盼。

（2）研学旅行指导师要有职业微笑意识，通过面部表情的变化传达出内心情感要求：热情友好、从容镇定、宽容随和、坚定自信。运用眼神进行交流时要注意，面对面对话时目光活动的范围应在对方头部、肩部或胸部以上自然流转，而不可在对方全身上下随意扫瞄。对有较多参与者的规模化研学活动，应以环视的目光有意识地顾及在场的每位学生。热情友善、真诚正直的目光能赢得别人的好感和信任，有效地缩短与参与研学师生的距离，创造良好的交流学习氛围。

（3）研学旅行指导师在室内外讲解、课堂教学等环节需要恰当的肢体语言和动作，尤其是使用手势时禁用单指指向学生或被讲解物品，可以用向上平推手掌指示。得体的手势有助于清楚地表达自己的意思，是个人心情的一种自然流露。

二、研学旅行指导师的道德行为规范

作为研学旅行指导师，对活动整体引导与教后反思至关重要，在活动进行过程中充当引导任务的人，承担着帮助团队成员理解团队活动的共同目标，制订实现目标的计划，并实现最终目标的职责。作为一名合格的研学旅行指导师，除了具备基本的教育素养外，理应秉承如下基本的道德行为规范。

（一）专业态度规范

（1）认识开展研学旅行的意义，热爱研学旅行指导师事业，具有职业理想和敬业精神。

（2）认同研学旅行指导师的专业性和独特性，注重自身专业的发展，具有终身学习的意识。

（3）重视学生身心健康，将保护学生生命安全放在首位，促进学生的全面发展。

（4）注重用人格魅力和学识魅力教育和感染学生，做学生健康成长的指导者和引路人。

（二）引导行为规范

（1）研学旅行指导师是所有学生的榜样，必须做好带头作用，尊重自己，尊重他人。

（2）教学态度端正，严肃认真地对待研学过程中的每一项内容。

（3）刻苦钻研业务，熟悉研学内容，认真备课；善于激发学生的求知欲，充分调动学生的参与性和积极性，避免对学生进行灌输性教学。

（4）精心编排研学旅行课程，做好研学课程质量评估，及时查漏补缺。

（5）研学旅行工作中需提前到岗，不迟到、早退，不得擅自离岗（脱岗），工作期间禁止玩游戏，不得长时间微信聊天。

（6）研学旅行工作时语言文明、清晰流畅，表达准确简洁。

（7）研学过程中指导师既要严格要求学生，又要尊重学生，对待学生要一视同仁，热情、耐心地回答学生提问，做到不讽刺、不嘲笑学生。

（8）严格执行研学旅行课程方案，不能随意取消或改变研学内容。

（9）有序引导学生文明用餐，科学饮食，讲究环境卫生和个人卫生，养成良好的卫生习惯，预防疾病的传染。

（10）研学旅行中遇突发事件应保护学生的生命与财产安全，参与并协助相关工作人员处理相关事务。

（三）人际行为规范

（1）研学旅行指导师与学生之间应做到：热爱学生，关心学生，尊重学生；严格要求，耐心引导；不以师生关系谋取私利。

（2）研学旅行指导师相互之间应做到：互相尊重，切忌嫉妒；相互学习，取长补短；平等相待，不亢不卑；乐于助人，关心同事。

（3）研学旅行指导师与组织者之间应做到：尊重组织，服从安排；顾全大局，遵守纪律；互相理解，互相支持；秉公办事，团结一致。

（4）研学旅行指导师与家长之间应做到：尊重家长，理解家长，通过学校组织方与家长互通情况，密切配合，导学引育。

（四）其他行为规范

（1）禁止让参加研学的师生从事有害的行为。

（2）禁止侵扰研学的学生，男老师晚上不得单独进入女学生房间，女老师晚上不得单独进入男学生房间。

（3）禁止使用不当的、冒犯性的或谩骂性质的语言，或其他侮辱人格尊严的行为。

（4）禁止歧视任何学生，无特殊情况，应对所有研学学生一视同仁，不得差别对待。

（5）禁止向学生传播淫秽、暴力、凶杀、恐怖、赌博等不适当的图书、报刊、音像制品、电子出版物及网络信息。

（6）禁止向学生提供烟酒，禁止在工作时或在学生集中活动的场所吸烟、饮酒。

复习与思考

一、简答题

1. 简述研学旅行指导师的内涵。

2. 请你用思维导图画出研学旅行指导师的职责。

3. 结合研学旅行指导师知识结构图谱，简要说明如何构建个人研学知识图谱。

二、案例分析

某机构组织初二学生前往武夷山研学，住宿为市区某三星级饭店，晚饭后学生回各自房间按要求完成当天研学任务，晚上 11 点学校老师最后一次查房，包括研学服务机构的指导师和学校全体师生均在房间。凌晨，方老师起夜巡查，无意间在酒店大堂遇到匆匆从外面刚回来的研学服务机构某指导师和几位学生…… 根据以上案例请分析研学服务机构如何开展对指导师的行为规范教育才能避免类似的事件发生。

第三章　研学旅行课程设计

本章对研学旅行课程概述、研学旅行课程方案编制、研学旅行手册编制三部分内容进行了具体阐释。研学旅行指导师应在秉承教育性、实践性、安全性和科学性课程组织原则的基础上，坚持立德树人、社会主义核心价值观，通过泰勒现代教育理论、多尔后现代教育理论、陶行知的生活即教育等教育理论基础的学习，对研学旅行的课程设计有一个全面认识，同时能够识别研学旅行线路活动课程、基地活动课程、营地活动课程等不同类型的课程，能够针对不同的研学旅行实践活动设计制作适宜的研学旅行指导师执行手册、学生研学手册等。

第一节　研学旅行课程概述

研学旅行课程是衔接中小学校内教育与校外教育的创新形式，是培养学生核心素养不可缺少的重要方式与途径，属于中小学教育教学计划的综合实践活动课程，被归类为综合实践活动课中的“考察探究类”。所以，研学旅行课程不同于一般的观光旅游活动，它是一门课程，有明确的教学目标、研学主题、系统的教学内容、规范的实施过程和科学的评价体系。

一、研学旅行课程理论基础

（一）研学旅行课程指导思想

研学旅行课程指导思想以立德树人、培养人才为根本目的，解决好培养什么人、怎样培养人、为谁培养人这个根本问题。让广大中小学生在研学旅行中感受祖国大好河山，感受中华传统美德，感受革命光荣历史，感受改革开放伟大成就，增强对坚定“四个自信”的理解与认同；同时学会动手动脑，学会生存生活，学会做人做事，促进身心健康、体魄强健、意志坚强，促进形成正确的世界观、人生观、价值观，培养他们成为德智体美劳全面发展的社会主义建设者和接班人。

（二）研学旅行课程教育理论构建

在西方英语世界里，“课程”（Curriculum）一词最早见于英国教育家斯宾塞所写的《什么知识最有价值》（1859）一文中。它是从拉丁语“Currere”一词派生出来的，意为“跑道”（Race-course）。根据这个词源，把当今最常见的课程定义为“学习的进程”（Course of Study），作为学习进程的课程要为不同学生设计不同轨道，多轨并行即为传统的课程体系，把课程的着眼点放在个体认识的独特性和经验的自我建构上，从而得出不同的课程理论和实践。课程内容在传统上历来被作为需要学生习得的知识来对待，重点放在向学生传递知识这一基点上，而知识的传递是以教材为依据的。从课程的拉丁文定义出发，学校课程应当让学生主动地、充满好奇地在学校、社会、自然等各种“跑道”上感受、发现、探索未知世界。正如美国教育家杜威所言，知识的获得不是个体“旁观”的过程，而是个体在与某种不确定的情境相联系时所产生的解决问题的行动，是主动探究的过程。基于此，教育应当从以教师为中心转向以学生为中心、从以课堂为中心转向以活动为中心、从以教材为中心转向以经验为中心。

研学旅行课程是纳入中小学教育教学计划的，与国家课程、校本课程、地方课程并行的全新育人模式实践课程，其倡导在实践中探究、在探究中运用、在运用中学习，有助于消除学校课程和现实社会的壁垒，打通知识世界与生活世界的联系，为学生提供丰富多彩的探究情境、多种多样的学习机会使学校课程回归生活的本位和课程的原点。作为研学和旅行的结合，研学旅行课程是学校教育和社会教育结合的有机体，是学科课程和实践课程相结合的核心素养目标实现的综合体。

研学旅行课程作为一种实践活动课程，必须把课程理论作为其最基础的理论依据。研学旅行活动课程的基本理论可以综合陶行知的生活教育理论、泰勒的现代课程理论和多尔的后现代课程理论来共同构建。

在研学旅行课程开发过程中，依据我们国家的教育基础和社会形态，秉承陶行知主张的“生活即教育、社会即学校”这一研学旅行课程最根本的理念，把生活中的一切都作为学校之外的教育内容，实现教学做合一（即教的方法根据学的方法，学的方法根据做的方法；事怎样做就怎样学，怎样学就怎样教；教与学都以做为中心），坚持生活场景化、社会功能化、体验实践化的方向，避免研学旅行课程学科化、知识单一化的倾向。

同时，研学旅行课程的开发要充分运用泰勒的现代课程理论作为基本理论依据，进行研学旅行课程顶层框架设计，突出课程的预设性、规范性、科学性、操作性的优点；活用多尔的后现代课程理论，其为我们提供了课程开发微观化、模块化、个性化的新思路和重要理论支撑依据，突出研学课程的生成性、选择性、个性化的优点，在课程细节上下功夫，以确保课程可执行，具有操作性。为了让研学旅行课程有目标、成体系、收实效，同时为推进中小学地方课程、校本课程的建设和实施，使地方课程、校本课程突破地域限制，提升地方课程、校本课程的品位和实效，无论研学旅行基地（营地）还是研学旅行机构都需要强化研学课程的属性，即研学旅行课程体系在构建中要明确课程性质、课程定位、课程理念、课程目标，在规范研学课程结构、课程内容、课程实施、课程评价的基础上，统摄研学课程基地、研学课程营地、研学活动线路、研学实践点任务、研学参考用书等研学课程建设的要素。

秉承陶行知“生活教育”这一核心理论，围绕我国教育教学改革，按照泰勒现代课程理论进行研学旅行课程框架的规划设计，参考多尔后现代课程理论进行研学旅行课程设计的明细化、微观化、操作化，将泰勒现代课程理论与多尔后现代课程理论有机结合，运用到学校真实需求下的研学旅行课程中去，这应是研学课程开发的最佳策略。

二、研学旅行课程属性

研学旅行课程从性质上看属于活动课程，与学科课程相比较，偏重于动态，主要借助实践来完成。而学科课程偏重于静态，主要借助教科书本来完成。作为一种跨出校门在真实场景下进行的实践活动课程，具备了跨学科性、综合体验性、开放实践性、寓教于乐性的特点。研学旅行课程需要让学生在考察探究、旅行实践、反思体验等一系列活动中发现和解决现实问题、体验和感受真实生活。作为跨学科综合教育教学课程，尤其是自然与人文、企业与社会、文明与精神三大领域，研学旅行课程整合了教育教学的内容和方式，鼓励学生综合运用各学科知识和方法，思考、认知、解决问题，要求学生综合考虑与自然、与他人、与社会、与自我的关系。因此，如何在课程开发中体现研学旅行课程属性特点是必须考虑的问题。

（一）跨学科性

研学旅行课程要经过科学的设计，符合教育教学的基本规律。作为教育模式和人才培养模式的创新，要实现研学旅行课程的跨学科性，就必须实现跨学科思维发展，明确研学旅行课程并不是校内课程的简单延伸，不能只是将校内课程搬到校外去上，避免变成行走中教、行走中听的旅行，需要在研学旅行资源和研学旅行指导师团队上打好跨学科的基础。

研学旅行课程是基于研学旅行资源设立的课程，现实中的研学资源包含很多学科的内容，在进行研学旅行课程的设计研发时，就必须基于校内课程和研学资源进行跨学科设计。从课程整合的视角把研学旅行活动课程化、系统化，将研学旅行作为一个生活化的主题活动课程，根据学生的年龄特点和认知特点优选相适应的课程内容，并与学科学习整合，与学校的特色活动、社会实践整合，力求把多种学习方式、多个学习主题、不同学习内容、多门学科、多类参与主体等整合设计，从而实现研学旅行课程跨学科化。比如，以探寻齐鲁文化为研学主题，就可以从历史、地理、文化等多个因素去探索其形成的原因和演变的过程，从多个学科、多个角度入手去认识和分析研学旅行资源，学生才有适合自己的选题、做真正的研学实践活动。

研学旅行课程是依托研学旅行指导师团队去开发实施的课程，需要在跨学科人才队伍搭建时综合考量、文理兼容，除了传统意识上的语文、历史、地理、思品等学科人才之外，还要吸纳物理、科学及学校自身校本课等学科人才。

（二）综合体验性

研学旅行课程必须依据教育行政部门的规定，依照学校教学将活动课程化，注重学生的参与和体验，依据具体的学段课程目标，由研学旅行指导师引领，通过体验活动引导学生在实地进行知识探究、技能锻炼，灵活利用文献资料解决实际问题。研学旅行指导师在课程设计时要注重课程整合的综合性，避免拼合性课程的出现，也就是课程不要过于碎片化、随意性，更不能只是让学生跟着老师和导游到某个地方玩了一圈，缺少研和学的目标。

在研学旅行课程开发过程中，将课堂教学内容引申应用到研学旅行实践过程中，实现课内与课外的贯通；把研学旅行过程中遇到的困难、发现的问题与学科教学内容联系起来，开发为教学资源；将课堂倡导的自主、合作、探究的学习方式延展到生活空间中，并在研学过程中促进学科学习；利用学校内的活动课程整合研学旅行的主题活动，按照行前、行中、行后三个阶段探索研学旅行主题课程与校内不同课程活动的合理整合，倡导体验贯穿研学始终，研中有学、学中有研、学研结合，以达到寓教于学研的效果。

（三）开放实践性

研学旅行课程是一个学校在规定年级的全部学生集体出行，足够的开放性让每一个学生都能享有参与研学旅行课程的机会。同时，以学生为主体的研学旅行课程打破了学校课堂教学单一教授的课程格局，开放的研学旅行社会自然资源有利于学生发散思维，当学生面向真实的场景时，能与开放的社会现实问题互动，探究出具备学生独立思考的答案。

研学旅行课程作为一门综合实践课程，特别需要注重学生实践的过程性，实践性作为研学旅行课程的主旨核心，学生在研学旅行实践过程中学到了什么、获得什么，怎样的课程指导可以提高对学生研学课程的过程性引导，需要每一位研学旅行指导师深度思考。研学旅行课程开放性也体现在参与指导的人员和研学旅行手册两个方面，研学指导人员不仅有研学旅行指导师、导游、讲解员、科研专业人员，而且还可以邀请学生家长作为志愿者共同参与课程设计与实施。研学旅行手册应由研学师生共同设计和完成，研学旅行指导师以研学旅行手册对学生的研学过程进行任务指导，让学生带着明确目标和任务来进行活动，学生在完成既定研学任务后，可以有更多的自由体验及反思。所以，研学旅行手册应尽可能少出现选择、填空和问答题等封闭式的学科题目，最佳的研学旅行手册内容为主题探索式，通过过程的实践、思考和结论的分享来促进学生研学成果的物化及反思。

（四）寓教于乐性

研学旅行课程要注重对学生进行核心价值观的培养，注重知识性、科学性的同时，也要注重过程中的趣味性。人文素养的培育离不开兴趣的引导，学生通过研学旅行不仅要收获知识，还要伴着快乐的研学过程来提高个人素养，进行自我完善，提升生活品位、审美情趣和创新意识。设计研学旅行课程内容时，要让参与活动的主体——学生加入进来，以他们喜好的角度和思维出发，避免以成人视角出发造成中小学生在研学旅行课程中的无趣、无感、无获。

在设计研学课程时，有一些随着学生年龄增长而不断深化的课程可以固化，如行前物资准备课程、文献检索课程、安全意识培养课程，以及一些动手体验课程、军事拓展课程等，应积极引导学生主动参与，以培养学生的实践能力与创新思维。研学旅行课程在保证安全的前提下，给予学生充分的研学时间与空间，注重发挥学生小组或班级的作用。例如，有的目的地可能会涉及多种研学课程的主题内容，如在名山大川类的研学基地，在对话自然、历史、地理的同时，设定全员徒步登顶这样的班级终极目标作为研学过程集体体能极限挑战，制定统一规则让学生自我监督，充分尊重学生在研学旅行过程中的主体地位，激发学生自主参与的积极性，以实现寓教于乐的目标。

三、课程分类

课程及课程分类是一个非常复杂的问题，不同的教育哲学理论下对课程的定义和分类也不同。传统意义的课程包括文化课程、活动课程、实践课程、隐性课程四大类，其中文化课程包括国家课程、地方课程、校本课程；活动课程包括阳光体育、大型活动、兴趣小组等；实践课程包括学校社团、学生会、团委等学生团体组织的自主活动、综合实践活动；隐性课程包括除了上述几类课程外的一切有利于学生发展的资源、环境、学校的文化建设、家校社会一体化等的活动课程。

研学旅行课程作为中小学生的必修课程，其课程体系及内容有别于传统意义上的校内课程。研学旅行课程除了传统课程中文化、活动、实践和隐形课程之外，还是教育与旅游的融合，既有教育内容，更有异地出行的旅行内容。研学旅行课程针对基础教育三个学段，主要覆盖小学四至六年级，初中一、二年级，高中一、二年级共七个年级。研学旅行课程各年龄段学生的生理、心理发育有很大不同，课程设计时应针对不同学段学生的情况制订不同的学段目标，并依照不同区域学校的特色，融入学校发展方针和学科进行构建，逐步建立和完善小学阶段以乡土乡情为主、初中阶段以县情市情为主、高中阶段以省情国情为主的研学旅行活动课程目标体系。

教育部等11部委下发的文件中建议开发自然、历史、地理、科技、人文、体验类等多种类型的课程活动，行业标准《研学旅行服务规范》将研学旅行产品按照资源类型分为知识科普型、体验考察型、励志扩展型、文化康乐型。研学旅行课程分类目前没有权威和固定的标准，只要遵循一定的逻辑即可。根据目前国内研学实践情况，下面依照资源单位属性、课程开发模式和课程实施模式等对课程进行分类，以便于研学旅行课程的理解和设计。

（一）依照研学旅行课程开展所依托的资源单位属性分为五类课程

1. 优秀传统文化课程

传统文化课程也被泛称为古色研学课程，在课程设计时要充分利用文物保护单位、博物馆、非遗场所、优秀传统文化教育基地等资源优势及资源特色，其课程能引导学生传承中华优秀传统文化核心思想理念、中华传统美德、中华人文精神，有助于学生坚定文化自觉和文化自信。

上述研学旅行课程以传统文化与现在社会的碰撞与互动为过程，以文化的相互融洽为结果导向，通过艺术化、互动性等方式对研学旅行基地的文化内涵进行课程体验化过程打造，引导中小学生在秉承优秀文化传统、纠正不良习惯的同时，树立正确的世界观、人生观和价值观，通过中华传统美德理想信念教育、传统文化实践体验教育、名人榜样示范教育，提高中小学生自我教育、自我管理的能力，树立远大的人生目标。

2. 革命传统教育课程

革命传统教育课程也被称为红色研学课程，这一类课程主要依托爱国主义教育基地、革命历史类纪念设施遗址等资源单位开展，其课程能正向引导学生了解革命历史，增长革命斗争知识，学习革命斗争精神，培育新的时代精神。

在这类研学旅行课程中体验先于学识，其形式也有很多，如红色研学事迹报告，爱国主义教育基地场馆参访、座谈，走访革命老人，军事化拓展体验，看革命历史题材的电影、戏剧，进行剧评、影评等，无论采取哪种形式，都要注意从中小学生的实际学段出发，讲求实效、高效。比如，山西的“巍巍太行小八路”课程，通过参军备战、军民鱼水情、鸡毛信、五旗传承（党旗、国旗、军旗、团旗、队旗）等单元设计，让不同年段学生模拟体验当时太行山上八路军革命战斗的生活，不仅让学生通过训练在心理素质、人际交往能力、沟通能力、团队意识等方面得以提高，体会到解决问题、应对挑战的重要性，以及相互信任、理解、默契配合的关键性，而且深刻体会到革命先辈们那种艰苦奋斗、无私奉献、信仰坚定的崇高精神。

3. 乡土文化教育课程

乡土乡情教育课程是国情认知研学课程的体现，以可以展现基本国情和改革开放成就的美丽乡村、特色小镇、大型知名企业、大型公共设施、重大工程基地及当地的名人故居等资源单位为依托，开展阅历课程及职业规划课程，引导学生了解家乡、认识基本国情及中国特色社会主义建设成就，激发爱党、爱国、爱家乡之情，在感受家乡城市变迁的同时，在学业上能树立崭新的人生规划。

现如今，区域跨文化交流已经成为生活中不可缺少的部分，培养中学生的跨文化意识、跨文化理解力及跨文化交际能力尤为重要。实施以文化考察为主的研学旅行课程是了解不同文化的最佳途径。在研学旅行中让异地学生接触他们平常接触较少的目的地城市和人文事物，在3~5天的研学考察中，通过对当地各类文化的认识以提升文化理解力，通过亲历体验完成对当地风土人情、饮食生活等传统习俗的课题，从而提升文化理解力，认同中华民族丰富多彩的乡土乡情文化。

4. 科研院所教育课程

科研院所教育课程多被赋予黑色科技研学课程或者知识科普研学课程称号，以国防教育基地、科技馆、科普教育基地、科技创新基地、高等学校、科研院所等单位为依托，引导学生学习科学知识、培养科学兴趣、掌握科学方法，树立国家安全观，增强科学精神和国防意识。

对于上述这类研学旅行基地，在统筹规划中应本着少而精的策略，以保证研学课程的品质。在以科普拓宽学生知识领域的同时，增加他们获取知识的乐趣和渠道，让知识科普和科技运用与中小学生的日常生活相连接、与自然或社会热点问题相关的科学知识衔接，逐步培养他们从小热爱科学技术知识的兴趣和精神，增加科技后备力量。比如，北京大学地空学院国家重点实验室、清华大学材料学科国家重点实验室、中国科学院的多个研究所都针对中小学生开放，通过院所研学课程对学生科普知识的同时，让学生了解科研人员的日常和科学研究的方法，感受科学精神，明白什么样的人才是祖国的脊梁，形成正确的价值观和职业观。

5. 自然生态教育课程

自然生态教育课程也被称为绿色研学课程，这一类课程主要依托自然景区、示范性农业基地、生态保护区、野生动物保护基地等资源单位，其课程能积极引导学生感受祖国大好河山，树立爱护自然、保护生态的意识。

研学旅行课程中重要的课程资源就是自然环境，就像卢梭所说的那样，每个人都是由自然的教育、事物的教育、人为的教育三者培养起来的，其中自然的教育受之于自然、遵循自然，它不断地锻炼孩子，用各种各样的考验来磨砺他们的性情。学生在室外受到自然环境给他们的历练，可以造就他们的体魄和品质，陶冶情操。自然教育型研学旅行课程包括户外教育探险、自然历史古迹研学、动植物观察和景观观赏等活动所组成的学生研学旅行课程形式。比如，湖北省武汉市开展的公园研学课、重庆开展的自然笔记大赛、北京教学植物园开展的自然实践课堂等，以学生的自然保护意识养成为导向，在以自然教育研学实践课程中逐步形成教育、旅行和自然保护三位一体的基于自然生态研学实践的自然教育课程模式。

（二）依照研学旅行课程开发主体分为四类课程

1. 教育部门主导统一研发课程

中小学生研学旅行是由教育部门和学校有计划地组织安排，通过集体旅行、集中食宿方式开展的研究性学习和旅行体验相结合的校外教育活动。教育部门应依托研学旅行基地和营地，遵照公益性、教育性、实践性、规范性、安全性原则，根据该区域发展规划，指导区域重点研学实践基地深挖研学资源优势，进行统一规划，引领研学课程体系化、差异化研发。对相关研学项目、措施和服务功能配套提出特定要求，做到统筹区域资源，进行有重点、有层次的研学旅行课程系统研发。比如，江西省教育行政部门统规研学课程计划，明确各级教育行政部门要以基地为重要依托，积极推动资源共享和区域合作，精心打造一批示范性研学旅行精品线路，逐步形成布局合理、互联互通的江西省研学旅行网络。围绕“红色之旅”设计江西省特色研学旅行课程，充分利用江西省红色资源，突出“寻访红色足迹，传承红色基因”的主题开展研学旅行活动；围绕“绿色之旅”设计江西省研学旅行课程，充分利用江西省丰富的生态资源，培养中小学生绿色生活理念和环境保护意识，打造“美丽中国”江西样板自然研学课程；围绕“古色之旅”设计课程，充分利用江西省深厚的历史文化积淀，让学生学习优秀传统文化并加以弘扬。要求各县（市、区）教育行政部门要先期确定 2~4 条县域的中小学生研学旅行精品线路，在此基础上，各设区市遴选确定 3~5 条市级的中小学生研学旅行精品线路。江西省教育厅在官方网站开设“研学旅行”频道，在教育行政部门督导下促进基地课程与学校师生间有效对接。

2. 学校主导自主研发课程

学校主导自主研发课程是目前比较常见的一种开发模式，不少教学理念先进的名校，根据自身的校园文化、教学特色和雄厚师资力量，利用研学旅行拓展教育空间，实现教育改革创新。很多学校由负责开展研学活动课程的德育校长或教务主任带领研学课程小组，根据学校的教科研目标以及学生的学段特点和学科需求，结合教学计划和教学内容，自主开发设计研学线路课程。

以江苏省苏州市太仓实验小学研学旅行课程为例[1]，“太仓实验”就是学校主导自主研发的一门校本开发的综合实践课程，其课程内容的设计紧紧围绕着学生发展目标展开，并根据学校可以开展研学旅行的时间节点和学生可以涉足的区域，来设计不同的课程内容，体现了课程整合的综合性和学生参与的自主性，由点及面地拓展学生体验的范围，帮助学生不断突破认知边界。该校自主研发的研学旅行紧紧围绕学生的培养目标而展开，结合了学生的兴趣、学习动机、意志品质、认知能力和认知方式，考察了周边的环境和社会资源，体现了游、研、学为一体的综合学习方法，而且 1~6 年级全覆盖。下表为太仓市实验小学以学校为圆心，以学生可以涉足的距离为半径，把研学旅行课程按区域分为“漫步校园——跨校一日体验”“探访娄东——家乡风土寻根”“美丽中国——开放主题课程”“走近世界——多元文化理解”四大板块共 16 个主题研学旅行课程体系架构。

1　钱澜 . 小学研学旅行课程目标建构的再思考——以太仓市实验小学实践探索为例 [J]. 江苏教育研究，2018（32）：31-34.

太仓实验小学研学旅行课程体系框架

<table>
<tr><th colspan="2">课程模块及节点</th><th>实施对象</th><th>研学主题</th><th>研学课程目标</th></tr>
<tr><td rowspan="3">漫步校园
跨校一日体验</td><td rowspan="7">研学旅行前
班会课1课时
研究课1课时
研学旅行中
实时指导2课时
研学旅行后
资料整理1课时
成果展示1课时</td><td rowspan="7">1~3年级</td><td>校园拾趣</td><td>结对乡镇学校，认识不同的校园环境，体验不同学校的特色文化</td></tr>
<tr><td>生态探秘</td><td>开发校园生态园，进行户外观察</td></tr>
<tr><td>跨校交友</td><td>结识异校小伙伴，进行住家体验，锻炼交往能力</td></tr>
<tr><td rowspan="4">探访娄东
家乡风土寻根</td><td>走近圣贤</td><td>了解娄东名人的生平事迹，热爱家乡，传承家乡文化</td></tr>
<tr><td>寻访老街</td><td>畅游古镇老街，了解相关历史文化典故，感受江南古镇文化底蕴</td></tr>
<tr><td>亲近园林</td><td>游览江南园林，知道它的来历，培养对建筑、园林的审美情趣</td></tr>
<tr><td>走进新农村</td><td>了解周边农村的发展变化，体验农民的生活，感受种植乐趣</td></tr>
<tr><td rowspan="2">美丽中国
开放主题课程</td><td rowspan="9">研学旅行前
班会课1课时
研究课1课时
研学旅行中
实时指导2课时
研学旅行后
资料整理1课时
成果展示1课时</td><td rowspan="9">4~6年级</td><td>红色追踪</td><td>了解英雄的丰功伟绩，用红色精神滋养心灵，培养爱国主义情怀</td></tr>
<tr><td>科技畅想</td><td>体验科技馆里的互动游戏，培养探究能力和思维能力</td></tr>
<tr><td rowspan="3">美丽中国
开放主题课程</td><td>登高望远</td><td>攀登高山，锻炼身体，增长见识，培养坚韧不拔的意志品质</td></tr>
<tr><td>对话历史</td><td>游览历史名城，传承中华优秀文化，增强民族自豪感</td></tr>
<tr><td>动物世界</td><td>了解动物的特征和习性，热爱生命和自然，提升生态保护意识</td></tr>
<tr><td rowspan="4">走近世界
多元文化理解</td><td>地标建筑</td><td>参观世界各国的地标建筑，进行中外建筑比对研究，促进对不同国家历史和文化的了解，提高建筑、艺术审美的意识和能力</td></tr>
<tr><td>特色美食</td><td>理解中西饮食文化及礼仪规范，把握本民族的文化特征</td></tr>
<tr><td>人物印象</td><td>深入观察和了解身边的一个人物，学会不同国家待人接物的礼仪和方法，学会国际合作与分享</td></tr>
<tr><td>物候特征</td><td>感受不同国家或地区的气候变化，提高环保意识，拓展生存能力</td></tr>
</table>

3. 企业主导合作研发课程

目前，由研学教育机构或旅行社主导、学校配合共同研发课程的模式比较普遍。一般来说，这些具备课程开发能力的企业，负责研学课程体系的构建，包括研学主题的确定、研学课程的定位、线路和基地的选择等。通常在课程基本方案完成后，通过招投标等方式呈报给学校，学校再结合教育教学的具体要求，让企业进一步完善课程。在合作研发研学课程时，作为校方需要做到在整体认识上定位明确，凸显教育性和公益性，引导合作企业在课程研发中贯彻教育性原则，立足于学生全面发展，按照培养目标、办学特色、学段特点和课程计划开发层次分明而又衔接紧密的研学课程，同时，学校要构建公平公正、开放透明的招投标环境，探索建立研学旅行课程合作准入标准、退出机制和评价体系，引导参与合作的企业开展良性竞争，遵照一定的服务规范，选择证照齐全、合法经营、信誉良好的企业合作。企业主导合作开发课程，减少了学校工作量，让学校和企业分工明确，学校做好研学目标、研学方案的整体规划把关，旅游或教育企业根据学校的需求设计专业的研学课程，提供标准化研学服务。下图为企业主导的与成都某重点小学合作开发研学课程的过程。

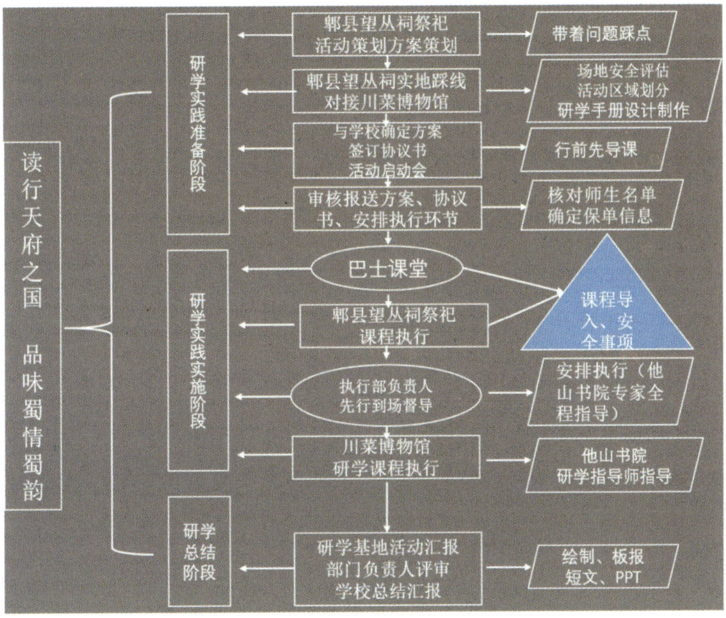

“读行天府之国　品味蜀情蜀韵”研学课程开发过程

4. 馆校合作研发课程

2017 年和 2018 年教育部公布的 581 个全国中小学研学实践教育基地中，就有 160 个博物馆（含科技馆、科学中心、自然博物馆、陈列馆），还有博物馆、科技馆性质的 61 个纪念馆、11 个科普中心、46 个青少年活动中心（基地）以及 9 个儿童活动中心，加上科研院所、文化景区、历史故居、科普基地中包含的各类场馆，博物馆在研学实践基地中的数量超过半数。丰富的场馆研学资源，将成为馆校合作研发课程的重要阵地。

博物馆作为中小学生社会教育最重要的场所，在国家对中小学研学旅行大力支持和鼓励的当下，给了博物馆与学校加强沟通、深入合作的新机遇。博物场馆根据自身馆藏的特点，以实物教学、情景代入、自主学习、动手体验等方式开展研学实践以实现教学目的，在现实中找到课本知识鲜活的例证，并且能进一步巩固和强化研习知识。通过博物馆独特的资源优势培养学生的核心素养，对学生进行情感教育、态度教育和价值观教育，进而对学校教育形成强有力的有益拓展和延伸。同时，学校老师参与博物馆研究，能让更多的学生爱上博物馆，在博物馆教育上形成一个良性循环，让更多的人投入到博物馆公共事业中来。

当前，北京自然博物馆、上海自然博物馆、重庆科技馆、辽宁科技馆等博物馆在馆校合作上的研学课程比较成功。以上海自然博物馆为例，在研学课程研发中，合作双方能从提升学校对学生科学素养的要求、满足学生知识的需求、实现博物馆本身教育功能与社会效益三位一体的视角出发，依托上海自然博物馆场馆，对接中小学课标，运用先进教学的理念，深挖教学内容、教学方法及研学实践课程趣味，创意课程设计思路。从研学实践课程主题和内容的选定开始，馆校双方就共同研究，自然博物馆的工作人员在课程前期对全馆资源实施清单式梳理，将包括年度教育计划、展区讲解词、图文资源等内容悉数整理；参与合作学校的老师结合学校课程内容和学生认知特点，基于自然博物场馆资源进行拓展和延伸，从而确定活动方向并进行方案初步设计，通过馆校双方反复磨合讨论，修改定稿，最终确定活动主题和内容。研学课程前期由学校老师在课堂内进行知识的引入，待学生走进场馆时交由场馆专门讲解老师进行研学实践课程的执行，在回到学校后由学校教师指导进行进一步研学实践课程的总结和深化。

课程名称	适合学段	学科
昆虫特“攻”队	小学	研究型课程
“走进自然博物馆”综合实践课程——拯救濒危物种我们在行动	高中	研究型课程
探秘现代农业	高中	研究型课程
虫儿飞	小学	研究型课程
追寻生命的足迹——生物的进化	初中	研究型课程
走进生物世界，探索物种间关系	初中	研究型课程
地质初探	高中	研究型课程
鸟朋友	小学	研究型课程
小米的秘密	小学	研究型课程

上海自然博物馆馆校结合研学课程[1]

（三）依照研学课程实施模式分为三类课程

1. 主题式研学课程

主题式研学课程是课程实施模式下最为常见的，其研学课程设计是将某一个地域或省份的名胜古迹作为主要研学资源，全囊括到同一个主题课程之中。比如，北京市陈经纶中学初中学生赴山东研学课程，选择济南、曲阜、泰安三个城市，自然、人文相结合，为期 3 天，开启“探历史奇观之谜，寻民族文化之根”为主题的齐鲁文化探寻研学实践活动。做好此类研学旅行课程，需要从以下几个方面着手。

（1）研学旅行课程资源的评估与梳理。参照我国学生核心素养的总体培养目标，对区域内一切可能用于研学旅行的各种资源、场景进行广泛考察，包括自然景区、国家公园、工业、农业、商业、各种服务业、文化历史、科学研究、艺术、社会活动、政府等。依托本地及周边的资源，延伸辐射其他省市以及国际视野的资源，重点评估和考察场域在研学课程的实施上，以及对于研学旅行的适用性、可行性及基本接待条件是否满足研学团体接待需求。

1　http://www.snhm.org.cn/jyhd/gxhz.htm.

（2）研学旅行课程主题的取舍与提炼。研学旅行课程的内容往往具有综合性、多目标性，但每次研学出行所涉猎的主题课程应当有所侧重，不能为了完成很多教学目标而囊括太多的内容与过程，必须做适当的取舍和提炼，形成体系相对完整、主题明确的研学旅行课程。

（3）研学旅行课程资料的选择与要求。研学旅行课程在设计之初就要考虑到教学实施时需要的研学课程教具 / 设备、耗材 / 道具、场地条件、场景创设、辅助工作人员、资源方配合等，在对课程指导师的备课上也需要有明确的要求，每个主题课程都需要辅助的文字、图片、视频、动画等资料，为教师备课或者作为教学内容使用。

（4）研学旅行课程教学的内容与过程。研学旅行教学的内容是研学主题课程开发设计的关键，主要课程内容与过程的细化安排设计，包括做什么、怎么做、做多久。研学课程教学方案的设计需要根据实际情况反复修改，采取七步法开展：教案初稿、指导师备课演练、论证修改、小规模学生试点、再修改、规模化正式开展、完善纳入课程教案库。

以下以上海自然博物馆为例，对标高中地理课程标准“中国地域文化”部分的要求、高级中学课本《地理》第二册（试用本）“专题 27 中国地域文化”教材相关内容、学生学情等进行的主题研学课程活动设计[1]。

高中地理“中国地域文化”主题研学课程活动设计

研学主题	中国地域文化
课程介绍	将上海自然博物馆“人地之缘”展区作为活动地点，以小组形式开展高中地理“专题 27 中国地域文化”教学，学生根据学习任务单，完成解说、“头帕的秘密”、绘制地图和小报制作等活动任务
课程地点	上海自然博物馆“人地之缘”展区
适用年级	高一

1 饶琳莉，于蓬泽 . 上海自然博物馆校本课程的开发与实施 [J]. 科学教育与博物馆，2018（4）：270-273.

研学主题	中国地域文化
研学目标	知识与技能： （1）通过小报制作，学会搜集和阅读有关资料，分析不同地域的建筑、服饰、习俗、饮食等特点及地理背景 （2）通过绘制中国地域文化区地图，了解中国地域文化区分布和文化 过程与方法： 在“人地之缘”展区，小组合作完成相应文化区的资料收集和解说，培养学生信息处理整合、表达和自主学习能力 情感态度与价值观： 通过包头帕、知识竞猜等互动游戏，学生可亲身体验中国民族服饰的魅力，了解民族服饰与自然环境的关系
学情分析	通过近一年高中地理的学习，学生了解了高中地理的学习方法，对高中地理有了较深的认识，具备了一定的地理自主学习能力。高中地理强调从实践中学习，结合上海自然博物馆资源，开展中国地域文化教学可以激发学生学习兴趣，锻炼学生综合能力，提升核心素养
课程材料	活动任务单、上海自然博物馆导览手册、彩笔、大张白纸
资源利用方式	网络服务、学生自主探究、博物馆人员主导的场馆活动教学
课程资源分析	博物馆内有具体的导览手册，在“人地之缘”展区有中华文明区划图、中国主要气候带、中国年降水量分布图、中国主要农作物分布图等地图，并设有西域风情、滇云溢彩、藏地解密、水乡人家、驰骋草原、黄土淳风等部分，每个部分有影片、触控屏、展板、实物等资源介绍该文化区域。在上海自然博物馆网站上可获取该展区的虚拟导览和影片介绍，该展区还设有“头帕的秘密”教育活动
研学准备	提前一周与馆方预约场地
	行前导课： （1）结合学习主题简单介绍中国地域文化，激发学生探究欲望。就场馆内未涉及的地域文化区：东北黑土、华北平原、四川盆地、华南妈祖等地域文化开展教学 （2）初步了解自然博物馆。通过网上虚拟导览和上海自然博物馆导览图介绍场馆基础信息和活动开展场馆所在地。告知学生上海自然博物馆微信公众号，方便学生获取场馆资讯和各种信息，使用语音导览功能，深入了解展品，获取更多相关知识 （3）分组后，分发任务单并分配任务，指派小组长负责各组的学习和与教师的沟通联络 （4）上海自然博物馆教学活动开展讲解，就博物馆内的学生可利用的地理课程资源做介绍，让学生提前上网了解国内不同民族的头帕样式

研学主题	中国地域文化
研学过程	活动 1：介绍中国地域文化。各小组设计解说稿，每组负责西域风情、滇云溢彩、藏地解密、水乡人家、驰骋草原、黄土淳风中的一个展区，通过观看区域影片介绍、展板、实物资源等，分析不同地域的建筑、服饰、习俗、饮食等特点及地理背景，每组30分钟时间收集资料和准备，并设计互动问题或活动。各组解说自己负责的中国地域文化区，博物馆专家点评和补充学生的不足 活动 2：博物馆“头帕的秘密”教育活动 活动 3：绘制小报。各组自主分散自由参观，绘制中国地域文化区地图，并完成对每个区域做出建筑、服饰、习俗、饮食等特点及地理背景介绍的小报 活动4：自由参观。学生可自行选择自己感兴趣的展区进行参观，以小组形式开展
总结与反思	（1）结合各组的解说情况进行评价和评分，颁发金牌解说小组等奖项 （2）各组小报展示，评选前三，给予一定奖励 （3）结合入馆所见，提出疑问或感兴趣的问题，解决问题 （4）交流参观感想，学生向老师提出意见建议，改进活动

2. 项目探究式研学课程

项目式学习（Project Based Learning，PBL）是一种基于项目的教学方法。它以学生中心，以小组合作的方式来解决真实世界的问题。项目探究式的研学课程以 PBL 模式为基准进行课程研发，即研学课程不是将现有的知识原封不动地教授给学生，而是让学生以问题为驱动，结成项目组走出教室、走向自然、走向社会的研学实践和体验课程中，以项目的形式，运用已经掌握的知识和方法，利用研学资源，动脑、动手、动口独立思考，通过信息加工、逻辑推理等，自己去发现、探究新的知识，并以各种形式将自己的探究结果表现出来，从而提高认知能力、语言表达和文字写作的素养，在共同的体验中进行研讨、交流，进而开阔眼界、了解社会，提高社会实践能力和团队合作能力。

在项目探究式研学课程中，知识的获得来源于对探究对象的认识和解决探究中问题的过程，围绕问题来组织学习过程，强调以真实情境中的问题作为驱动，激发学生自己查找信息、学习关于此问题的知识和结构，将所要学习的知识点内容以一个或多个项目活动学习形式进行整合，使学生在完成项目的过程中学习新内容，获得较全面的学科知识，同时通过项目培养学生的自主能力、合作能力、探究能力、创新能力、动手实践能力及问题解决能力。项目探究式研学课程体系如下图所示：

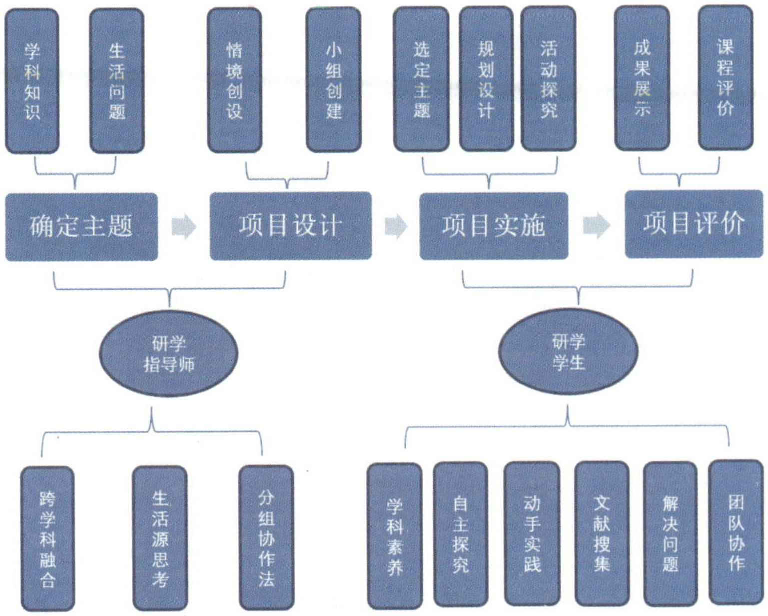

项目探究式研学课程体系

3. 体验式研学课程

体验式研学课程是指学生亲自参与，置身某种情景或场合中通过感觉、感受、体验来认识事物、获取知识、培养技能及影响其情感、态度和价值观的教育活动。在这一类型研学课程设计研发中，必须对研学资源进行甄别和拣选，挑选出一些适合学生动手操作、参与式的内容活动，使他们在动手实践中感悟知识、提升实操能力。以山东研学为例，为了让学生体验齐鲁文化，在开发课程的过程中挖掘了曲阜儒家文化，在研学课程中邀请了当地儒学专家引导学生在现场穿汉服、学礼节等，亲历的过程能让学生感受到中国传统文化在齐鲁大地的深厚渊源，通过这种体验式教学设计，就能避免研学只游不学的现象，也能改变传统的说教模式，从而落实研学课程的实践性原则。构建体验式研学旅行课程框架，需要明确课程目标设计的体验维度，依据学段特点、班级、小组、个人的特点等来完成体验式课程设计。

特别应加强研学旅行课程内容整合。研学旅行实践中为学生创设与生活、社会关联度大并较真实的情境，围绕这种跨学科的内容和项目开展跨学科的教学，引导学生在这种真实的情境里观察、体验、思考，在动手、动口、动脑的过程中解决问题、提升能力、锻炼品格，培养学生的解决问题的综合实践能力。

总之，研学课程依照实施模式可以分为三类，并在课程设计中根据研学资源、研学目标和学生情况有所侧重。然而主题式研学课程、项目式研学课程和体验式研学课程在现实操作中不是严格区分的，而是相互相融、相互支撑构成的课程实施体系。下面的“佛山陶瓷产业研学旅行课程”就充分说明了这点，因此，在课程设计中应善于整合运用各种实施模式。

基于体验式的佛山陶瓷产业研学旅行实践课程内容及目标实施[1]

研学实践基地	研学实践内容	研学实践任务	研学实践意义	研学实践目标	研学实践实施
华夏陶瓷博览城	佛山陶瓷原料的演变，以及这种变化带来的启示	学生先查阅相关资料，分析佛山的区位图，结合自己对佛山的了解思考佛山作为瓷都的区位条件，在华夏陶瓷博览城现场对商户进行访谈，记录陶瓷生产的新材料及材料产地	工业区位分析是高中地理的重要知识，对佛山陶瓷工业进行分析，学以致用，让学生感受到生活处处有地理，提高学生的区域认知能力。对制作陶瓷的材料的了解，有利于学生深入了解陶瓷产业，并对陶瓷产业的发展前景有科学的思考	1.激发学生兴趣 2.学会收集数据 3.学会推理 4.沟通、合作和获取信息的能力 5.社会和情感学习能力 6.反思能力	1.提出相关问题；进行体验性活动 2. 指导学生通过图书馆和网络搜索相关数据；观察和对目的地进行拍照 3.指导学生通过表格、图片、照片来组织和呈现数据；有意义地解释数据，比较和确定数据间的关系推出合理结论；对访谈内容的真伪及完整性进行识别，总结有用的访谈记录 4. 在访谈之前指导学生设计访谈的有效问题及合理的沟通技巧；活动通过小组合作进行 5. 指导学生观察社会现象、思考社会问题的解决措施，培养社会意识 6. 对研学旅行过程中出现的问题进行反思，指导学生描述问题及对问题提出适当的建议
南风古灶	了解佛山陶瓷的起源和发展,了解陶瓷的生产流程,南风古灶作为陶瓷文化旅游的代表性区域，有什么借鉴意义	查阅资料，了解陶瓷的起源和发展； 实地参观陶瓷的生产基地，并动手参与陶瓷制作，体验其生产流程； 了解南风古灶的发展，总结南风古灶的发展优势	对佛山陶瓷的历史及生产流程有了全面了解，有助于学生继续思考工业的发展方向。学生动手实践能够增加其兴趣，让学生感受佛山的传统陶瓷文化。了解陶瓷文化旅游产业的发展，探究工业发展的新方向，有利于拓展学生的思维		
石湾公仔街	佛山陶瓷企业发展面临的困境及解决措施； 佛山陶瓷产业的转移方向；创意陶瓷产业的发展途径	查阅资料，了解佛山陶瓷业面临的困境，尝试提出解决措施；将查阅资料与对当地企业进行访谈相结合，了解陶瓷产业的转移方向；参观公仔街的创意陶瓷，对公仔街的商铺老板进行访谈，了解陶瓷转型升级的方向	高考越来越趋于考查考生对问题的解决能力，因此在研学旅行的过程中引起学生对实际问题的关注与思考，有利于提高其综合思维能力。了解陶瓷转移的地域及向这些地域转移的原因，有助于学生了解陶瓷产业转移的空间地域模式。对创意陶瓷产业的了解，能拓宽学生对陶瓷发展出路的思路，也能提高其人地协调观；再者，进行访谈还能提高学生沟通、合作和获取信息的能力		
知名陶瓷企业	了解佛山陶瓷销售及贸易的方向；陶瓷企业发展对佛山的影响	向当地知名陶瓷企业的负责人了解他们陶瓷销售及贸易的方向，思考当前国家的“一带一路”政策对陶瓷销售的影响；通过对佛山陶瓷企业的实地考察及所学知识，思考陶瓷工业带来的积极及消极影响	了解陶瓷的销售与贸易方向，并结合时事热点进行思考，有利于学生全面了解陶瓷产业的发展方向。通过对佛山陶瓷产业的走访，思考工业发展的影响，有利于提高学生的地理实践力及社会和情感学习能力		

1 谢妙娴，郭程轩 . 基于地理核心素养的课程开发——以佛山陶瓷产业工业研学旅行为例 [J]. 地理教学，2018（19）：62–64.

第二节 研学旅行课程方案编制

研学旅行课程方案（ study travel course program ）是指为了完成研学计划、实现研学目标、遵循研学规律而制定的指导性、契约性的研学旅行课程规划[1]。一般来说，研学旅行课程方案编制按照三个阶段进行，即研学旅行行前准备阶段、行中实施阶段、行后总结阶段。

在研学旅行课程方案编制准备阶段要分析和选择研学资源、明确研学主题和研学目标研学内容，搜集整理文献及预测安全等，之后委派研学旅行指导师和相关人员实地考察，验证研学旅行方案设置的科学性。

在研学旅行课程行中实施阶段，应重点考虑如何组织学生参与教育属性鲜明、目标明确的课程，突破“游、玩”的简单结合，如何以任务或者问题为导向，提供科学的探究式学习方法，引导学生开拓思维，结合课堂所学，设计与研学旅行指导师、导游、同学、营地服务基地解说人员等开展交流的项目任务，如何通过活动来完善学生的知识结构，在真实、有趣的学习情境中，培养自身领导力、自我探究能力、规划统筹能力、语言交流表达能力和撰写研学报告的能力等。

在研学旅行课程编制行后总结阶段，应主要从中小学教育的视角制订研学评价机制，采用教育评价法多维度开展研学课程评价设计，对学生在研学过程的每一阶段包括研学选题创意、提出问题能力、收集信息能力、分析问题能力、团队协作能力、创作实践能力、总结分享等均需要进行整体考虑。

现以“状元手拉手”高校校园文化研学课程方案编制为例，通过对研学资源分析与规划思路、课程目标确定、课程内容设计、课程实施设计、课程评价设计、课程教材及教辅资料、研学师资团队七个方面展开叙述。

一、研学资源分析与规划思路

研学资源一般要经过资源的调研、资源采集和资源整合才能确立，对研学资源

1. 研学旅行课程方案《研学旅行指导师（中小学）专业标准》（T/ CATS 001—2019）.

的位置、历史、自然、文化环境、可开发的程度和可行性进行分析后，针对不同年段的学生主体来规划课程设计。

（一）研学资源分析

1. 研学资源的位置

北京大学被称为燕园，早在金代就成了京郊著名的风景区，到了明代，大规模构筑园林，至清代成了帝王的“赐园”。民国时期成为燕京大学校园。数百年来，虽几经沧桑，已非原貌，但其基本格局与神韵依然存在，仍不失为难得的历史文化遗产。其位于北京市海淀区颐和园路 5 号，中关村的中心地带，南边紧靠北四环路，东与清华大学隔一条中关村大街，交通便利；北临圆明园、西接颐和园，原属于古代皇家园林的一部分。站立在燕园西门，便能感到皇家园林之气魄，步入门中，燕园小景尽收眼底，小桥、华表、办公楼前的麒麟，处处皆是景。

2. 研学资源的历史环境

北京大学创办于 1898 年，初名京师大学堂，是中国第一所综合性大学，也是当时中国最高教育行政机关。辛亥革命后，于 1912 年改为现名。学校设有人文、理学、社会科学、信息与工程、医学 5 个学部及深圳研究院，62 个直属院系，学科专业涵盖了除军事、农业以外所有学科门类。2014 年，北京大学本科专业 120 个，其中医学部 10 个。这个校址最初为燕京大学，1952 年北大从沙滩红楼迁入此地，燕京大学并入北京大学。北京大学秉承“爱国、进步、民主、科学”的传统，兼顾“思想自由、兼容并包”的学术理念，发扬“勤奋、严谨、求实、创新”的学风，走过了 120 多个年头。 北京大学不仅是中国第一流的学府，在国际上也是享有盛誉的高等学府，为社会培养了一批学贯中西的顶尖级人才。北京大学是中国乃至世界美丽的现代化校园之一，具有独特的历史文化、科学研究价值。

3. 研学资源的开发可行性

高校是科技和文化的载体，尤其是有百年历史的名校，北京大学作为国内顶级学府之一，在研学旅行活动中能提供具有独特内涵的有形或无形资源。而且从校园到不少科研院所、实验室、场馆都陆续向学生开放，校园停车、用餐也没问题，使得开发多主题、多目标的研学旅行课程成为可能。丰富的研学课程开发资源包括以下几种。

（1）优美的自然景观。北京大学校园所在的地方原本是湿地，后来成为皇家园林。中国园林的设计原本讲究与自然的和谐，燕大与北京大学校园合并也继承了这种天人合一的风格。周围不断被开发，燕园这块地方却始终保留着自然的植被和环境，海淀区编号 001 的一级古树就在燕园内。作为全国第一个高校自然保护小区，有着极佳的自然生态系统，其中鸟类 200 余种、植物超过 180 种、鱼类 11 种、两栖爬行类 11 种、蝴蝶 27 种、蜻蜓 26 种。丰富的自然资源，适合自然生态研学，诸如探究自然之际、观察万物之变、辨识鸟兽之名等活动课程，维持生物多样性的水体管理措施更是值得探究。除了解决全校师生生活废水的处理，还给维持燕园生态的勺海、红湖、未名湖等注入了源源不断的水资源。

（2）众多的历史文物。北京大学有着底蕴深厚的人文、历史资源，文物众多，像乾隆诗碑、牌坊，燕园十二景、燕园二十四桥散落各处，一塔湖图更是享誉全国。这些都是适合开展历史文化研学的元素。

（3）丰富的教科研资源。一流的科技科研教育资源，再加上北大师生的师资优势，为开展科技类研学提供了可能。

（4）独特的校园文化。爱国、进步、民主、科学的五四精神，勤奋、严谨、求实、创新的学风，思想自由、兼容并包的学术精神，构成了北京大学独特的校园文化，为开展人文研学奠定了基础。

（5）多样化的博物场馆。经过申报和审核批准，北京大学图书馆、校史馆、赛克勒博物馆、标本馆、地质博物馆等资源对学生开放，可以开展博物馆类的研学。

（二）研学课程规划思路

1. 课程设计思路

“状元手拉手”课程依托北京大学深厚的人文底蕴和丰富的自然资源，秉承核心素养三个基本要素，结合小学、初中、高中各学段的学科实践任务，将燕园的资源细分为单元设计，依据不同的属性进行课程主题类型匹配，规划不同主题课程，设计多主题多目标的研学旅行系列课程，如燕园十二景、燕园大师、燕园生态、状元访谈等。让学生通过参与不同活动课程，对燕园历史人文、自然环境有一个直观的认识。通过状元分享主题课程，给学生呈现北大学生所具有的优秀品质，引导学生做好学习及生涯规划。课程实施设计采用三阶段、四环节、五步骤的方法，以项目式学习、主题式学习、探究式学习的教学方法，激发学生们对自身及对北大的深度了解，通过“引、讲、访、做、论”一体化教学模式，践行“知行合一、格物致知、学以致用”。

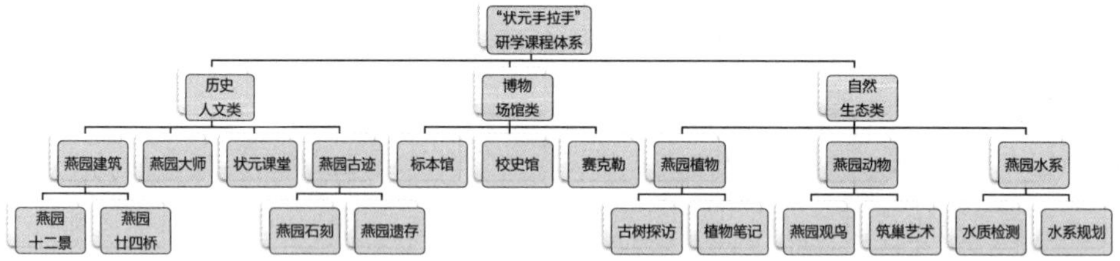

整体连续组织实施方式

2. 课程规划愿景

“状元手拉手”研学旅行系列课程将从燕园建制、燕园文化、燕园历史、燕园生态、燕园名师、燕园建筑、燕园园林、燕园文物等方面，引领学生全面探索百年北大丰富多彩的表象与内涵，讲述鲜为人知的燕园生活。研学实践课程希望学生收获：（1）感受校园的美丽风光。（2）领略北大的人文历史。（3）锻炼严谨、认真的科学思维和理性思维：运用科学的思维方式认识事物、解决问题、指导行动。逐步培养批判质疑精神：培养问题意识、学会独立判断、习惯缜密思考，能够多角度分析，果断、理性、科学做出选择和决定。（4）感悟多彩人生，勾勒缤纷梦想，追逐斑斓生活：找到梦想，坚定理想，志存高远，脚踏实地，以双脚丈量北大，用双眼记录生活。

二、课程目标确定

研学旅行课程目标包括两个层面：一是总体目标，二是具体目标。具体目标是依据课程的资源属性来设计的，而且每个学段目标也有所不同。在陈述目标时，常用新课程改革在基础教育领域推行的教学目标表达方法，即三维目标：知识与技能目标、过程与方法目标、情感与价值观目标。为了便于理解和说明，就简化为知识目标、能力目标和情感目标，且不分年段目标。

（一）知识目标

（1）了解燕园的前世今生和北京大学的历史人文。

（2）认识北京大学校园未名湖区域的著名历史建筑及各类场馆。

（3）认识燕园十二景，了解燕园的生态环境。

（4）熟知北京大学“爱国、进步、民主、科学”的传统和“思想自由、兼容并包”的学术理念。

（5）认识到北京大学在中国近代历史上的独特地位和作用。

（二）能力目标

（1）通过“燕园掠影”的实践活动，培养学生善于感知和探索的意识，以及对校园文化的审美力。

（2）通过“燕园通关”培养学生学会使用简单的测绘工具，提升方向辨识能力和对地图的识图能力。

（3）通过水质取样实验，加强自然环境保护的意识，培养发现问题与解决问题的能力、团队合作能力。

（4）通过“状元访谈”培养学生交流表达能力、思考反省能力。

（三）情感目标

（1）通过参观科研机构和场馆来激发学生对名校的憧憬和探索前沿科技科学的兴趣。

（2）通过对北大老师和学生状元背后故事的了解来触动学生努力学习，树立远大学习目标。

（3）通过了解北大燕园的著名历史事件和著名人物，来激发学生忧国忧民、报效国家的责任担当意识，培养其爱国主义价值观。

三、课程内容设计

为了实现研学旅行课程目标，需要在研学课程计划内容基础上科学地对课程内容进行组织，让课程内容以更加合理的形式呈现，让学生带着问题，由浅入深、循序渐进地用合理的、清晰的思路找寻问题答案，根据课程目标、时间节点、活动区域等设计活动，依照整体、顺序、发散的组织形式安排教学计划。

（一）依据课程单元模块设计内容

以北大校园为依托的研学课程，给学生充分的自主选择，本着让参与的学生呈现“快乐、自信、坚毅、豁达”的内涵特质，以研学课程促进学生德育和正向的人生观、价值观培养，融合书本知识和生活经验，加深学生与北大自然环境、历史人文、校园文化的亲近感，加深对高校尤其是名校文化的理解，培植学生对学习目标的认同感与期盼感，实现自由成长和社会责任相伴的教育。

以北大校园为依托的研学课程单元模块设计

模块一：燕园通关 藏书寻宝打开孩子心扉的钥匙，藏起来的是带有悬念的任务书，是带着无数问号的问卷、等待、观察、寻觅、解答，看每个学生种种表现，是否细心、耐心、专注、积极，团队中是何定位，团队中的协作担当	模块二：自然体验 在研学旅行指导师带引领下，学生亲自动手参与采集燕园各个湖区水质样本，通过检测仪器，由专业指导师带领学生完成水质检测的实验，并且描述每次采集的水发生的变化，引发学生对自然环境教育的思考，学习科学的研究方法
模块三：状元访谈 强化学生的沟通能力和应变能力，激发学生的自主学习兴趣，分享北大学生的学习心得，从状元的视角解答学习困惑、分享学习方法，让学生理解养成良好学习习惯的重要性，让学生懂得自控。分析玩游戏、网瘾等问题，找出原因，提出解决方案	模块四：北大人文 作为校园研学认知的经典活动，为的是让同学们能在文化底蕴深厚的百年学府，感受那浓郁的学习氛围，让学生在各类场馆活动中不知不觉了解所处地域古往今来、名人历史风物。同时，在行动中认识自我，培养勇气。在活动中观察学生的心理和行为，锻炼学生的领导力、创新力和适应能力。学会独立生存，真切体会和感受学习的内涵与意义
模块五：生涯规划 问卷式测评，分析学生的领导力、表达沟通力、意志力和执行力。引导学生制订适合自己的目标，在学习的路上少走弯路。提升自我认知力，为学习增加新的动力	模块六：扬帆起航 一次校园研学实践活动，给学生留下成长的感悟，我们提供对学生的研学评价和建议，作为学校和老师对孩子发展的修正与指引参考，让学生在今后的学习和生活中主动高效学习，助力他们健康成长

（二）根据课程时间节点设计内容

通过学情分析，依据学校本身对研学旅行课程的教育目标、教学内容、教学活动方式的整体规划需求，来安排相对固定的课时、教学内容、参与教学的研学旅行指导师等。

根据时间节点设置的课程内容

时间	内容
8: 30—9: 00	引：文史楼处，做准备（讲解活动规则，分组并发放学习资料）
9: 00—9: 30	讲：燕园任务“通关文牒”（以小组为单位，开展体验式燕园研学）
9: 30—11: 00	做：自然体验动手实验（以小组为单位，水质取样撰写测试报告）
11: 30—12: 00	访：状元生活（基于社会调查方法，通过表单问卷模式进行走访）
12: 00—13: 00	尝：舌尖北大（食堂用餐，体验北大美食）
13: 00—14: 30	讲：北大人文（指导师按照上午活动线路讲解并引导学生回顾） 探：北大场馆（走进考古、标本、地质等博物馆，深度感知燕园）
14: 30—15: 00	谈：生涯规划（通过问卷测评，结合学生情况给出学习建议）
15: 00—16: 00	答疑解惑，合影留念
16: 00—16: 20	扬帆起航

（三）根据学科和学段设计内容

任何课程内容的设计都要考虑到课程实施的可行性，高校校园尤其是北大校园更是如此，出于对学生安全、自理能力等多方面因素的考虑，在校园主题研学课程内容的设计与选择上，专门根据校园区域的地理位置及资源来设计适合不同年段的与学科衔接的研学内容，如下所示。

根据学科和年段设计的课程内容

序号	课程主题	适合年级	结合学科课程	课程内容关键词
1	燕园掠影： 未名湖畔知多少	小学学段	语文、数学、美术、体育	团队、搜索 识图、诗词
2	燕园探索： 探索燕园十二景	小学、初中学段	语文、体育、科学、美学	团队、文献 识图、创作
3	燕园拾遗： 接古迹寻古问今	小学、初中学段	语文、数学、地理、美学	阅读、书法 写作、统计
4	燕园访学： 提升文学修养	初中学段	语文、历史、地理、数学	团队、阅历 统筹、创作

序号	课程主题	适合年级	结合学科课程	课程内容关键词
5	燕园求真： 职业生涯规划	高中学段	历史、语文、英语、科技	科技、成果 改革、交流

四、课程实施设计

（一）课程实施方式设计

1. 整体连续组织实施方式

以北大校园文化研学为依托，在课程组织实施之初，尤其是在探究课程的步骤策略上，一般会统筹考虑学生参与的课题、课题制订方法及实施方式、当天校园活动课题展示内容及场地区域等，各个步骤之间应环环相扣，具有连续性、逻辑性，同时各个步骤之间存在的交叉重叠。特别要注意每个环节实施时出现意外情况后的预案，避免中断课程实施。例如，在实施自然体验动手实践课题的过程中，可能会发生取水样的工具脱手掉进未名湖里的问题，这就需要指导师依据计划之初的备案给学生提供新的工具，并在学生离开时通知保安捞取遗留在湖里的工具。下图为整体连续组织实施方式流程图。

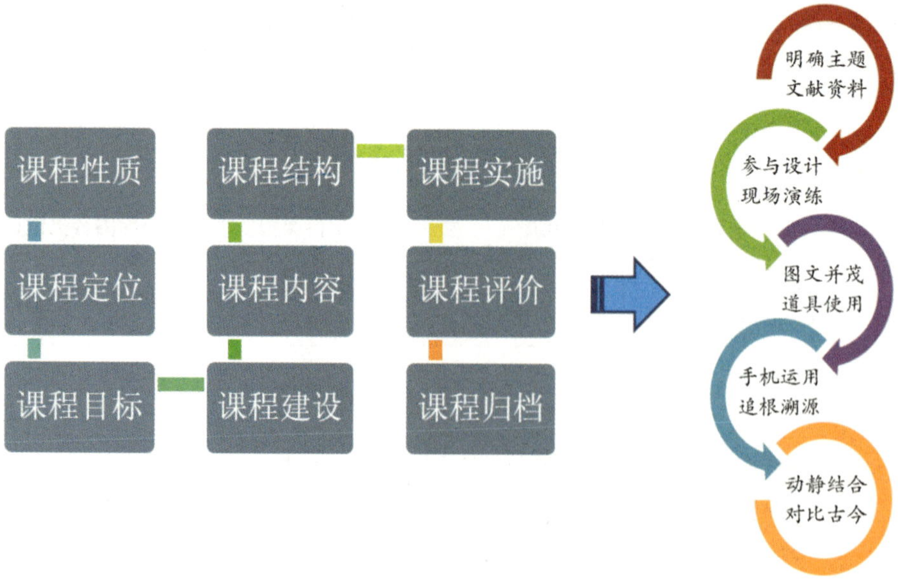

整体连续组织实施方式

2. 先后顺序组织实施方式

作为研学旅行课程理论重要支撑的学者泰勒，强调课程内容组织应遵循顺序性原则，也就是课程的整体逻辑性，即后面的课程内容应当建立在之前内容的基础之上，又要在此基础上有所延伸，通过这种形式来联系学习内容，可以产生累积效应，使得学习更加有效。北大燕园研学课程的实施在遵循逻辑性原则的基础上，同时保留课程内容本身的延展性，对于与北京大学校园环境相互作用过程中新生成的课程，尽量按照课程认知、概念学习、原理掌握、问题解决的顺序组织课程内容，使得校园课程既丰富又趣味十足。

3. 横向扩散组织实施方式

北大燕园研学课程通过“状元手拉手”实施方式，将研学旅行课程的各个活动系统地有机整合起来，特别是“状元手拉手”课程中关于北京大学保护小区水质检测课程内容的设计，涉及北京大学校园自然保护小区介绍、北京大学污水处理中心、北京大学校园文化中有关水的部分，以及北京大学自然保护小区如何充分利用学校生活排污用水来打造生态校园等多个方面，下图是用横向扩散的组织方式设计安排的各个活动。

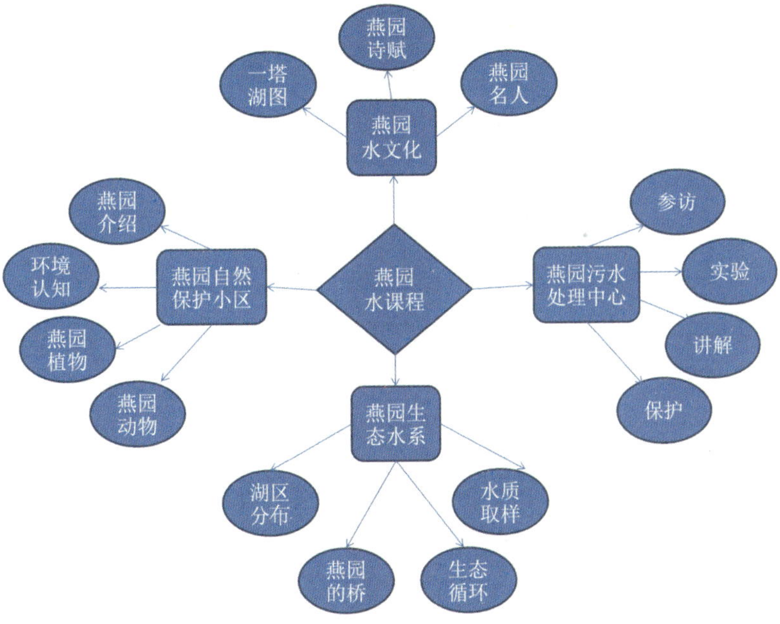

横向扩散组织实施设计

（二）课程实施过程设计

教学过程的设计直接影响学生以何种方式展开研习，从学生学段特点来说，小学阶段的研学旅行课程形式以览胜、体验为主，重视游戏化内容，减少讲授内容，以满足这一年龄段学生好玩、喜动的天性。初中阶段的研学旅行课程形式以理解性内容及项目式合作为主，增加探索性内容，以满足这一阶段学生强烈的求知欲、好奇心。高中阶段的研学旅行课程形式上要以知识的拓展、理论的应用、综合性体验、研究性学习为主，辅之以观光、考察、游历。每个学段研学旅行课程实施历时长短依据学校的教学要求确定，课程实施过程设计一般可分为三个阶段：行前先导、行中组织实施、行后总结提升。

1. 行前先导过程设计

行前先导阶段实施过程应根据学校的要求结合课程实施设计的要求，在出发前为学校提供的包括课程铺垫、实施方案、安全事项说明等行前准备内容。燕园行前先导过程设计应注意以下方面。

（1）根据课程方案，厘清行前课程内容，与学校做好分工。

（2）设定行前导课具体时间和师资安排。

（3）设计研学课程需准备的物资物料，并列出表单加以说明。

（4）设计行前课程内容，包括北大燕园行程线路、燕园研学方法、高年级的开题报告、出行安全和入校行为规范等内容。

2. 行中组织实施过程设计

考虑到学校是以班级或年级为单位出行，少则几十人，多则几百上千人，因此在燕园研学实施过程设计中，应注意以下方面。

（1）主题参观课程教学设计。针对主题参观课程，采取化整为零分组设计。若是以年级整体出行，就以班级为单位分队，依据部委制每队设置研学队长、学习委员、纪律委员、时间委员等，由学生自我管理集体参观学习，指导师负责安全防护，引导学生在游览参观过程中观察、思考、体验、感悟获取燕园文化。

（2）专题集中小组合作设计。针对专题合作课程，采取小组合作研习设计。首先，设计燕园十大主题课程，由各班级确定需要完成的专题课程；其次，设计指导师引导课程，即以班级为单位再细化设定兴趣小组，以兴趣圈定小组成员，分别完成班级专题课程和兴趣小组课题；最后，设计适合参与学段学生的文献索引教学法，引导学生开展班级专题课程遵循探究方向、确定探究主题，展开专题研讨等。

（3）实践体验动手课程设计。针对体验动手课程，采取个人独立操作设计。首先，需要考虑到学生实际动手体验易上手，分析大类课程，如燕园标本馆、燕园生态等主题课程；其次，根据这些课程的特点和属性，设计由指导师或专家完成先行教学演示步骤，学生依据实践体验步骤再各自独立操作，如标本馆里的植物细胞结构木刻图的拓印，让每位参与学生都可以体验并获得个人独一无二的习得成果。

3. 行后总结提升过程设计

课程结束后总结及成果展示是非常重要的课程学习阶段，也是很多研学机构和学校容易忽视、轻视的阶段。在本阶段对研学成果展示设计，其呈现的方式可以结合自身研学过程的感触，将北大燕园研学过程中的主题、专题、动手体验等课程，设计成一篇研究论文、一份调查报告、一件模型、一块展板、一场主题演讲、一次口头报告、一本研究笔记，也可以对本次北大燕园研学活动方案再设计。这需要研学旅行指导师强化教学活动过程引导，协助学生形成内化的研学成果，返校后学生可以通过班报、刊物、展览会、演讲会、答辩会、研讨会、节目表演、展板、墙报等开展成果交流方式，以提升学生综合素养。

（1）文本成果教学素材设计：包括随笔、游记、绘本、笔记、作业、手册报告等，在研学过程中需要指导学生进行素材收集及文字积累，为课程结束后回到学校，深度完成研学手册报告内容奠定基础。

（2）影像成果教学素材设计：包括研学过程中拍摄的图片、视频等资料，需要注意的是指导师应当协助学生选择经典风景标志点、代表性的城市标志等，为课程结束后回到学校，深度完成研学手册报告内容奠定基础。

（3）实践成果教学素材设计：包括研学过程中参加采买体验、实践动手做的作品，如手工活动中的作品、地方代表性的纪念品、博物馆藏品的复制等，为课程结束后回到学校，深度完成研学手册报告内容奠定基础。

（三）课程实施安全保障设计

针对北大燕园研学，在课程实施安全保障上，需要从以下四个方面设计：首先，设定时间提前安排师资对北大燕园进行线路实地勘察；其次，对课程具体的实施点在规划设计时，就要充分考虑实施点的安全性，并将将详细的注意事项呈现在研学手册中；再次，依据出行规模及学生学段特点，以课程化形式制订完整的针对北大燕园研学旅行的接待方案和安全应急预案，包括交通工具安全专项处理方案、行走安全专项预案处理方案、食品安全专项预案处理方案、住宿安全专项预案、突发事件应急预案等；最后，设定日程报备计划，遵循北京大学校园安全及教育教学时间要求。

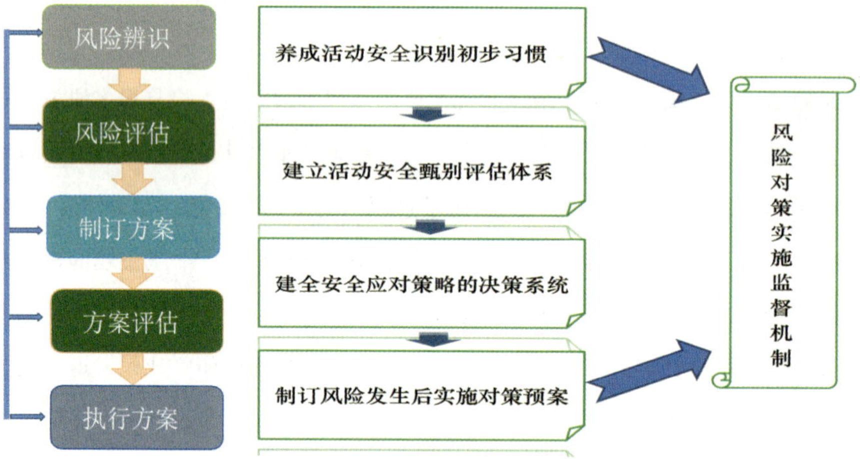

安全实施保障流程设计

五、课程评价设计

研学旅行课程的评价，具有鲜明的多元性特征，既有对学生的评价，也有对课程本身的评价，还有对课程实施者、承办方等的评价。课程评价对研学旅行教育活动的实施过程和效果都会产生重要影响。《关于推进中小学生研学旅行的意见》要求，对学生参加研学旅行的情况和成效进行科学评价，并将评价结果逐步纳入学生学分管理体系和学生综合素质评价体系。因此，构建研学旅行课程科学的评价机制、设计合理的评价体系和指标至关重要。同时，做好课程评价设计需要厘清评价对象和熟悉评价方法。

（一）评价对象

1. 对课程的评价设计

对北大燕园研学旅行课程的评价，可以从研学课程理念、研学课程架构、研学课程目标、研学旅行课程内容、研学课程实施方案等设计评价指标，重点从课程设计的合理性、系统性和可行性方面着手。通过对课程的理念、目标、内容判定研学课程的科学性，通过对课程的实施判定课程前后安排是否合理规范，通过对学生学习成果的分析，判断学习成果与预期目标的吻合度、课程目标是否实现。例如，在对北大燕园的场馆课程进行评价时，可以设计以下的具体评价维度和指标。

场馆课程评价

2. 对学生的评价设计

对学生进行评价是看预设的研学教育目标在多大程度得以实现，学生是否产生了预期的行为变化，在多大程度上发生了这种变化。对学生的评价要结合燕园研学旅行课程的实际特点，考虑评价的可操作性，从过程性评价和成果性评价两个方面进行指标设计。过程性评价侧重于对学生在学习过程中的行为表现进行评价，成果性评价侧重于对学生学习所获得的物化的成果进行评价。通过融合目标价值、过程表现，综合运用量化评价和质化评价的方法，对学生进行科学、全面的评价设计。

3. 对师资的评价设计

参考第二章研学旅行指导师的内容，结合燕园研学，从研学旅行指导师职责任务、职业素养、知识结构和技能水平等多维度进行评价设计，以表格模式呈现包括职责任务完成情况、职业素养表现、知识传递学生反馈、技能水平展示等在内的评价内容。

4. 对承办方的评价设计

对承办方的评价，一方面作为校方考评签订合同完成情况的依据，另一方面也决定承办方是否有机会参与以后学校的研学旅行课程竞标及未来的合作。其评价指标的设定主要体现在承办方需要履行合同内容情况（包括研学课程执行团队、交通食宿标准、研学旅行指导师团队资质标准等）、课程实施能力、管理服务三方面，评价内容应以细化的指标通过表单呈现。

（二）评价方法

如果要做好研学旅行课程的评价设计，懂得评价方法是基础。研学旅行课程评价方法常用量化评价和质化评价两种。

1. 量化评价设计

量化评价是一种把复杂的教育现象和课程现象简化为数量，通过对数量的分析与比较获得评价结果的评价方法。量化评价通常以分数呈现评价结果，评价设定最高上限分值，参与评价者根据不同指标勾选。以下为全方位综合评价表，可从学生、家长、校方等不同层面对承办方进行评价。

全方位综合评价表

评价指标			非常满意 10分	满意 9分	一般 8分	不满意 7分	非常 不满意 7分以下
一级指标	二级指标	三级指标					
研学课程规划	课程主题	明确新颖					
	课程内容	教学目标					
		学科关联					
		德育关联					
		地方特色					

评价指标			非常满意 10分	满意 9分	一般 8分	不满意 7分	非常 不满意 7分以下
一级指标	二级指标	三级指标					
研学课程规划	行前先导课	安全课					
		知识课					
	行前先导课	技能课					
	研学手册资料	指导手册					
		课程教具					
研学课程实施	课程执行情况	流程顺序					
		实践内容					
		趣味程度					
研学课程实施	师资配备情况	指导师					
		后勤服务					
		专家讲师					
	出行交通安排	火车					
		巴士					
		乘船					
	住宿安排	酒店					
	餐饮安排	用餐					
	研学过程反馈	意见反馈					
研学课程成果	研学课程目标	目标完成					
	手册完成情况	内容完成					
	研业汇报计划	内化成果					
研学安全保障	安全执行方案	安全方案					
		保障措施					
	课程应急预案	安全教育					
		应急预案					

2. 质化评价设计

质化评价是指通过自然调查，充分揭示和描述评价对象的各种特质的评价方法。它适用于复杂的教育现象的评价，通常以等级呈现评价结果，一般针对参与研学的学生设置优秀、良好、合格、不合格等。对学生的评价主体一般来说是研学旅行指导师、学校老师、学生，研学旅行指导师对学生的评价主要采取行为表现评价法，对学生在活动中执行课程任务的独立性、探索意愿、任务完成情况及交流分享的主动性等方面进行评价。学校老师对学生在活动中包括时间观念、环保意识、就餐秩序、研习秩序、参访秩序、合作能力等方面进行现象评价。学生通过自评及小组成员评价，对其在活动课程中获得的知识、方法，以及由此产生的新的内化认知进行评价。

质化评价表

评价指标		评价内容	优秀	良好	合格	待改进
一级指标	二级指标					
行前准备	文献检索	利用信息索引法收集目的地关联文献				
	物资准备	出行物资行李准备				
	行前预习	组织参与本次活动的部门进行针对性预习				
行中实施	信息利用	合理利用手机等工具				
	资料记录	认真观察、收集整理、记录有效数据				
	体验感悟	文明研学，及时记录体验过程				
	时间观念	遵守研学纪律，按时集合，准时入睡				
	环保意识	随手带走自己产生的垃圾，不破坏生态环境				

评价指标		评价内容	优秀	良好	合格	待改进
一级指标	二级指标					
行中实施	就餐秩序	自助餐时有序排队就餐，桌餐时安静就餐，不打闹，不浪费				
	研习秩序	认真听取讲解，安静有序随队活动，不擅自活动，不脱离队伍				
	参访秩序	积极参与活动，生活独立自主				
	团队合作	活动中能够关心他人，与同学友好相处，有良好的团队意识				
行后总结	研学报告	报告书写规范性、创新性、完整性				

六、课程教材及教辅资料

研学旅行课程教材多以研学旅行手册呈现，主要用于指导学生研学活动和记录学生参与研学活动的过程。现行研学旅行学生手册主要有两类：一类是由旅行社提供的研学旅行手册。优点是行程明确，安全提示充分，携带方便；缺点是只重视景点介绍，缺少研学任务和方法指导。另一类是由教育机构或者学校教师编制的研学旅行手册。优点是研学目的明确，从研学的目的意义到研学的组织架构、研学任务等内容齐全；缺点是缺少具体针对性的活动指导，活动记录像旅行日记，开本过大导致携带使用不方便。若是融合两者优点，校企合作编制内容简洁（只需包含分组管理、旅行装备、行程安排、研学地图、活动任务、安全预案等）、任务明确、操作具体、便于携带记录的研学旅行学生手册，将更有助于学生在研学过程中使用。以 32 开本大小呈现最佳，可以配有专门笔及书签。

研学教辅设计是指对燕园研学主题相关的文献搜集整理再加工，可以是书刊资料，也可以是论文资料，以北大一日研学实践为例，除了《燕园研学旅行手册》外，还配有《燕园草木》《燕园动物》《燕园建筑》《燕园史话》《燕园文物、古迹与历史》《燕园拾尘：北大生命成长手记》等教辅书籍材料。

七、研学师资团队

研学旅行师资团队是集教学与服务、组织与实施、学校老师与研学旅行指导师、安全员与司乘人员于一体的综合团体，要充分发挥研学旅行师资团队的指导作用，就需要对师资团队进行合理、有效的分工合作，以确保研学过程中课程的实施效果。

（一）组织者确定

1. 校方主管领导

作为主办方领队，往往由学校主管校长担任，起到承上启下的作用，既要对上级教育部门负责，也要组织和督导研学旅行课程按规划有序开展。同时，在校长带领下的校方研学师资队伍还包括德育教育负责人、体育教研室主任、各班班主任、学校校医等。

2. 承办方负责人

研学旅行实施承办方针对本次研学旅行活动设项目负责人或主带指导师，全程随团负责统筹协调研学旅行中的各项工作。同时，在研学活动主带指导师的带领下的承办方师资队伍还包括每车一名研学旅行指导师、安全员、队医、地接导游等。

（二）研学旅行指导师分工

1. 学校老师

这里所涉及的学校老师，特指经过研学旅行专业培训的班主任和学科老师，负责全程带领学生参与研学旅行各项活动，配合承办方的研学旅行指导师开展课程实施工作，负责完成学生后续研学成果的指导。

2. 承办方指导师团队

研学旅行指导师负责制订研学旅行教育教学工作计划，在主办方学校班主任老师和地接导游等人员的配合下开展研学教育服务，如若身兼安全员职责，还需要在研学过程中随团随时开展安全教育和安全防控工作。

3. 供应方指导师团队

研学旅行供应方多指提供地接服务的旅行社，包括地接社调度主管、随车研学旅行指导师及司乘人员。地接研学旅行指导师负责提供车上及研学过程中涉及的景点讲解和课程安排，并配合学校老师提供研学旅行生活保障服务。

第三节　研学旅行课程手册编制

研学旅行课程手册是课程设计的直接体现，也被称为研学旅行指导手册、社会综合实践活动手册，可简称为研学手册等。它是在课程方案的基础上编制的，用于指导教学团队和学生开展研学旅行活动的“教材”和“行动指南”。研学旅行课程手册既是为学生提供研学指导、记录学生阶段性学习和成长足迹的纪念册，也是帮助研学旅行指导师做好研学工作的工具书。研学旅行课程手册一般分为两种：研学旅行课程学生手册和研学旅行指导师手册。

一、研学旅行指导师手册编制

（一）研学旅行指导师手册设计原则

1. 内容全面化

研学旅行指导师手册也称为执行手册，其内容包括课程意义及内容、研学旅行详细行程、参与研学管理及服务人员、研学旅行指导师服务守则、应急预案，以及序言部分的参与学校校训、寄语等，让每一位参与执行的研学旅行指导师拿到本手册后读得懂、看得明白，同时在统一培训后能够明确职责顺利执行。

2. 形式新颖化

研学旅行指导师手册内容形式上新颖化，多以图表和工作导图形式呈现，使参与执行的研学旅行指导师及工作人员在读取信息时一目了然，增强手册知识获取和使用的便捷性。

3. 使用方便化

研学旅行指导师执行手册本着使用方便的原则，在设计制作时要考虑手册开本大小，同时可以考虑手册打孔栓或者挂笔，做到执行活动的研学旅行指导师携带便捷，随时可以记录学生的行为变化。

4. 导向学习化

研学旅行指导师在活动执行中需要通过不断地研习优化活动过程，这就要求研学旅行指导师执行手册中有更多的留白供研学旅行指导师进行活动执行记录，并对活动课程优化提出建议，同时对学生参与课程及活动中的行为表现做过程性记录，为后续研学评价奠定基础。

5. 手册数字化

伴随无纸化办公的诉求，加之信息技术的不断应用，数字化研学手册逐渐呈现在指导师面前，尤其是手机端，除了可以使研学旅行指导师每天利用手机上的研学手册软件完成自己的既定工作任务外，还能帮助研学旅行指导师友好地监管学生在研学过程中课程的完成度，并给予当天研学课程书写评定。

（二）研学旅行指导师手册设计内容[1]

1. 学校育人目标

依据参与学校办学理念及学校育人目标设定当次研学旅行指导师手册中有关学校的内容，包括学校校训、办学理念、校长寄语等内容。

2. 课程整体介绍

研学旅行指导师手册在活动课程介绍上重点突出活动时间节点及各节点下课程教学任务，同时需要呈现给研学旅行指导师的包括教学目标、意义在内的体现课程系统性和层次性的逻辑关系，有助于研学旅行指导师把控教学实施过程。

3. 课程总体目标

研学旅行课程总体目标是依据国家对研学旅行的要求（《教育部等 11 部门关于推进中小学生研学旅行的意见》），参照 21 世纪中国学生发展核心素养培养体系，依托学校德育课程等在宏观层面所设定的目标，包括知识与技术目标、过程与方法目标、情感态度与价值观目标三个层面。

4. 课程规划模块

研学课程规划模块在研学旅行指导师手册中表现为针对学生手册中的学生需要完成的每日（个）研学任务，研学旅行指导师所要执行开展教学的部分，可以理解为课程教学模块，依托研学手册，按照行程先后罗列出目录，并记入执行手册，配合各模块下的教学教案进行研学过程教学实施，包括前后行程中的各时间节点、活

1　案例见附录《齐鲁文化探寻研学旅行指导师手册》。

动时长、集合解散地点、交通工具类别等。

5. 课程实施过程

研学旅行指导师手册中的课程实施过程主要针对研学旅行指导师设定的教学过程，需要配合课程规划模块，进行包括教学主题、教学目标、课程实施地点、课程教学时长、课程教学实施方式、课程任务表单、课程资源工具包、课程教学课后作业、即时性评价用词、重点难点标准等内容的组织与规划，可以以纲目形式呈现在执行手册内。

6. 课程评价架构

研学旅行课程评价参考本章第二节的研学评价内容，依据参与研学的学校及年级进行评价模型设定，开展具有针对性的评价内容架构设计，并列入研学旅行指导师手册。

7. 课程成果呈现

研学旅行指导师手册中的课程成果呈现主要指教学成果，涉及教学任务完成情况、教学实施现场秩序情况、教学团队配合情况、教学过程中的重点难点汇总、教学过程中遇到的问题等。

8. 课程安全预案

研学旅行指导师手册中的安全预案是以贯彻落实教育部门关于加强研学旅行学生安全工作的指导精神，预防学生研学等集体外出活动事故的发生，保障活动有序、顺利、安全进行，所制定的有关规则、制度及应急处理预案供研学旅行指导师参考，确保发现问题时能够以最快的时间做出反应。

二、研学旅行学生手册编制

研学旅行学生手册是中小学生参加研学旅行活动的指导手册和学习手册，包括研学旅行活动基本信息、研学旅行学习工具资源、研学旅行项目学习记录、研学旅行活动成果汇报等。研学旅行活动基本信息，主要包含研学旅行主题及目标、研学旅行期待及注意事项、研学旅行学习申请及家长告知书、研学旅行基本行程及时间安排等。研学旅行学习工具资源，是指支持学生研学旅行活动的学习工具和学习资源。学习工具主要包含纸、笔、照相、通信等工具；学习资源主要包含文本、图片、视频等资源，可通过纸张、网络等方式提供。研学旅行项目学习记录，是让学生记录研学旅行活动的情况，包含把任务分组情况、观察体验情况、发现问题情况、合作探究情况、反馈评价情况等记录下来。研学旅行成果汇报，是本次研学旅行的活动小结，包含研学旅行大事记、研学旅行总结等，不仅可以用日记、游记等常规的文本方式，还可以提倡利用简报、微视频、微电影的现代方式来呈现其“精彩旅行”。

（一）研学旅行学生手册设计五化原则

1. 内容全面化

研学旅行学生手册内容包括研学旅行主题、研学参与人员组成、研学日程安排、研学交通信息（高铁票务信息）、研学背景资料、研学任务书、研学个人行为细则、研学旅行指导师团队介绍、安全应急预案等，让每一位参加研学旅行的学生拿到手册后能够了解自己的随队研学旅行指导师，同时明确活动过程中的课程任务，以及个人票务及乘车位置信息等，确保有序、有效实施活动课程。

2. 形式新颖化

研学旅行学生手册在学习资料信息简介中多以图表导图形式呈现，使参与研学的学生在阅读使用时一目了然，增强手册知识获取的便捷性，提高手册的利用率。

3. 使用方便化

研学旅行学生手册本着使用方便的原则，在设计制作时要考虑手册开本大小，同时可以考虑手册打孔拴或者挂笔，方便学生随身携带，可以随时记录所见、所闻、所感。

4. 导向学习化

研学旅行学生手册作为学生研习的重要参考手册，在活动课程实施中需要给学生充分的研讨空间以完成研学课程任务，这就要求手册中要有更多的留白供学生进行活动记录，同时对研学旅行指导师参与课程及活动执行中的行为表现做量化记录，为后续师资评价奠定基础。

5. 手册数字化

利用信息技术编制数字化研学手册逐渐成为发展趋势，研学旅行指导师通过手机端就能对学生进行很好的指导。学生手机不离身，每天打开就有学习任务，当天任务完成不了，则第二天的研学内容就无法读取，这不仅能让学生少沉迷手机，而且能很好地让学生在研学实践中利用信息技术完善自己的研学旅行内容。国内研学旅行手册数字化做得最早的是北京第三中学（公众号：北京三中），该校以校本课方式呈现的研学旅行内容丰富、形式多样，如下图所示 。

北京三中研学旅行手册数字化呈现

（二）研学旅行学生手册内容[1]

1. 学校育人目标

研学旅行学生手册本着一校一议的原则，依据参与学校办学理念及学校育人目标设定当次研学旅行学生手册有关学校的内容，包括学校校训、办学理念、校长寄语等内容。

2. 课程整体介绍

研学旅行学生手册课程介绍上重点突出活动时间节点及各节点下学生需要完成的研学任务，同时需要把包括研学目标在内的体现课程体系化的教育理念呈现在学生手册内，以说明对本次研学课程学习的意义。

3. 课程总体目标

研学旅行课程总体目标是依据国家对研学旅行的要求，参照 21 世纪中国学生

1　案例见附录：北京市陈经纶中学分校齐鲁文化探寻社会综合实践活动学生手册。

发展核心素养培养体系，依托学校德育课程等在宏观层面所设定的目标，可以包括知识与技能目标、过程与方法目标、情感态度与价值观目标三个层面。

4. 课程规划模块

研学课程规划模块在研学旅行学生手册中体现在行程中应详细列出包括前后行程中的各课程任务时间节点、活动时长、集合解散地点、交通工具类别、座次号码、班级随队老师及研学旅行指导师等。

5. 课程实施过程

研学旅行学生手册中的课程实施过程主要针对参与研学的学生所设定的学习过程，对应研学旅行执行手册课程实施部分，包括研学主题、目标、课程目的地介绍、课程实施地点、课程时长、课程任务表单、课程资源工具包、课后作业、即时性评价表单等内容，以图文多种形式呈现在学生手册内。

6. 课程评价架构

研学旅行课程评价参考本章第二节的研学评价内容，依据参与研学的学校及年级进行评价模型设定，对参与学生进行过程性、成果性表单式评价内容架构设计。

7. 课程成果呈现

研学旅行学生手册中的课程成果呈现主要指研学成果，涉及研学过程中任务完成情况、研学过程中实施现场秩序情况、研学团队配合情况、研学过程中遇到的问题等，待回到学校后以研究性报告、专题性论文、研学活动 PPT 总结等方式展示呈现。

8. 课程安全预案

研学旅行学生手册中的安全预案是以贯彻落实教育等部门关于加强研学旅行学生安全工作的指导精神，预防学生集体外出活动事故的发生，保障活动有序、顺利、安全进行，所制订的有关规则制度及应急处理预案，供研学旅行参与的学生参考。通过对研学手册中安全预案的学习，给参与研学的学生以警示，告知他们出现问题时如何能够以最快的时间进行响应，争取第一时间得到老师和随行队医的帮助。

复习与思考

一、简答题

1. 简述研学旅行课程设计开发模式下的四类课程。

2. 参考本章研学活动安全策划模型，用思维导图画出每个环节下各机构的安全职责。

3. 参考第二章研学旅行指导师课程能力结构模型，写出传统文化课程设计思路。

4. 依据研学旅行课程组织原则，结合本地区的情况简述如何在本地开展研学旅行活动。

二、案例分析

某农场研学基地距离市中心距离 2 小时以内车程，基地瞬时接待量为 500 人次，基地有包括餐厅、教室、活动广场等基本硬件支撑，可以实现机构研学的基本诉求。现需要按如下要求完成一次研学课程的设计研发，要求如下：

（1）规划基地课程，以思维导图模式展示其体系化架构。

（2）以文字及表单形式列出基地五天的课程内容。

（3）以文字及图表形式细化其中一天的研学实施课程（包含意义、目标、过程、评价、总结）。

（4）方案上需要体现出安全保障方案及活动安全预案。

第四章　研学旅行指导师课程实施

研学旅行课程实施是整个研学活动的核心环节，研学旅行指导师通过学习，为以后胜任此岗位打下坚实的基础。研学旅行行前学习可以使得研学旅行指导师理解整个研学旅行背景和框架，有助于在研学旅行行中实施阶段灵活掌握基本原则和规范；研学旅行行后课程总结与评价能够使研学旅行指导师体悟到教育与旅行结合的内在意义，不断改进提升自己的技能水平，实现研学旅行的目标。

本章主要以承办方研学服务机构的视角来介绍研学旅行指导师在研学旅行课程执行的主要流程，分为行前、行中和行后三阶段阐述指导师应该学习和掌握的基本知识及技能。研学旅行行中环节实践性较强，是学习的重点和难点，本章结合具体案例进行了详细阐述。

第一节　研学旅行课程行前准备

古人云：凡事预则立，不预则废。研学旅行指导师在组织研学旅行活动前，做好充分的准备，这是有效开展实施研学旅行课程的必备前提。

研学旅行指导师在带领学生出发前，应从以下四方面做好课程实施的前期准备：第一，沟通课程实施方案。第二，研学课程相关知识准备。第三，物资准备。第四，上好行前课。通过这四个方面的筹备，指导师既了解到本次研学课程实施的组织形式，又为课程实施做好了知识及物质上的准备；既了解到组织实施方的相关需求，又了解到学情，利于研学旅行指导师对学生进行安全教育，确保研学旅行课程的顺利开展。

一、课程实施方案沟通

（一）了解课程方案

研学旅行指导师对研学课程方案的了解与把握是研学旅行课程顺利实施的重要保障，研学旅行指导师了解研学课程方案就像学校教师把握教材一样重要。研学旅行课程方案是为了完成研学计划、实现研学目标、遵循研学规律制订的指导性、契约性的研学旅行课程规划。课程方案一般包括：研学主题、学生学段、研学目的、研学课程内容及行程安排等。研学旅行指导师要读懂课程实施方案，应准确理解课程实施方案中每一个板块所阐述的内容。下面就以“北京市某学校研学课程实施方案”为例，详细说明研学旅行指导师阅读研学实施方案对应了解的具体内容。

北京市xx学校“人文徽州——寻源徽文化”研学课程实施方案[1]

主题	人文徽州——寻源徽文化 （解读：研学主题的制订有明确的目的性和较强的针对性。这个主题是文化探寻主题，是文化寻根系列的内容，本次研学就是带学生感受徽文化的特点及与其他文化进行比较。研学旅行指导师和学生只有在充分了解研学主题后才能清楚地知道本次研学的价值取向，学生才能在研学旅行中收获更好的教学效果）				
时间	4.20—4.23	天数	4天	地点	黄山市
课程目标	1.通过徽州古建，走进徽州古城、宏村、认知各种不同的建筑形式，在参观徽州特色建筑的过程中，感受建筑中的数学原理和美学原理，学习和积累建筑构造美学、力学、建筑学知识。走进胡开文墨石，加深中国文房文化的理解，结合美术和写字课程，感受中国书法的博大精深，提升文化底蕴。寻访安徽名人——走近吴敬梓，深入品读《儒林外史》，传承儒雅好礼的国学品德 2.在研学活动中通过小组合作，将学校“善德教育”德育内容蕴含其中，在学生合作学习中，培育团结协作意识；加强集体主义教育；同时学会将历史知识、美学知识运用到社会实践活动中。通过文化采风与实践活动提高学生的观察能力、写作能力、创新能力；通过非遗体验制作，提高传承学习能力与多向思维能力 3.激发学生爱国主义情怀，提升民族文化底蕴，通过实地感受活动参与、完成研学讨论，培养学生探索创新、诚信、友善的核心价值观，并在4天的研学活动中提升学生的集体意识				

1 此方案由中凯国际旅行（北京）有限公司提供。

课程目标	（解读：课程目标是此次研学学习方向，研学旅行指导师需要通过方案了解本次研学的目的，只有明晰了研学的方向，才能选择合理的研学的方式。目标1是学生在知识层面上要到达的要求，研学旅行指导师要根据目标熟知徽州的相关研学基地，同时需要在相应的基地了解其课程资源、学习内容和人员安排等；目标2是能力目标，指导师要针对能力目标，创设相应的活动情境，从而使学生将已掌握的知识运用到实际的场景中；目标3是情感态度目标，在本方案中，有该学校特有的教育——善德教育，这就需要指导师与学校沟通，了解善德教育的相关内容，从而在潜移默化中将其渗透在活动中进行教育）		
参与人员	教师名单（略）		
课程流程	课程准备	背景分析	教学内容背景分析：徽州文化即徽文化，是中国三大地域文化之一。今安徽黄山市是一个极具地方特色的文化区域。徽州文化被誉为后期中国封建社会的典型标本，与敦煌学、藏学并称为中国三大走向世界的地方显学之一。黄山三雕在徽州文化上也是一颗璀璨的明珠 徽州文化的主要内容有：徽州土地制度、徽商、徽州宗族、徽州历史名人、徽州教育、徽州科技、新安理学、新安医学、徽派朴学、徽州戏曲、新安画派、徽派篆刻、徽派版画、徽州工艺、徽州文献、徽州文书、徽派建筑、徽州村落、徽州民俗、徽州方言、徽菜、徽州宗教、徽州地理、徽州动植物资源等。涉及徽州经济、社会、教育、学术、文学、艺术、工艺、建筑、医学等诸学科，凡与徽州社会历史发展有关的内容，都属徽州文化范畴，通常我们用“物质文明和精神文明的总和”来加以概括 本次研学，主要从徽州文房四宝、徽派建筑、徽州民俗等方面来探究徽州人文价值。而具有徽派风格的砖雕、石雕、木雕三种民间雕刻的“三雕”文化反映了徽州文化的发展以及人们生活的发展，是学习徽州文化的重点内容之一，让学生了解“三雕”，不仅对学生理解徽州文化而且对理解中国文化都具有重要的意义和价值 学生情况背景分析： 知识层面：五年级学生已经具备了一定的各学科的基本知识，并在学科知识的学习活动中积累了一定的学习经验和方法积累。能够运用数学课所学的空间和图形知识以及计算知识来解读研学过程中的建筑问题。在语文学习中积累了阅读和理解的能力，能够通过参观和阅读资料收集提取信息，转化成自己的知识储备，并通过徽州之行为六年级学习吴敬梓的《儒林外史》奠定基础。在书法和美术课上，学生已经认识了文房四宝和具备了一定的审美能力，能够在参观和学习的过程中进一步体会书法和徽雕艺术的美学价值，感受文房文化的深厚底蕴

<table>
<tr><td rowspan="6">课程流程</td><td rowspan="6">课程准备</td><td>背景分析</td><td colspan="5">能力层面：五年级的学生在家庭和学校生活中积累了一定的生活经验，具备了基本的生活自理能力，能够独立收拾好自己的物品、照顾好自己的生活。具备了一定的安全意识和安全知识，能够在遇到危险时首先识别危险进而采取可行的方法保护自己的人身和物品安全
团队意识层面：五年级的学生具备了初步的团队意识和合作意识能力，能够在生活和学习中通过合作的方式解决遇到的困难
[解读：研学旅行指导师通过阅读学生情况分析，对学生已掌握的相关知识、已有的学习能力及生活能力就会有比较清楚的了解。准确把握学情，才能有的放矢地选择恰当地研学学习方式，组织安排相应的活动体验形式和内容，让学生的实际收获更多。例如，此方案中，本次研学的学生为五年级，学生有一定的空间及计算能力，所以要让学生感受徽派建筑力学，就可以让学生按照相关的比例绘画出建筑锁的图形，并利用所学知识，计算出承受力多少。五年级学生有一定的集体意识，可以以组为单位来分解任务，同时应考虑到学生相对的年龄还是比较小，学生分组活动时要充分讨论清楚存在的安全隐患，研学旅行指导师在选择研学资源时，也要注意选择相应的研学基地（营地）和研学活动]</td></tr>
<tr><td rowspan="5">布置与安排</td><td colspan="5">组织机构：</td></tr>
<tr><td>姓名</td><td>职务</td><td>性别</td><td>基本介绍</td><td>具体职责</td></tr>
<tr><td>×××</td><td>组长</td><td>女</td><td>主管德育副校长，领导力强，有多年组织学生进行社会实践的经验，做事稳重，善于用人，具有领导能力</td><td>组织领导团队完成实践活动</td></tr>
<tr><td>×××</td><td>安全员</td><td>女</td><td>年级组长，做事认真，思维周密</td><td>具体负责组队的学生管理、人员安排等系列活动的组织工作</td></tr>
<tr><td>×××</td><td>安全员</td><td>男</td><td>遇事冷静沉着，具备处理临时突发事件的能力</td><td>负责协调管理学生的安全工作，为活动中人员调动提供人手，以防突发事件人手不足</td></tr>
</table>

			姓名	职务	性别	基本介绍	具体职责
课程流程	课程准备	布置与安排	×××	书记员	女	办事认真负责，善于思考，注重细节，擅长数据处理	主要负责活动记录及材料收集
			×××	联络员	男	办事沉着稳重，善于交际，活动经验丰富，善于思考，动手能力强，有较强应变能力	负责根据实际情况，为全队进行线路的优化和与旅行社的沟通
			×××	生活员	女	三位教师成熟有经验，办事认真，善于发现问题，做事稳重，注重细节，乐于助人	提醒学生备好活动与生活物品，照顾突发生病的学生
			×××	宣传员	女	两位研学旅行指导师为信息和美术教师，有专业特长	利用学科专长负责本次活动的视频、图片收集工作和学生相关的学习指导
			×××	学习指导	女	两位研学旅行指导师分别是语文和数学备课组长，有较强的专业知识	主要负责在研学活动中对学生进行学习任务的安排和指导
			（解读：研学旅行指导师通过对方案中的组织机构及人员基本情况的了解，就可以清晰知晓此次研学过程中校方人员的分工安排及岗位职责，包括人员的专业知识和特长，便于做好各项对接工作）				

<table>
<tr><td rowspan="2">课程流程</td><td rowspan="2">课程准备</td><td>布置与安排</td><td>课前准备：
1.行前组织学生观看《魅力纪录》——大黄山筑梦徽州，感性认识徽州的地理风貌和人文气息
2.学生分小组布置调查作业：通过网络和书籍进行文献资料收集，从建筑、雕刻、戏剧、文房、自然风光等方面进行资料采集，了解徽文化
3.资料交流分享，各班利用每天的德育10分钟时间组织学生对所调查的徽文化资料进行整理，制作成PPT进行讲解和交流，提升学生对徽文化的了解和确定研究主题
4.所需物品：
旅行箱包：旅行箱/包，除此之外，应另备一个小巧的双肩包，将钱包、手机、照相机等贵重物品随身携带，以便活动时或外出时保证物品存放的安全性
洗漱用具：毛巾、牙膏、牙刷、洗发水、沐浴露、洗衣液、花露水等简单的日常洗漱用具应按需准备
适量药物：准备一些感冒药、腹泻药、晕车药、清凉油、创可贴、防晒用品以及根据孩子个人情况必备的药物
根据情况让学生自备一些零食，如火腿肠、面包和少量水果等方便食品
少量零用钱：零用钱若干，学生不能携带大量现金，家长只需给学生准备少量的零用钱即可，支付宝和微信里的零用钱也不宜多
活动计划可附后</td></tr>
<tr><td>安全与要求</td><td>安全注意事项：
1.严格遵守国家法律、法规，不做任何违法违纪行为
2.尊重实践地区当地民族、民俗习惯
3.实践过程中注意防盗、防交通事故、防意外伤害
4.每人携带相关证明身份证件，发生情况应及时与班主任或研学旅行指导师联系
5.要加强组织纪律观念，严格遵守实践团队的组织纪律；实践过程中，应听从带队教师和研学旅行指导师的指挥，绝不脱离组织擅自行动
6.闲暇时，不单独外出，若有事必须向带队教师或研学旅行指导师请假
7.实践期间，若遇到突发事件，应该沉着冷静，由带队研学旅行指导师和带队老师负责，及时与有关救援部门联系并及时汇报
8.实践过程中，团队成员应互相关心，互相帮助，研学旅行指导师应及时了解每位学生的活动情况；返回时，研学旅行指导师应与学生保持联系，确保每位学生都安全返回</td></tr>
</table>

课程流程	课程准备	安全与要求	学生安全要求： 1.不能随便购买零食、冷饮，不吃陌生人给的东西，遵守景区的规定 2.遵守纪律，安全第一。不要追逐打闹，按秩序行走；认清自己的队伍、队旗、指导师，服从带队老师安排，跟着研学旅行指导师的线路走，认真听导游的讲解，认清自己乘坐的车号，以免跟错团 3.不得以任何理由随意离开团队旅途中，要有集体观念，统一行动，互相帮助，要跟随在研学旅行指导师和导游身边，不要独自离开或者随意更改旅游地点和时间，如确实有要事（如买水、如厕等），必须向带队老师说明，由带队老师安排陪同 4.在活动期间不得和陌生人来往，提高警惕，不要接受陌生人给予的食物和饮料，遇到有人搭讪和纠缠要立刻向导游报告，特殊情况下可求助于警方 5.万一脱团，请在原地等候等待研学旅行指导师返回寻找；拨打胸卡上的研学旅行指导师或导游的电话；若手上没有零钱时也可拨打 110 免费电话，把研学旅行指导师电话、自己的具体位置告诉 110 值班人员，让研学旅行指导师返回去找你
		课程内容与任务	设计思路：本次研学课程结合五年级学生的年龄特点，力求将学生已有的语、数、美等各学科知识进行整合，综合利用学生已经具备的合作探究和自主学习的能力，使学生体会徽文化的博大精深。基于以上的考虑，本次研学课程内容设计力求具有整体性，既有物质上的，如徽州建筑、徽菜、徽派篆刻、徽州三雕、文房四宝等，也有精神上的，如徽州方言、戏曲、徽州民俗等，涉及经济、社会、教育、学术、文学、艺术、工艺、建筑、医学等学科，它们是中国封建社会后期的典型标本。使学生能通过本次活动，对徽州的人文地理有一个全面的初步了解 主要内容： 1.欣赏竹雕工艺品工匠精神 2.古城徽韵，走访徽州古城 3.参观渔梁坝水利工程 4.黄金不换——参观墨厂精工胡开文墨厂 5.探访徽州村庄，领略徽州建筑特色 6.纵览徽学文化博物馆 7.时光漫步——屯溪老街感受徽州人文风情 8.聆听黄梅金声徽文化讲座，感受徽州戏曲 9.参观徽派园林研学基地，领略徽州园林艺术

<table>
<tr><td rowspan="5">课程流程</td><td>课程准备</td><td>课程内容与任务</td><td colspan="4">主要任务：
1.体验徽州竹雕工艺，传承中华工匠精神。进入徽国书院，举行研学启动仪式，并且宣扬传承中国孝道文化，感受传统道德洗礼，感受中国朱子孝道文化。中华优秀传统文化中最根本的传统美德就是一个孝字。书院典礼在徽国书院举行“尊先师、讲孝字”的敬师典礼
2.参观学习徽州古代著名水利工程——渔梁坝，利用所学的数学和科学知识初步探访水利工程中的设计原理，感受学以致用。同时这里也是徽商过去重要的物资集散地，商贸活动发达
3.结合美术和书法学科教学参观墨厂。在中国文房四宝笔、墨、纸砚中，如果将笔和纸比作姊妹的话，墨与砚便可以说是兄弟了。第一批国家级非物质文化遗产代表作名录上，闻名遐迩的安徽省黄山市有6个项目入选，其中，徽墨制作技艺和歙砚制作技艺名列其中。徽墨、歙砚在中国传统文化和当代生活中的重要性由此可见一斑
4.聆听徽州文化大课，由徽州文化专家深入讲解徽州文化以及黄梅戏知识课，感受传统艺术魅力
（解读：研学旅行指导师通过这个环节，了解研学的具体内容及主要任务，不仅能够知道此次研学的主要研学基地，同时也能知道学生在此基地体验的具体内容及学生在此过程中受到的相关教育、获取的知识，为与实践基地的负责人沟通相关课程做好准备）</td></tr>
<tr><td rowspan="4">课程实施过程</td><td colspan="5">一、学习活动行程安排［注明时间（日期及星期）、地点、内容］</td></tr>
<tr><td>时间</td><td>主题</td><td>地点</td><td>课程目标</td><td>食宿</td></tr>
<tr><td rowspan="2">第一天</td><td>研学启程</td><td>火车上</td><td>北京南站乘高铁二等座G265赴黄山北站</td><td rowspan="2">屯溪</td></tr>
<tr><td>竹雕工艺工匠精神</td><td>竹雕博物馆</td><td>体验徽州竹雕工艺，传承中华工匠精神。进入徽国书院，举行研学启动仪式，并且宣扬传承中国孝道文化，感受传统道德洗礼，感受中国朱子孝道文化。书院典礼在徽国书院举行“尊先师、讲孝字”的敬师典礼
实景教学：
1.竹雕研学旅行指导师讲解竹雕工艺及注意事项
2.领取工具及劳动防护用具，做好雕刻准备
3.在研学旅行指导师的带领下开展竹雕体验活动，雕刻戒尺自己带走</td></tr>
</table>

课程流程	课程实施过程	第二天	古城徽韵	徽州古城	徽州古城是目前保存最完整的中国四大古城之一。研学徽州古城，可完整考察古代政治、经济、文化、艺术、民俗等方面知识，探究徽文化发展之渊源	屯溪
			水利工程	渔梁坝	参观学习徽州古代著名水利工程——渔梁坝，这里是徽商过去重要的物资集散地，商贸活动发达	
			黄金不换墨厂精工	胡开文墨厂	第一批国家级非物质文化遗产代表作名录上，徽墨制作技艺和歙砚制作技艺名列其中 实景课堂：在古徽州老胡开文墨厂，参观徽墨、歙砚制作过程，亲自体验徽墨馏金技术	
		第三天	画中村庄	宏村	漫步古村落宏村，感受博大精深的徽文化和恬静优美的田园乡村气息，探究世界文化遗产保护的目标 实景课堂：体验世界文化遗产地、中国画里乡村——徽州古村落的独特魅力；探究徽派建筑文化、宗族文化、民风民俗、楹联文化等	屯溪
			纵览徽学	中国徽州文化博物馆	通过徽州文化博物馆藏陶瓷、砚台、徽墨、书画、徽州三雕等各种文物，明晰徽派内涵，参悟徽州文化建筑、艺术、教育、科技等多层面的成就 实景课堂：解读徽文化历史，在行走间品读感受，增进民族文化底蕴	

<table>
<tr><td rowspan="5">课程流程</td><td rowspan="5">课程实施过程</td><td rowspan="2">第三天</td><td>时光漫步</td><td>屯溪老街</td><td>参观【屯溪老街】，中国四大古街之一，感受徽商文化</td><td rowspan="2">屯溪</td></tr>
<tr><td>黄梅金声</td><td>徽文化讲座</td><td>一、徽州文化大课，由徽州文化专家深入讲解徽州文化
二、安排黄梅戏知识授课，感受传统艺术魅力（黄梅戏专业研学旅行指导师，带妆表演）
1.黄梅戏经典选段鉴赏
2.黄梅戏授课：历史渊源/唱腔解读/角色阐述/经典曲目背景等
3.黄梅戏经典曲目欣赏和学唱（学生参与）</td></tr>
<tr><td rowspan="2">第四天</td><td>纵揽徽学</td><td>徽派园林研学基地</td><td>车赴黄山纵横1号基地——徽派园林研学基地（国家人社部培训基地）
专业园林研学旅行指导师教授徽派园林，并现场参观解读徽派园林四要素
实景课堂：徽派微景观制作讲解、示范、注意事项、领取工具、劳动准备；学生在专业园林研学旅行指导师的带领下，开展徽派园林微景观制作和建设。体验活动包括夯土、放线、花径铺设、旱溪设计、植物草坪、花柱创意等工序，通过动手实践，领略中国园林艺术之美。专业园林研学旅行指导师评分，优胜者获得奖励</td><td rowspan="2">屯溪</td></tr>
<tr><td>研学返程</td><td>火车上</td><td>黄山北站乘高铁二等座返京</td></tr>
<tr><td colspan="5">（解读：此环节学习活动行程安排，相当于学校的课表，研学旅行指导师根据课表就知道每天的课程地点及内容，通过此“课表”，研学旅行指导师就可以提前与地接负责方进行提前的沟通，安排好相关课程）</td></tr>
</table>

课程流程	总结与评价	一、成果编撰汇编（写预期安排） 1.学生研学手册展览 2.组织学生积极撰写此次活动的感受与心得，整理照片请信息组协助制作研学宣传短片，利用校园网和大屏幕宣传平台进行宣传 3.将本次活动进行整理修正，在年级开展研学征文活动，鼓励学生积极参与 4.以展板的形式展出本次研学活动的优秀学生摄影作品，举办“人文徽州”年级摄影展 二、总结汇报交流会（写预期安排） 结合年级学生所撰写的优秀研学手册、优秀摄影作品及研学心得召开年级交流会谈“我眼中的徽文化” 三、评价（含评价标准、评价人员、评价方式） 1.评选优秀研学手册 2.评选优秀摄影作品 3.评选优秀研学心得 （解读：此环节为研学活动的总结评价，研学旅行指导师了解总结评价的方式和呈现的作品后，在研学活动组织阶段要关注学生在以上几方面进行过程中积累，如研学手册要指导学生每日按时完成，学生的摄影作品及每日研学心得等都要给学生安排出具体的时间、地点组织其完成，为学生最后的成果展示奠定基础）
备注		

研学旅行指导师通过阅读研学实施方案，应明确课程目标，清晰本次研学的内容，把握学生年龄特点，熟知学生已有知识及能力水平，知晓研学课程安排及组织活动形式。要结合以上内容，组织开展活动目标应达到知识技能、情感态度、方法能力的三维目标，这样才能体现“研学旅行”的特点，让学生亲身体验、自主实践，在真实场景中实现自我成长。

（二）了解研学手册

研学手册是整个研学旅行中师生的行动指南，其中对研学的流程及途中可能遇到的问题提出明确且具体的规定，同时具备较强的操作性。研学手册作为研学旅行产品设计理念最直接的体现，凝结了旅游和教育界专业人士经验和智慧的成果，既为学生开展研究性学习提供方向性的指导，又提供必要的基础性资料，同时也为指导师在课程执行上做了参考。我们以研学旅行学生手册为例，具体阐释了指导师如何借助研学手册开展研学课程实施。

研学手册是学生研学中的法宝和有力抓手，能帮学生从宏观上认识研学，找到研学的方向，也能从微观上引领学生具体操作，让学生在学中悟、在悟中明，明后更有思考力和行动力。出行前的研学手册有利于指导学生做好准备，引导他们在研学中思考，鼓励他们在研学后有的放矢地总结分享。

研学旅行指导师只有通过阅读学生的研学手册才能够比较具体地了解学生在此次研学过程中要通过哪些课程落实目标，以及要完成的相关任务。研学旅行指导师要认真阅读其中有关课程的内容，以便在执行过程中较为合理地安排时间及行程。

以“品味陕西，感知中国”某校六年级学生的研学手册为例[1]，研学旅行指导师通过手册可以获得相关信息，以下是该研学手册的目录页。

前言 / 1
行程安排 / 5
第一部分：行前准备 / 8
第二部分：品味陕西，感知中国 / 12
　　课程一：世界奇观　秦武峥嵘 / 15
　　课程二：骊山北顾　华清离宫 / 18
　　课程三：民族豪情　文明之源 / 20
　　课程四：世纪之火　革命传承 / 24
　　课程五：雁塔晨钟　千古长安 / 27
　　课程六：天下险固　漫步城垣 / 30
　　课程七：唐诗古韵　汉唐风貌 / 32
第三部分：研学随笔 / 33
第四部分：活动总评 / 35

1　此研学手册为中凯国际旅游（北京）有限公司提供。

解读：研学手册一般包括以上四部分，行前准备是提醒学生行前做的相关准备，不仅提示学生要穿什么衣服、应带哪些物品，还应提醒学生做好与此次研学关联的相关知识方面的储备、分组情况、本组学生负责的相关职责等。研学旅行指导师通过阅读可以了解学生相关的知识基础是什么，在过程中才能做到有针对性的讲解。第二部分为手册的核心部分，是学生此次研学在不同的课程中要学习实践的内容及要完成的相关任务，也是研学旅行指导师必须重点了解的内容。第三部分的研学随笔，是为学生研学体会感受自主发挥的留白。第四部分活动总评是对学生此次研学活动过程的整体评价。下面重点以第二部分的部分课程内容为例进行说明。

【课程一：世界奇观　秦武峥嵘】

▸ 课程地点：秦始皇帝陵博物院

秦始皇帝陵博物院一号坑

秦始皇陵是中国历史上第一位皇帝秦始皇帝的陵墓，其规模之大、陪葬坑之多、内涵之丰富，为历代帝王陵墓之冠。根据考古工作发现，秦陵的陵基为近覆斗方形，夯土筑成，陵基东西宽 345 米，南北长 350 米。围绕封土堆，在地面上还筑有两重南北向长方形城垣，内城和外城的四面均有城门，城的四角还筑有角楼。

兵马俑坑位于秦始皇陵封土以东约 1.5 公里处，它是秦始皇陵的一个组成部分。现已发现了三个坑，基本呈“品”字形排列，总面积达 2 万余平方米。兵马俑坑均为地下坑道式土木结构建筑，坑内埋藏有陶质兵马俑 7000 余件，木质战车 100 余辆。秦兵马俑皆仿真人、真马制成。其中，武士俑高约 1.8 米，面目各异，从服饰、甲胄和排列位置可以区分出它们的不同身份，出土武器多为经过铬处理的青铜制品，至今仍锋利如新。

▸ 学习任务

1. 思考秦兵马俑给后世带来了哪些价值影响?

____

____

2. 每个兵马俑的发式、服饰、神态、动作都不一样。从中判断出兵马俑的身份和兵种。请你找到下面的这几个兵马俑，认真听讲解判断一下兵马俑的身份和兵种，说说你判断的依据（从服饰、发式、动作等方面）。请依据所给的兵马俑图片，设计一个兵马俑，要符合当时的历史。

①

②

③

④

图① ____

图② ____

图③ ____

图④ ____

兵马俑的不同发式：

我的设计

3. 通过采访游客及自己所见所闻，请写出自己参观兵马俑的感受。

____

____

____

解读：这个课程给研学旅行指导师呈现出研学对象是秦兵马俑，学生在此地研学要完成的学习任务有：从宏观上要了解兵马俑的历史价值，微观上要找到具有代表性的兵马俑，并能够绘制兵马俑图，在现场进行采访写出观后感，这就给研学旅行指导师提出了明确的讲解要求及参观线路要求。研学旅行指导师在兵马俑讲解时不仅要对兵马俑的历史性有一定的介绍，同时对其现实的意义和价值也要有所涉及，研学旅行指导师还可以与同时期的国外其他的建筑做对比，给学生打开一个思维的闸门，引导学生开拓思维，用历史的眼光思考问题。同时，手册也提示研学旅行指导师带领学生在此参观时，要给学生留有采访的时间与空间，才能让学生把相关任务完成。

【课程三：民族豪情　文明之源】

▸ 课程地点：壶口瀑布、黄帝陵

壶口瀑布

黄帝陵

壶口，作为大禹治水“引山表木”的第一标记早已名垂史册。它包含着我们先祖自强不息的精神，蕴藏着中华民族的丰富智慧，铭刻着古老的黄河文化印记。可以说，壶口是中华民族发展史上一个重要的里程碑。黄河发源于青藏高原从高山流向大海，从远古流到今天，是高高的巴颜喀拉山孕育了它。它向东流经四川、甘肃、宁夏，在流经内蒙古托克托县河口镇时由于受到了吕梁山脉的阻挡，转南进入著名的晋陕大峡谷之中，上游数百米的水面当留到下游的龙王辿时，由于受到河床走势的影响，滔滔河水骤然收敛成 50 余米，倾泻在落差 30 多米的石槽中，形成了一个巨大的瀑布，看起来就像从茶壶中往外倒水，故形象地称它为“壶口瀑布”。

黄帝陵——黄帝联合炎帝打败蚩尤后，由华族部落联盟首领成为天下共主，使华夏民族由蛮荒时代跨入了文明时代，黄帝的丰功伟绩理所当然地受到后世的敬仰和崇拜。黄帝逝世后，人们为了表达对这位人文初祖的怀念之情，便在桥山起冢为陵，立庙祭祀。在黄帝逝世后的几千年里，历代祭祀黄帝的活动从未中断。从虞、夏、商、周到秦、汉、隋、唐、宋、元、明、清，除了有的时段将黄帝同时作为“天神”“帝王”祭祀外，都无一例外地将黄帝作为祖先祭祀。

▸ 学习任务

壶口瀑布位于黄河峡谷中，阅读壶口瀑布地质剖面示意图，回答问题。

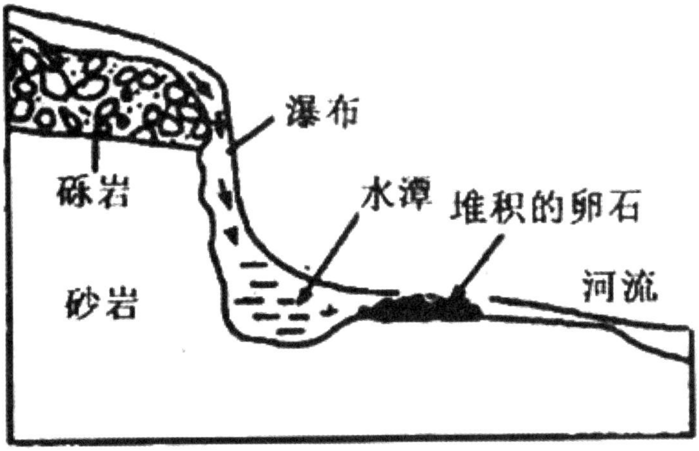

1. 关于该瀑布成因的叙述正确的是（　　）

A. 该瀑布的成因与断层有关　　B. 由流水的堆积作用造成

C. 砾岩层较硬，侵蚀较弱　　D. 砂岩层较硬，侵蚀较强

2. 阅读材料，完成下列问题。

材料一　晋陕大峡谷壶口瀑布位于黄河峡谷中，九曲黄河如一条奔腾的巨龙，穿行于黄土高原。流至壶口时，激流翻滚，惊涛怒吼，其声方圆十里可闻，其形恰如巨壶倒悬，场面极为壮观，有“全国第二大瀑布”之称，也是世界上著名的瀑布之一。

材料二　左下图为黄河水系图，右下图为黄河中游壶口瀑布地质剖面示意图。

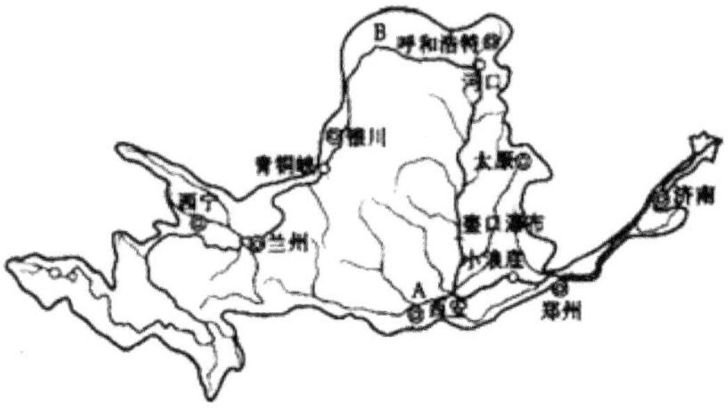

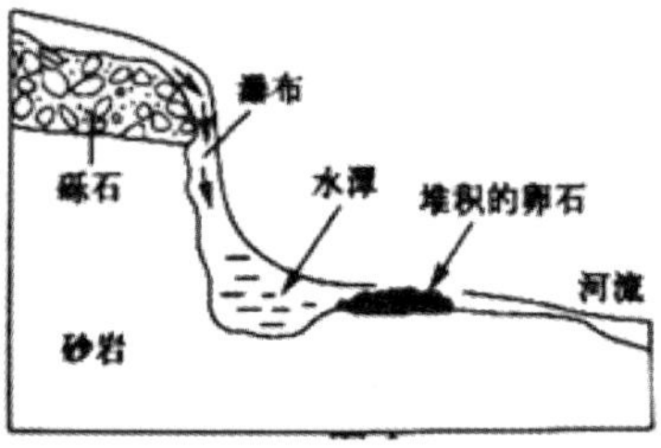

（1）根据材料一的描述，黄河壶口瀑布在什么季节最为壮观并说明原因。

（2）瀑布景观应如何欣赏才能达到最佳效果？

（3）黄河中游流经地区沟壑纵横，造成这样地貌景观的主要外力作用是什么？黄河下游支流少、流域面积狭窄，原因是什么？

（4）依据材料二中信息，说明黄河壶口瀑布的形成过程。

3. 祭祀轩辕黄帝陵是我们中华民族传统的祭祀大典，每年清明节都会举行。据史记载，中华民族对轩辕黄帝的祭祀，始于部落时代，自春秋时期开始成为一种由官方组织的功祭活动。

（1）从古至今，中华儿女祭祀黄帝的活动绵延不绝体现了什么？你知道其中的原因吗？

（2）为什么炎帝和黄帝被称为华夏民族的祖先？

（3）黄帝陵在陕西、河北、河南等地都有，说明了什么问题？

4. 如果你是一位导游，你将如何向外国人介绍黄帝陵，请你写一段英文导游词。

解读：壶口瀑布，与地理学科关系紧密，研学旅行指导师要提前做好相关的知识储备，对于地质地貌对于黄河壶口瀑布形成的作用的相关知识要有所了解，不能出现科学性错误，同时研学旅行指导师在实际进行行程安排时，也要给足学生实地观察的时间。黄帝陵与历史及语文学科关系紧密，在此要传递给学生的是中华民族的根，是中华的祖先，所以研学旅行指导师可以在此地安排一些仪式性的活动，如祭祖仪式等。

研学旅行指导师在充分了解研学手册后，能更加明确重点，知道在哪些研学地点是需要进行重点讲解的，哪些内容是需要学生去感悟、去理解、去体会的，这样在研学旅行指导师的指导的过程中可以有的放矢地进行活动。

研学旅行指导师应在清楚掌握研学手册的基础上指导学生详细阅读研学手册中关于研学旅行组织架构、联系网络、课程简介、行程安排、研学课题等方面的内容，为学生在之后研学旅行途中的自我管理与自我教育奠定基础。

（三）沟通相关需求

1. 与校方沟通

研学旅行指导师应就研学主题、研学目标、课程方案及行程安排等方面与校方进行深度的协商沟通，清楚校方具体的需求。在校方的要求下，可参与学生监护人的沟通事项，及早告知监护人研学活动的意义、时间安排、出行线路、费用收支、注意事项等相关事宜。加强与校方的合作，熟悉学校研学旅行管理体系，力求参与到组织开发或选用研学旅行课程、设计或选用研学旅行线路、制订详细的研学旅行课程实施方案中。建立学校与社会合作开展的研学旅行机制，组织利用各种社会资源，建设研学旅行支持平台。

对研学旅行方案进行安全性审核，做好应急预案，组织好相关人员和研学旅行指导师先行实地考察，做好行前安全教育工作，确认出行师生购买意外险，投保校方责任险，与委托方、家长签订安全责任书。

2. 与承接方沟通

研学旅行指导师在研学课程开展之前，结合研学课程方案提前与承办方进行沟通，确保此次研学活动的有效及安全开展，沟通事项主要包括以下几项。

（1）住宿。要求提供符合学校签约的酒店住宿，确认全程是否更换酒店，要求学生住宿要男女分开入住。如果学生入住酒店，最好是在2~5层，不得安排高楼层入住；酒店的消防通道是否设施齐全，能否安排研学旅行指导师组织进行安全疏散演习等。

（2）用餐。确认早餐餐厅容纳最高人数，是否为自助餐，如容纳不下研学团全体人员集体用餐，确认分批用餐时间；确认全程用餐每桌安排人数，餐食为十人一桌，一般十菜一汤，确认菜量及菜单，如果有回民学生，餐厅安排好回民桌。确认每餐荤素搭配；全程不能安排存在食品安全隐患的菜品，如鱼、豆角等；确认餐厅与各研学基地开车路程。

（3）用车。确认研学团总体用车数量、用车座位数量、车辆颜色、车辆使用年限、安全带是否完整；确认是否每车一班，还是分班乘车；提前购买全程用水；明确司机要求，开车期间不能接打电话，司机文明开车，司机对研学线路是否清楚。

（4）研学基地。确认基地是否有讲解、参观时间及基地活动内容细节；确认基地是否需要学校介绍信、是否免门票等；确认基地开放时间，是否在基地内搞拓展及其他活动等；确认基地研学线路、参观及活动时间顺序。

（5）基地研学旅行指导师。必须使用普通话，对研学各个基地内容要讲解清楚，不得讲野史，不得向学生推荐购买旅游景点纪念品等；全程必须带领学生，不能解散；必须有组织能力、活动能力、紧急问题处理能力；工作态度认真、仔细；落实总体负责人，并与总控做好沟通。

（6）其他落实。落实分车、分房、分餐表；落实当地应急车辆；落实突发事项应紧方案（雨雪天气、交通管治等）；落实车牌内容、手举牌、条幅、生日礼物等。

就食宿安排、工作人员配置、课程设置和校方的要求等问题进行协商沟通，研学旅行活动配置协作项目组长，项目组长全程随团活动，负责统筹协调研学旅行各项工作；应至少为每个研学旅行团队配置一名安全员，安全员在研学旅行过程中随团开展安全教育和防控工作；只有将相关行前安排与工作人员配置处理到位，研学旅行指导师们才能更好地开展研学旅行课程，学生们才能更加安心地进行研学。

二、课程资源知识准备

研学旅行指导师需要非常丰富的知识储备和专业的讲解技巧。研学项目很多具有跨学科和科普性质，需要结合历史、地理、生物等科学知识进行讲解。因此，研学旅行指导师做好相应的自然、人文、社会科学知识储备，掌握与研学旅行课程方案直接相关的学科内容至关重要。

研学旅行指导师应针对本次研学的相关研学地点进行提前预习，做好充足的知识储备，包括研学地点的地理位置、历史、文化、文学、环境、民风、民情、民俗等，结合此次研学的主题和学生研究的课题来准备研学课程资源。如果学生研究的选题与建筑美学相关，研学旅行指导师就要在研学旅行开始前了解相关的研学目的地中是否存在学生可以采集到的当地建筑美学相关的课题内容。例如，学生在徽州研学时，选择的课题是徽派建筑的特征与北方建筑的对比差异与两者的文化差异，研学旅行指导师就要提前做好关于徽派建筑有哪些特点、哪里凸显出了这些特点等有关南北方建筑的功课，这样指导师在组织研学活动时就有了一定的针对性。

研学旅行指导师应实地确定地理位置与地名，认知和评价区域地理位置特征，了解当地地名与政区沿革的关系，实地确定旅行线路、区域范围，制作简易地图；实地认知地理要素与景观，了解其区域特征及成因，了解地理要素与景观对区域发展的影响；实地认知地理环境的整体性与差异性，评价当地地理环境与区域发展的相互关系，对区域决策提出初步意见与建议；实地认知和应用区域地理标志，实地了解和推广地理标志产品；践行人地协调观，检验和提升核心发展素养，认知和提高地理审美。

研学旅行指导师同时应了解识别历史遗迹，认知其年代，还原遗迹的历史环境，了解名人名事；识别、认知文物与非物质文化遗产，感受、体验文物、非物质文化遗产的历史背景与文化传统；了解历史聚落的文脉与文化价值，体验历史聚落的文化传承与现代生活；了解纪念场所的历史观念，评价、弘扬纪念场所的精神和价值观；感受、欣赏历史题材艺术，初步学会历史题材艺术创作。

研学旅行指导师应提前与学生沟通，使其感知、欣赏研学目的地的人文特色，通过自主学习了解其成因，初步评价区域人文特征及其发展前景；了解当地经济社会发展过程和现状，初步评价区域社会的发展质量，发现存在的问题，提出意见和建议；体验当地生活条件及其与城乡建设的关系，评价区域人居环境质量，提出改进意见；感受当地文化建设成果，欣赏文化艺术特色，评价区域文化融合传承、发展创新与社会发展的相互影响。

三、物资物料准备

研学旅行的准备过程必然少不了物质的准备，只有把活动需要的物质准备好，才能保证活动顺利、有序地开展。如果物资准备不充分，那么活动中可能会出现一些意外，造成工作被动。为了研学活动的正常进行，研学旅行指导师一定要将物资准备工作做足做充分，做好后勤保障，保证活动顺利地开展。

（一）准备相关资料

研学旅行途中需要准备的相关资料一般有：研学行程单、物品清单、分餐表、分组表、分车表、分房表、火车座次表、研学手册、研学工作信息表、物品领用登记表、校方介绍信、铁路局票务证明、特殊学生记录单和车号牌、活动反馈二维码等，示例如下。

课题分组信息表

线路名称	序号	项目名称	项目负责研学旅行指导师	项目组长	参与项目学生名单
福建海丝寻源	1	海上丝绸之路对于茶文化传播的影响			
	2	福建漳州茶文化课程体验项目初探			
	3	福建茶楼的历史变迁			
	4	茶文化西传对于世界的影响			
	5	北宋至明朝时期茶在亚洲政治格局的作用			
	6	探究海上丝绸之路起源			

火车座位信息表

<table>
<tr><td colspan="8">研学人数：学生×人+研学旅行指导师×人+老师×人=×人</td></tr>
<tr><td colspan="8">××月××日，北京西—厦门，Z307次（16:00—次日10:49），火车硬卧</td></tr>
<tr><td colspan="8">××月××日，厦门—北京西，Z308次（17:25—次日12:06），火车硬卧</td></tr>
<tr><td colspan="8">请尽力安排一个车厢，套着出票，谢谢！</td></tr>
<tr><td>序号</td><td>姓名</td><td>班级</td><td>身份证</td><td>性别</td><td>Z307次</td><td>Z308次</td><td>备注</td></tr>
<tr><td></td><td></td><td></td><td></td><td></td><td></td><td></td><td></td></tr>
<tr><td></td><td></td><td></td><td></td><td></td><td></td><td></td><td></td></tr>
<tr><td></td><td></td><td></td><td></td><td></td><td></td><td></td><td></td></tr>
</table>

分车信息表

<table>
<tr><td colspan="3">一号车（学生28人+研学旅行指导师3人）</td></tr>
<tr><td>负责研学指导师</td><td colspan="2"></td></tr>
<tr><td colspan="3">人员名单</td></tr>
<tr><td></td><td></td><td rowspan="2"></td></tr>
<tr><td></td><td></td></tr>
</table>

<table>
<tr><td colspan="3">二号车（学生29人+研学旅行指导师3人）</td></tr>
<tr><td>负责研学指导师</td><td colspan="2"></td></tr>
<tr><td colspan="3">人员名单</td></tr>
<tr><td></td><td></td><td rowspan="2"></td></tr>
<tr><td></td><td></td></tr>
</table>

分餐信息表

<table>
<tr><th>桌号</th><th>序号</th><th>名单</th><th>性别</th><th>说明</th></tr>
<tr><td rowspan="3">5号桌　10人</td><td>1</td><td></td><td>男</td><td></td></tr>
<tr><td>2</td><td></td><td>男</td><td></td></tr>
<tr><td>3</td><td></td><td>男</td><td></td></tr>
</table>

<table>
<tr><th>桌号</th><th>序号</th><th>名单</th><th>性别</th><th>说明</th></tr>
<tr><td rowspan="7">5号桌　10人</td><td>4</td><td></td><td>女</td><td></td></tr>
<tr><td>5</td><td></td><td>男</td><td></td></tr>
<tr><td>6</td><td></td><td>女</td><td></td></tr>
<tr><td>7</td><td></td><td>女</td><td></td></tr>
<tr><td>8</td><td></td><td>女</td><td></td></tr>
<tr><td>9</td><td></td><td>男</td><td></td></tr>
<tr><td>10</td><td></td><td>研学旅行指导师，女</td><td></td></tr>
</table>

分房信息表

<table>
<tr><th colspan="8">探秘闽南</th></tr>
<tr><td>性别</td><td>序号</td><td>姓名1</td><td>姓名2</td><td>厦门2晚房号</td><td>土楼1晚房号</td><td>厦门1晚房号</td><td>备注</td></tr>
<tr><td rowspan="2">男生23人</td><td>1</td><td></td><td></td><td></td><td></td><td></td><td></td></tr>
<tr><td>2</td><td></td><td></td><td></td><td></td><td></td><td></td></tr>
<tr><td rowspan="2">女生34人+研学旅行指导师6人</td><td>1</td><td></td><td></td><td></td><td></td><td></td><td></td></tr>
<tr><td>2</td><td></td><td></td><td></td><td></td><td></td><td></td></tr>
</table>

（二）准备相关物资

研学旅行相关物资如下：活动备用金、辅助课件资料、培训教具、服装 / 工作证、对讲机、学生胸卡、研学手册、导游旗或班牌、相关联系人名单、火车票、讲解器等。

确认相关资料数量，明确课程活动所需物品种类及数量；领用物资时，当面点清物资数量，并签字确认；领取物资时，及时检查相关物品完好无损，可以正常使用；所有物资领取，要做相应数量的备份；所有物资确认好领取数量，妥善保管，及时归还；所领物资，如有丢失，说明情况，需照价赔偿（学生丢失物品，按照统一标准本人照价赔偿）。

四、研学旅行的行前课

在实际开始研学课程前，研学旅行指导师的第一任务是上好行前课，行前课对研学旅行顺利开展具有重要作用。不同学校对于行前课的要求也不相同，但大体上主要分为以下三部分。

第一部分是课题研究专题课，包括研学旅行意义及目标，课题研究选题、课题研究的常用方法、研究计划的制订、研学任务的实施、研究报告的撰写和研学成果汇报等。第二部分是研学行程安排与安全专题课，包括详细的研学旅行行程安排，以及交通、住宿、饮食、活动安全注意事项等。第三部分是文明旅行、绿色出行德育规范课，包括在不同场所的文明旅行行为和环保低碳行为等内容。

以北京 ×× 中学山东行前课为例，研学旅行指导师可以从以下几方面设计行前课内容。

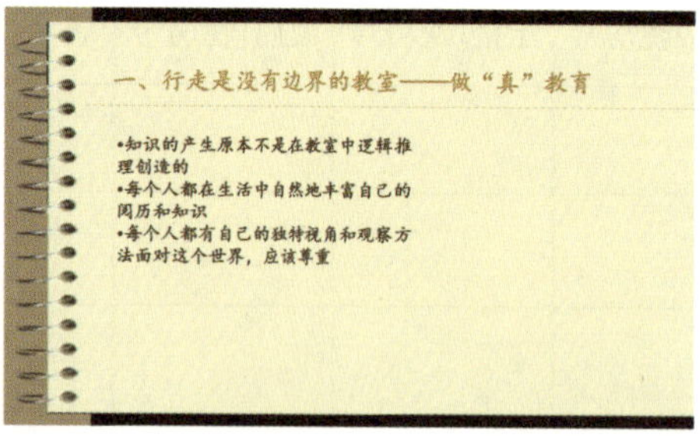

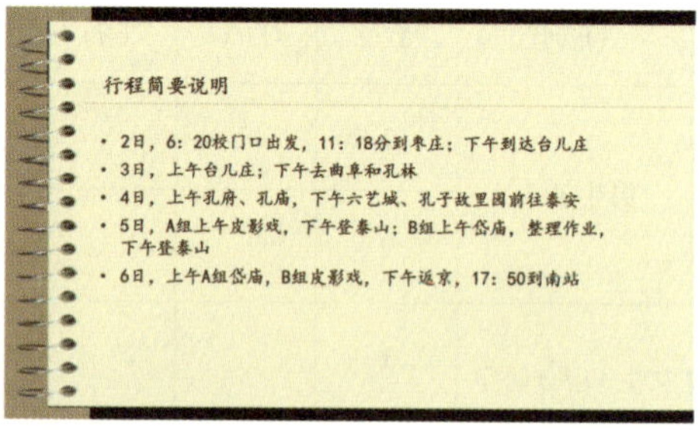

解读：这是行前课的第一部分，使学生明确研学旅行是获取知识、增长见识的一种重要的方式。通过讲解使学生明确研学旅行与旅游的差异，同时对研学行程做简要介绍（具体的行程安排在学生手册中有体现），让学生在行走前做好充分心理准备。

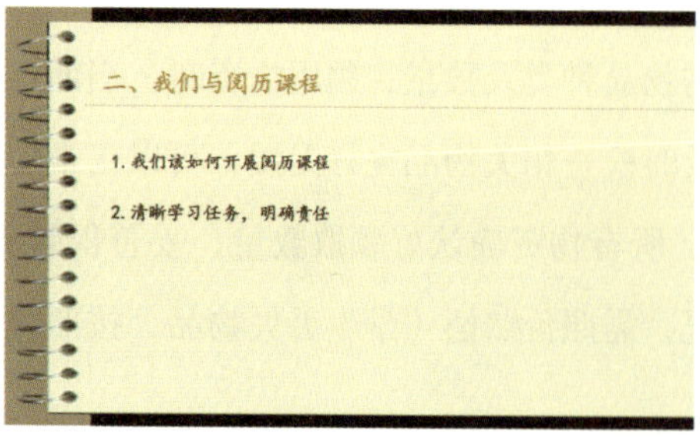

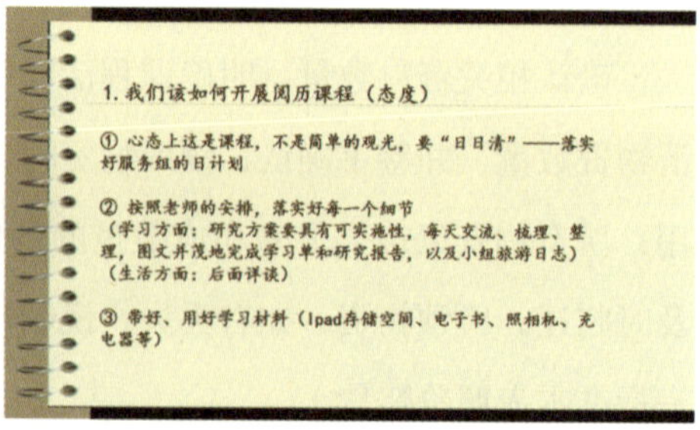

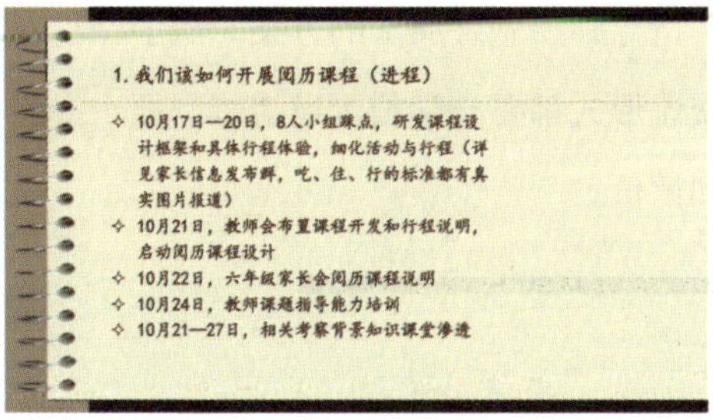

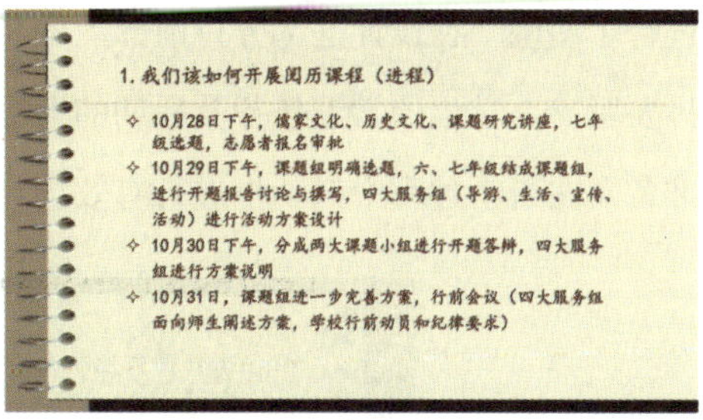

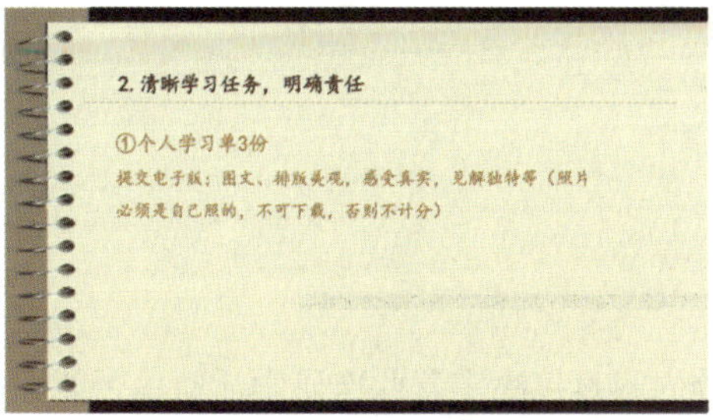

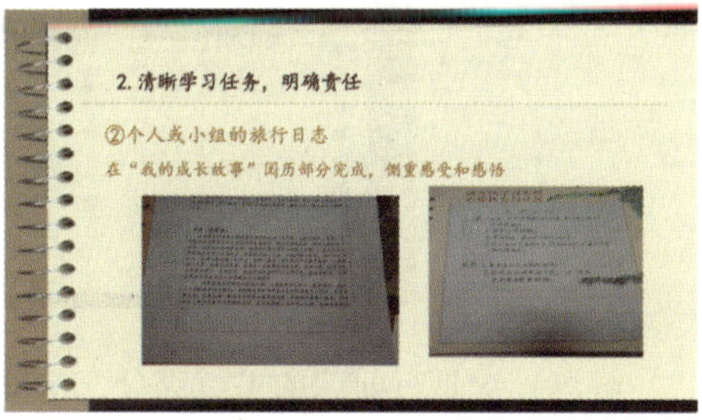

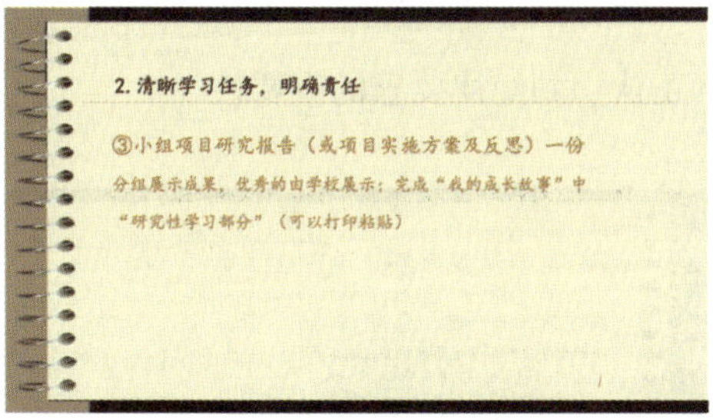

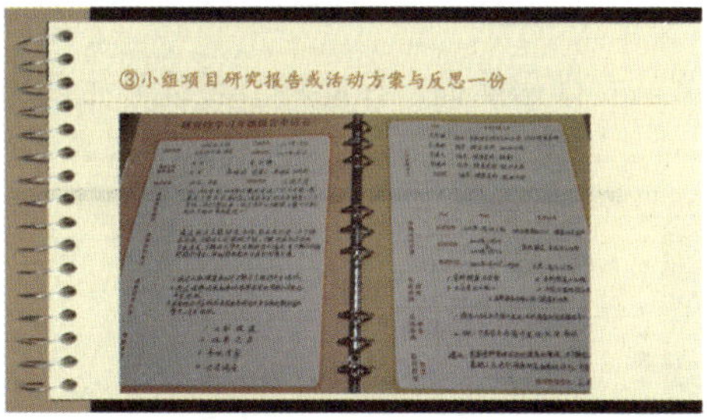

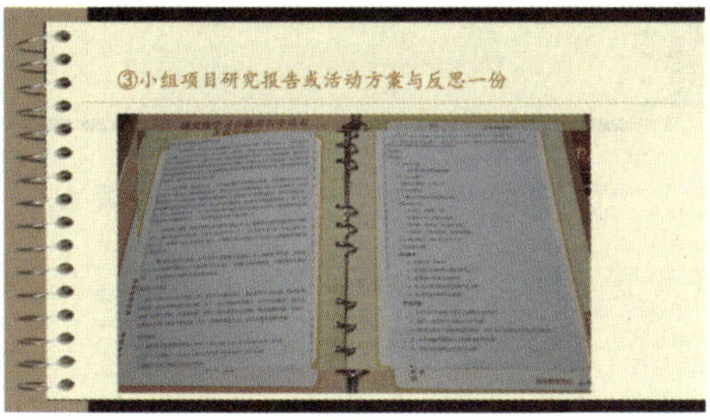

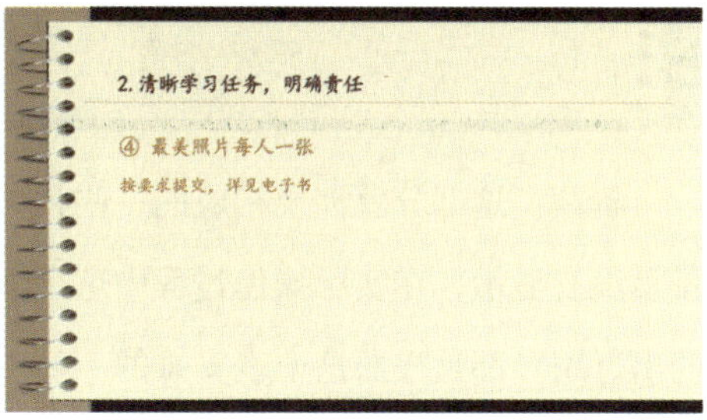

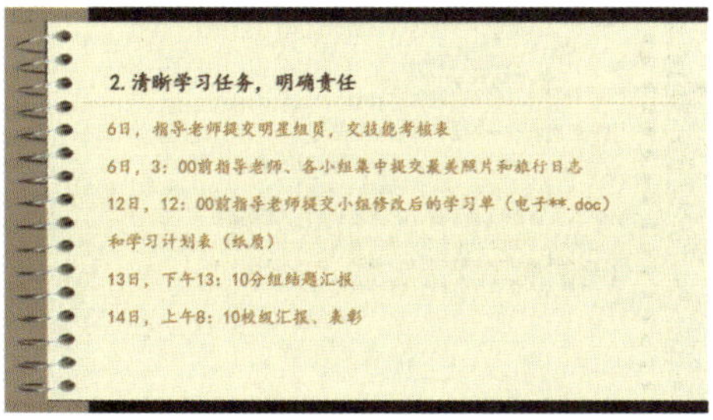

解读：这是行前课的核心部分，既让学生在研学课程中端正学习态度，以学习的态度开展研学，又使学生明确开展研学的具体的步骤和方法。同时，对开展研学的时间安排及相应的学习任务

进行了明确。在设计这部分行前课内容时，指导师要做好周密的方案，研学课程安排要紧凑，学生的学习任务及后期的汇报交流形式都要与学校沟通清楚，便于提前准备及在研学过程中对学生进行有效指导和评价。

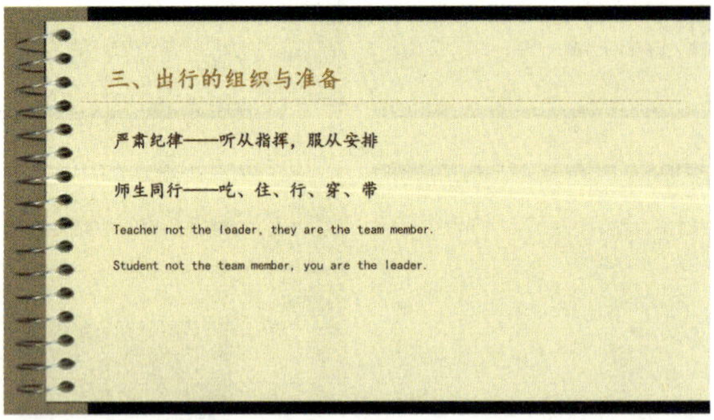

解读：这是行前课的重点部分，这部分内容直接决定着此次研学活动是否能够顺利开展，课程是否能够有效实施。严肃的纪律是安全的保障，一切行动听指挥，服从安排是前提，在此环节要让学生能够真正认识到纪律要求的重要性。

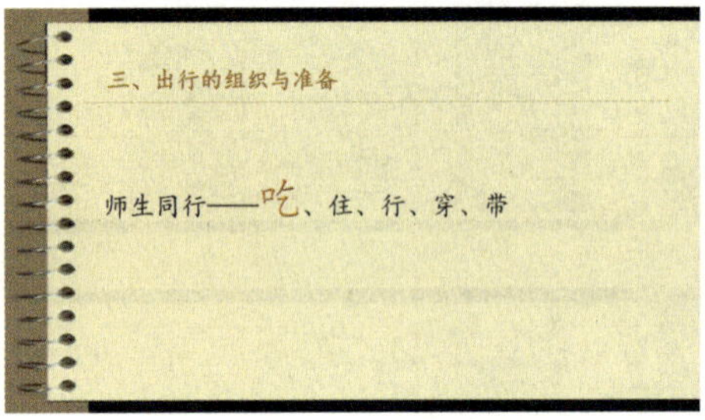

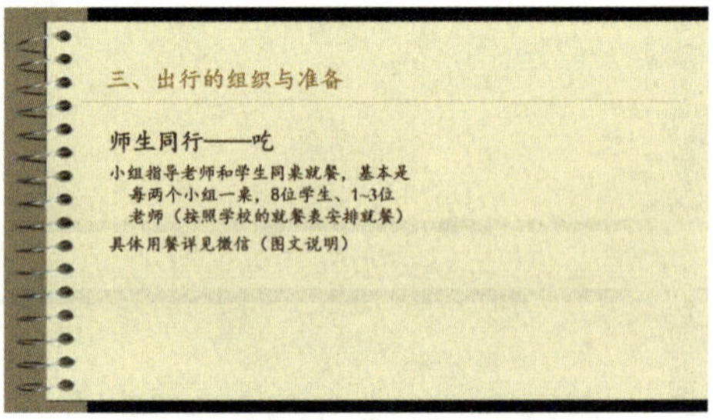

解读：这部分就涉及相应的一些具体要求，如用餐的安排，这里具体的餐桌安排表没有显示，在实际操作过程中这个分餐人员安排表是非常重要的，学生这几天的出行用餐都是按照这个表安排的。

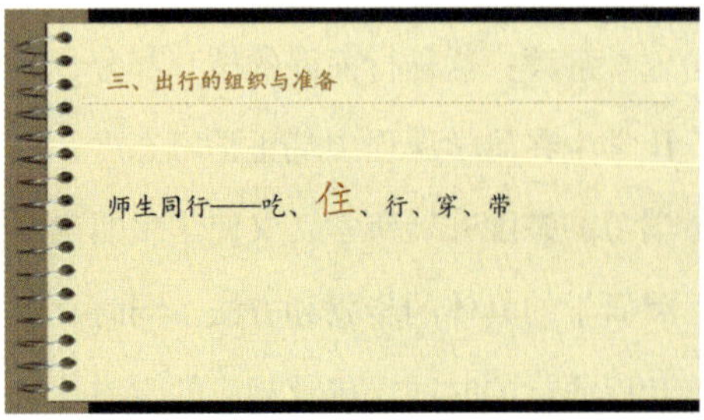

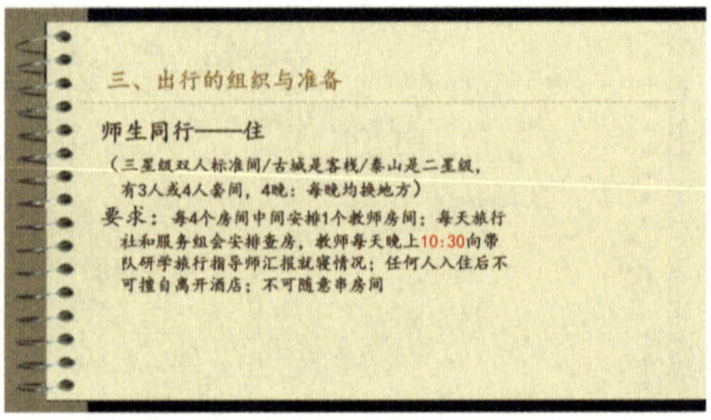

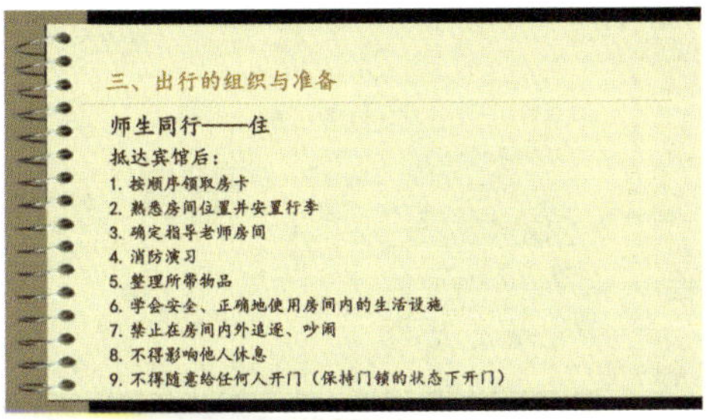

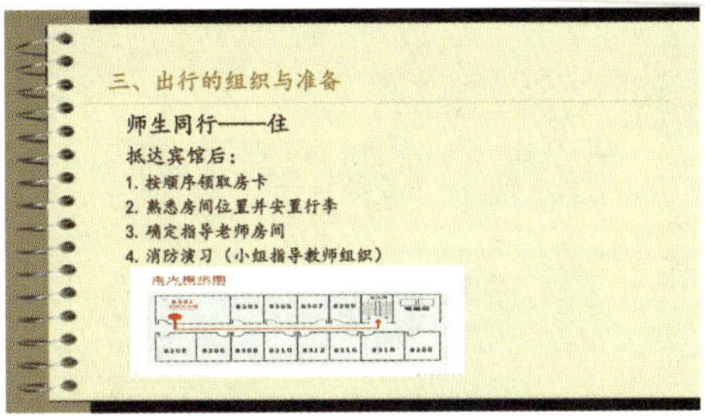

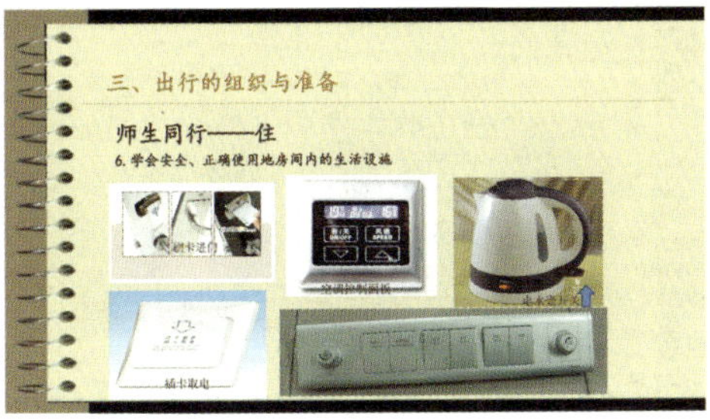

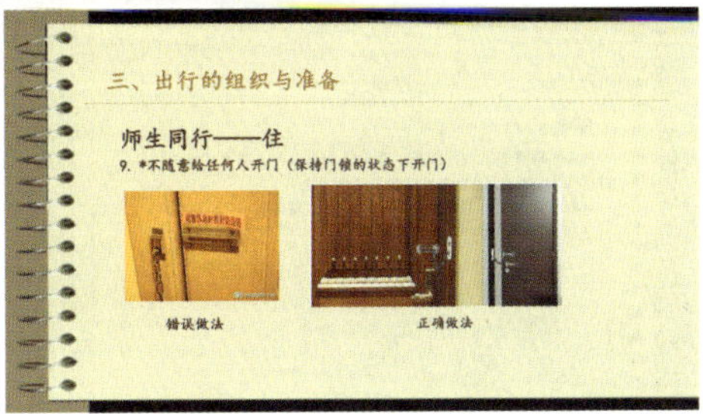

解读：这部分内容不仅应将分房的原则讲明白，同时，为了保障学生的住宿安全，还要教会学生如何熟练使用消防通道，如何正确使用房间内生活设施，包括使用不同的房锁和开关等。

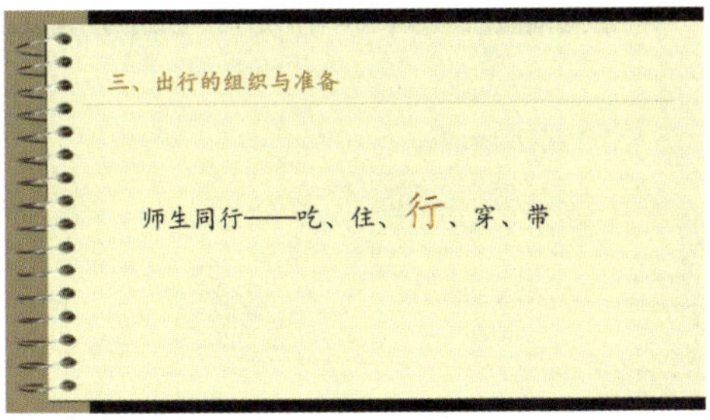

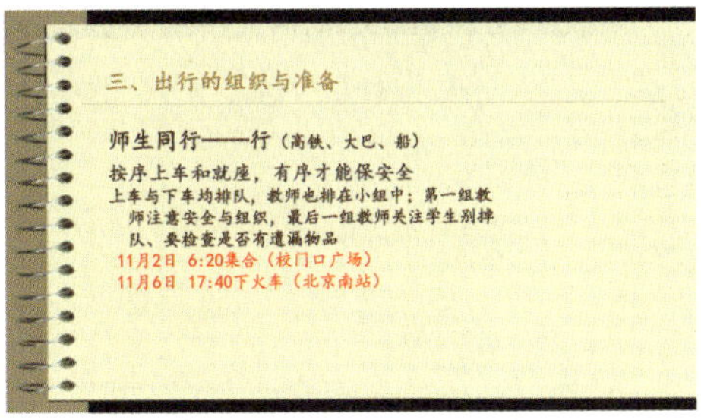

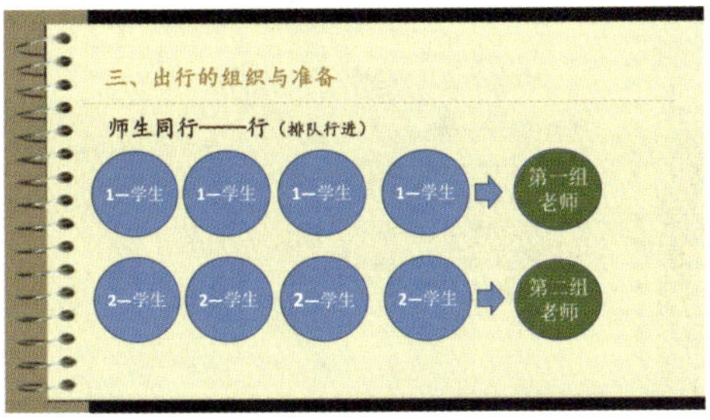

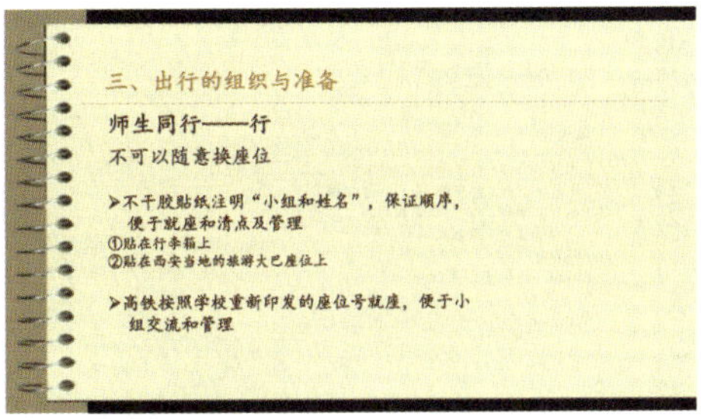

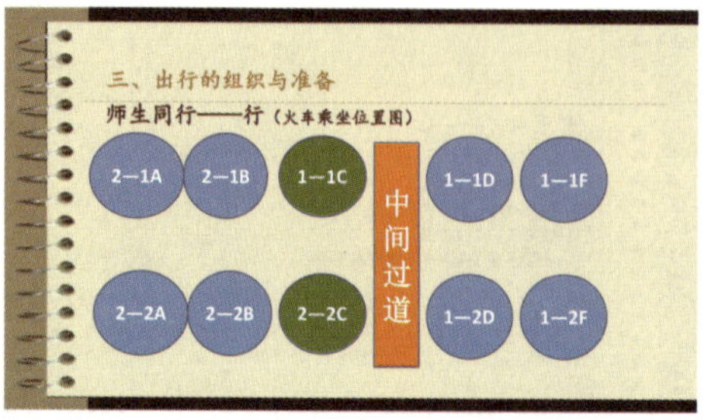
三、出行的组织与准备
师生同行——行（火车乘坐位置图）
2—1A
2—1B
1—1C
中间过道
1—1D
1—1F
2—2A
2—2B
2—2C
1—2D
1—2F

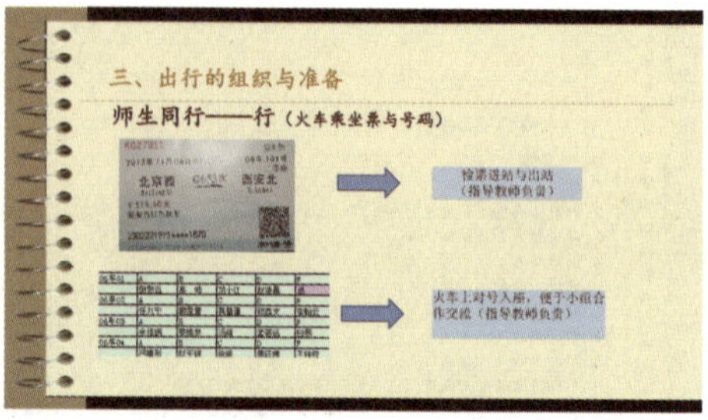
三、出行的组织与准备
师生同行——行（火车乘坐票与号码）
北京西
西安北
检票进站与出站
（指导教师负责）
火车上对号入座，便于小组合作交流（指导教师负责）

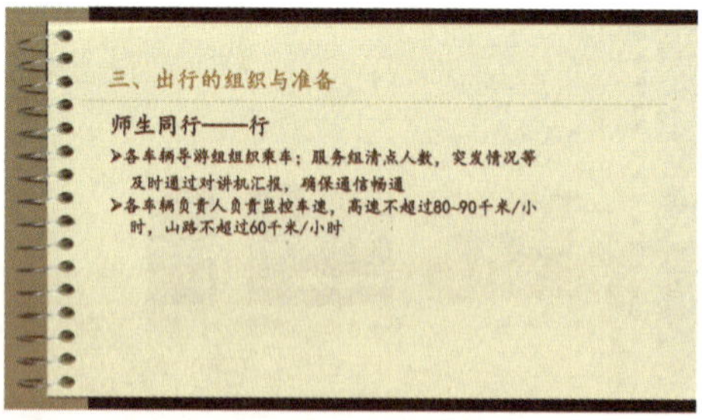
三、出行的组织与准备
师生同行——行
➢各车辆导游组组织乘车；服务组清点人数，突发情况等及时通过对讲机汇报，确保通信畅通
➢各车辆负责人负责监控车速，高速不超过80~90千米/小时，山路不超过60千米/小时

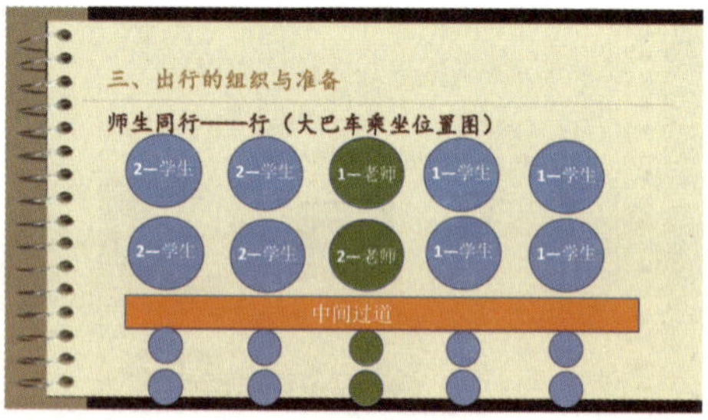
三、出行的组织与准备
师生同行——行（大巴车乘坐位置图）
2—学生
2—学生
1—老师
1—学生
1—学生
2—学生
2—学生
2—老师
1—学生
1—学生
中间过道

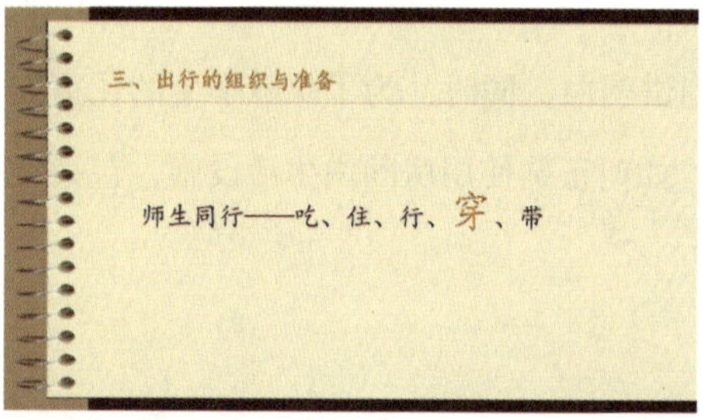
三、出行的组织与准备
师生同行——吃、住、行、穿、带

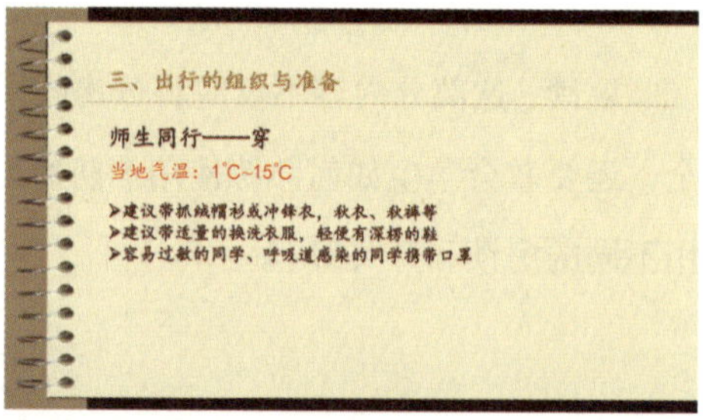
三、出行的组织与准备
师生同行——穿
当地气温：1℃~15℃
➢建议带抓绒帽衫或冲锋衣，秋衣、秋裤等
➢建议带适量的换洗衣服，轻便有深拐的鞋
➢容易过敏的同学、呼吸道感染的同学携带口罩

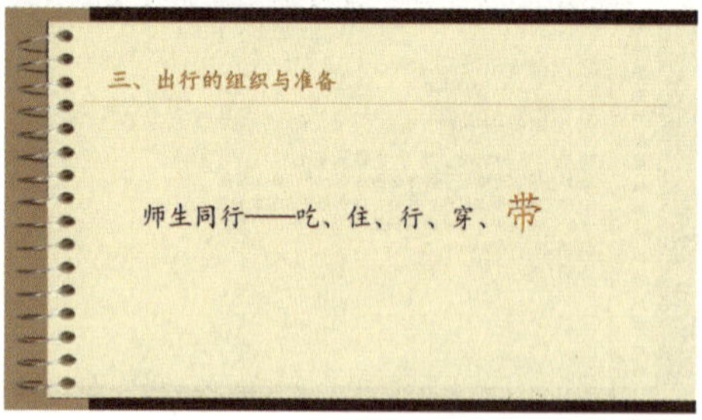
三、出行的组织与准备
师生同行——吃、住、行、穿、带

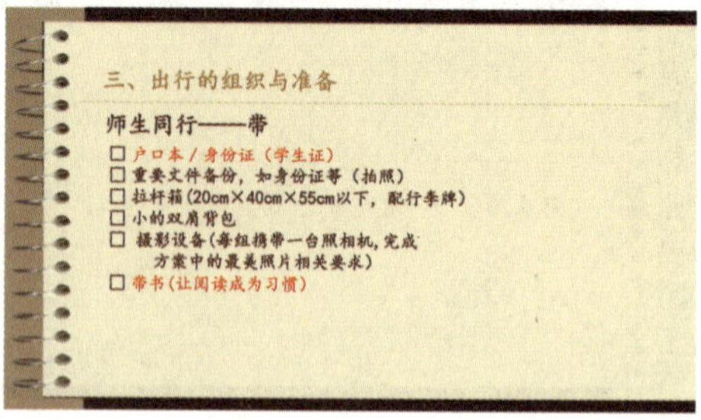
三、出行的组织与准备
师生同行——带
□ 户口本／身份证（学生证）
□ 重要文件备份，如身份证等（拍照）
□ 拉杆箱（20cm×40cm×55cm以下，配行李牌）
□ 小的双肩背包
□ 摄影设备（每组携带一台照相机，完成方案中的最美照片相关要求）
□ 带书（让阅读成为习惯）

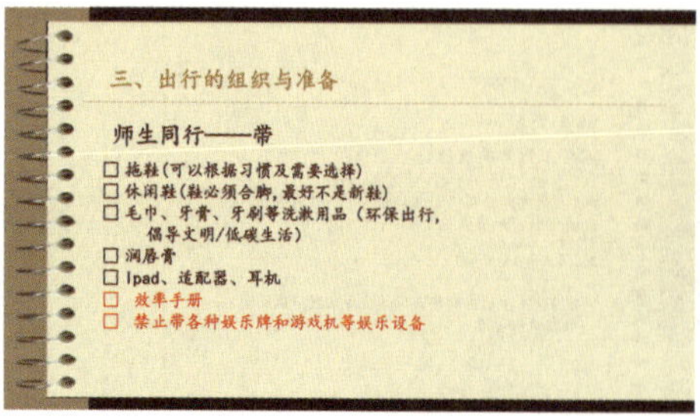
三、出行的组织与准备
师生同行——带
□ 拖鞋（可以根据习惯及需要选择）
□ 休闲鞋（鞋必须合脚，最好不是新鞋）
□ 毛巾、牙膏、牙刷等洗漱用品（环保出行，倡导文明/低碳生活）
□ 润唇膏
□ Ipad、适配器、耳机
□ 效率手册
□ 禁止带各种娱乐牌和游戏机等娱乐设备

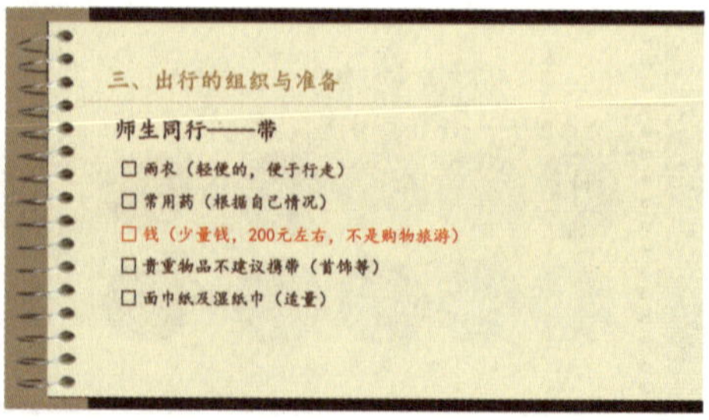
三、出行的组织与准备
师生同行——带
□ 雨衣（轻便的，便于行走）
□ 常用药（根据自己情况）
□ 钱（少量钱，200元左右，不是购物旅游）
□ 贵重物品不建议携带（首饰等）
□ 面巾纸及湿纸巾（适量）

解读：在“穿、带”这部分，指导师讲解的内容要更加翔实，穿什么样的衣服，依据气候和地点要给出比较具体的建议，而需要带的东西应更加明确，学生根据指导师出具的携带物品清单就可以将所需物品带齐，同时应着重强调不能携带的物品。

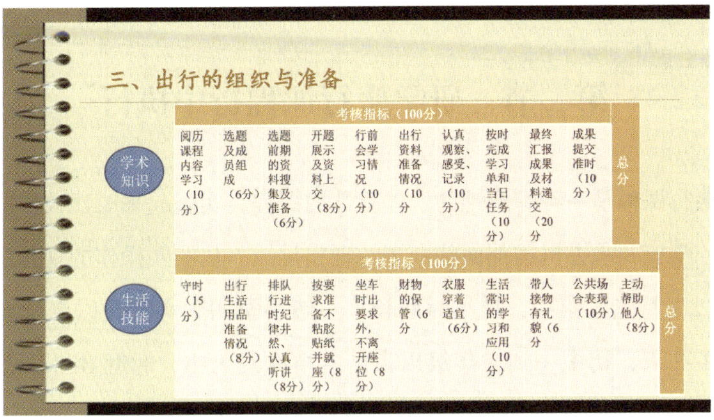

解读：这是学生此次研学的评价标准，为保障此次研学的实际效果，活动评价是非常重要的手段，指导师要与学校共同协商，制订本次研学的考核评价指标，在行前课中，要给学生明确评价项目，同时明确评价主体，使学生在行走之前就对自己此次研学的评价方向和内容有了解，从而引导学生行为。

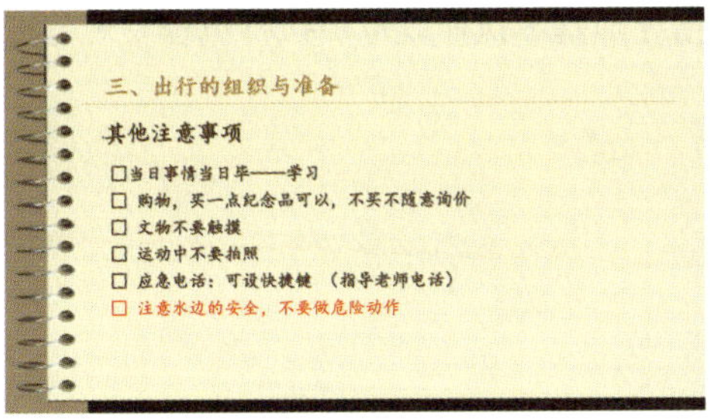

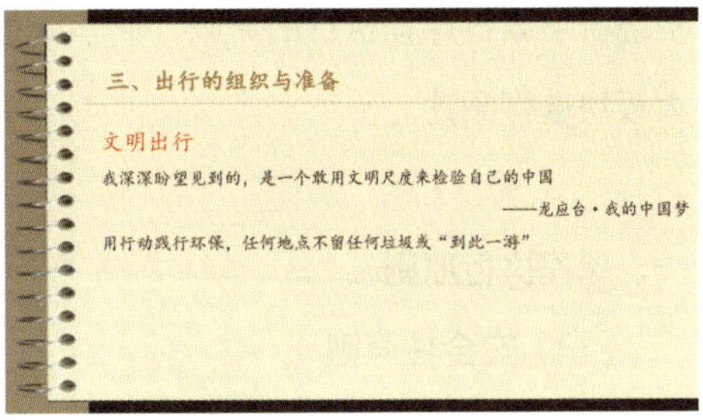

解读：行前课最后给学生再提出文明出行、环保旅行的要求，学生的研学是走进社会的一次尝试，是体验真实生活之旅，做文明国人、有素质的行为标兵。在学生出发前给学生提出相应的要求是必不可少的，不是学生没有文明的行为，而是学生缺乏文明的教育。

总之，研学旅行指导师要根据学校的研学目标，精心策划才能设计出优质的行前课。在这个过程中，研学旅行指导师要对学校的办学特色、教育教学目标、研学旅行课程整体设计规划非常熟悉，只有与学校反复沟通课程方案，取得学校的认可，得到教师的支持与配合，研学行前课才能收到预期的效果。

第二节　研学旅行课程行中执行

研学旅行课程是一种综合性的、体验性的课程，实施起来要比校内的学科课程困难得多，学校和承办机构都面临众多的现实挑战。从实践操作的视角看，研学旅行课程有以下特点：第一，持续时间长，一般小学四到六年级以乡土乡情课程为主，时间1~2天；初中一到二年级以市情省情课程为主，时间3~4天；高中一到二年级以省情国情研学课程为主，时间为5~7天。第二，安全要求高，相关部门都会把安全要求放在研学旅行的第一位置。第三，学生人数多，研学旅行是学校课程内容的一部分，参与学生基本是以年级为单位，人数多则可以达到上千人，这给组织者提出了很大的管理挑战。第四，组织难度大，人数多且涉及学生的衣、食、住、行和学习等方方面面，比室内课程或校内活动课程组织难度大得多。因此，研学旅行课程实施的操作环节就显得非常重要。本节以承办方研学服务机构的视角，围绕研学旅行课程执行的原则、研学旅行指导师基本执业规范、执行流程及规范三大板块进行阐述。

一、课程执行原则

（一）安全性原则

研学旅行过程中研学旅行指导师要坚持安全第一原则，将学生的安全工作放在首要的位置。安全是研学活动中一切教育教学活动的基本目标，同时也是研学活动有效开展的基本保障。“安全第一”的原则就是要处理好安全工作与研学旅行的关系，在保障学校师生人身和财产安全的基础之上开展研学教育活动。

活动前期的风险识别与分析、应急预案及培训演练等，对保障中小学生研学旅行活动安全具有重要意义。在组织实施过程中，研学旅行指导师精细化的管理是确保安全的最佳方式，培养学生在过程中的安全意识是保障研学活动顺利开展根本所在。研学旅行指导师过程中的精细化管理体现在：在乘坐交通工具时，所有学生系好安全带再发车，下车时，研学旅行指导师提前下车守在车门口提示。乘坐火车出行时，火车每到一站，研学旅行指导师都在站台上巡查，保障火车在开走之前所有学生都在火车上。学生用餐时，为保障安全，研学旅行指导师应提前了解餐厅的卫生条件，保障到有资质的餐厅用餐，同时为确保用餐安全，菜品上要求冷拼不上桌，热菜尽量不给学生点豆角、鱼这样可能存在安全隐患的食物。入住酒店时，研学旅行指导师要注意酒店名称及周边环境，详细了解人员情况后安排房间，同时要誊抄备份分房名单，然后向全体人员宣读《入住酒店注意事项通知》和分房名单，通知分房情况，同时要安排好入住酒店期间的查房任务及安全演练等。退房时，研学旅行指导师应互相提醒，领回全体人员的全部证件，收回房卡到前台退房，核实随身物品及酒店用品的使用情况，最后清点人数等。

（二）体验性原则

研学旅行是研究性学习和旅行体验相结合的一项教育活动，通过各种活动让学生亲身体验来实现研学综合育人的目的，在课程实施时要充分考虑学生知与行、动手与动脑、书本知识和生活经验的结合和统一。而目前不少研学旅行往往只关注集体观光旅游，忽略了学生的体验与探究，常常搞成了一个热闹的活动，而对学生在此过程中学到了什么、获得了什么缺少一定的思考。

学生是在体验中成长的，亲近自然与社会对学生来说是必不可少的，在研学旅行活动中，学校和研学旅行指导师带领学生走出校园，并改变传统课堂的授课方式，让学生通过参观去感受不同的名胜古迹、自然和人文景观、现代科技、厂矿企业等，学生通过实地体验，既学到了知识、增长了才能，又陶冶了情操。研学旅行活动通过让学生积极参加实践活动，使学生亲近自然、走进社会，让学生在真实的环境中体验和感悟，从而实现自我成长。

研学旅行指导师在组织学生活动时，采取的活动方式主要是体验式活动为主，如徽州研学走进茶园，让学生体验采茶、炒茶；学唱当地的民俗戏剧，制作徽墨等。避免仅以讲解为主的方式，应让学生参与到具体情境中来，使学生获得特别的研学体验。

研学旅行作为一种创新性的人才培养方式，特别注重学生体验性的学习，应避免完全采取学校里那种单一的学科课堂知识组织传授的基本方式、以知识结果的直接获得为目的的学习活动。研学旅行课程更强调超越教材、课堂和学校的局限，在活动时空上向自然环境、学生的生活领域和社会活动领域延伸，通过体验密切学生与自然、社会和生活的联系。

（三）探究性原则

研学旅行活动为学生提供了许多探究、解决问题的机会。在研学过程中，有些问题是随机生成的，是研学之前未曾预想到的，因此就需要学生经过持续的探索和不断尝试去解决。无论学生通过何种方式获得新知识，都需要在研学旅行活动中进行反复验证，从而实现探究的目的。在研学旅行活动过程中，学生通过深入思考及亲身体验、实践，不仅能使视野得到拓宽，对自然环境也能有更加深入的认识。

学习环境对于学生的学习而言是十分重要的，在研学实施中研学旅行指导师不仅需要给学生提供一个自由发挥的空间，还要尽量营造一个主动求知的氛围，为学生主动探究、主动学习提供良好的基础环境。我们应在研学旅行课程中，将课本知识实践化、立体化、生活化，创造出符合学生认知水平的包容性、开放性的教学情境，为学生提供一个自由思考、探索知识、展示成果的广阔空间。在这样的行走课堂上，学生可以有话想说、有话可说、有话能说。学生的回答及提问，都能够反映出他们细致的观察力、敏锐的感受力、活跃的思维力和丰富的想象力，充分满足了学生积极主动探究知识的学习需要。研学旅行的开放性学习空间可以成为学生学习的乐园、成长的舞台。

研学旅行为学生提供了主动探究的空间和机会，学生才能够锻炼自己的问题意识和分析解决问题的能力，培养自己的主体意识和批判性思考的能力，发展自己的综合思维能力，培养自己的合作意识与能力，培养自己的想象力和创造力。学生精彩的言论、会心的笑声、鼓励的掌声，可以使知识、能力、情感在研学旅行过程中得到培养和发展。求知欲望仅仅是促使学生主动探究的前提，只有不断提高学生主动学习的能力，才能让学生逐渐学会学习。

在这个过程中，如何激发学生产生探究兴趣，把研学过程中需要解决的问题放在首要地位，就需要在开展研学旅行课程之前，把学校的实际情况和地区的有效资源进行自主选择和合理的利用，进而确定出研学旅行活动的主题，确定研学课程的内容。其次，学生在研学旅行过程中会进行分组管理，有些学生还会承担起管理者的角色，承担起管理者的责任。学生分组后，各小组成员之间不断地讨论磋商，以此来确定研学旅行过程中的线路、活动内容、分工与合作、出现的问题和解决方案、规则与纪律以及经费的预算。最后，当学生真正踏上研学的旅途时，他们会主动地去发现、感觉、思考，在现实与理想中穿梭，这种不一样的生活和生命体验能够让学生重新去审视自己、反思自己，从而去塑造一个全新的自我，在这种反省和体验中培养了学生的主体意识和独立思考能力。

（四）趣味性原则

研学旅行是以学生乐于学习的方式呈现教学的内容——在旅行的过程中学习，让学生亲身体验，充分地运用自己的耳、眼、手等感官，全方位、全身心地投入去感受知识、接触知识，从而调动心的感应。同时，研学旅行过程中，老师更易融入学生中，使自己的语言和教学状态更加具有亲和力。研学旅行的教学内容脱离了呆板的书本知识，回到了生动有趣的现实世界，这不仅让学生觉得新奇有趣，还能调动研学旅行指导师的热情。在研学旅行的过程中，学生为主体，而研学旅行指导师主要是协助和引导作用，所以在教学语言和形态上双方都没有过多的压力，自然感觉亲和。最后，研学旅行改变了学生的提问内容与方式。研学旅行以学生寻找问题、解决问题为核心，其突出特征是通过学生自己寻找、发现问题，然后自己寻找解决问题的方式和方法。在这个自主的过程中，让学生学会主动学习和思考，学生在兴趣的引导下开动脑筋、积极思考、活跃思维。总而言之，恰当的知识传递方式，会增强知识本身的吸引力，从而激发学生的主动探究欲望，主动地接近知识、寻求答案。

要想增强学生对知识的学习兴趣，最终还是要在知识的本身上下足功夫。学校课堂上的课程一般偏向理论性，体验性往往较差，课内与课外严重脱节，无法被学生体验和感悟，难以引起学生的兴趣。目前我国中小学生学习的主要课程是与升学考试相关的语文、数学、英语等升学考试性科目，像音乐、美术、体育等课程的教学时间和内容则是仅占很小一部分。学生们在校内几乎没有什么时间和条件去参观画展，体验一场真正的足球比赛。

而在研学旅行过程中，学生则可以根据自己的兴趣爱好开展自然类、历史类、地理类、科技类、人文类、体验类等多种类型的活动，将教学内容与学生现实生活、现代社会、历史文化和科技发展等关联起来。还可以通过学生主动搜集目的地的相关知识资料，确定研学主题，与现实社会生活密切地结合在一起，同时让学生参与其中，增强学生在研学过程中的体验与感悟，激发起学生的自主探究欲，在求知欲和兴趣的双重引导下，最终走进思维发展的殿堂。

（五）统筹性原则

研学旅行要以统筹协调、整合资源为突破口，在组织实施过程中应统筹协调各方资源。研学旅行指导师是资源统筹的第一责任人，要从立德树人、培养人才的根本目的出发，站在综合育人的高度，基于核心素养的形成为主线来进行统筹、进行资源的梳理和整合，包括学校内的学科整合、多学科整合、跨学科的整合，甚至是跨界的整合。统筹资源还要结合地区、学校、学生的实际情况，如对自然文化遗产、红色教育资源、综合实践基地，包括科技馆、知名院校、工矿企业、科研机构等进行充分的挖掘，整合可利用的资源。

在研学旅行课程的开发过程中，课程内容设计注重的是学生真实的体验与发现，注重的是鼓励学生积极参与、独立思考、勇于探究；注重学科知识在生活中的实际应用，强调学生通过自身实践和实际操作发现问题、解决问题；注重培养学生与人交往、合作的能力，以及积极向上的价值观和情感体验。每一个主题的研学旅行都有相应的培养目标，在研学手册中制订可供学生选择完成的研学任务，关注师生、学生之间的评价以及学生在活动过程中的真实体验和感悟。行前组织学生上好行前课程，行中充分发挥学生的主观能动性和创造性，关注学生经历了什么、感受了什么、体会了什么、收获了什么、创新了什么，行后组织学生开展自我反思和总结活动，把直观的体验内化为对经验的总结和提炼，用创新性的方式呈现研学旅行的成果，从而使学生获得新的知识和能力，提高学生自身的综合素养和关键能力。因此，这些研学旅行目标的实现都需要在统筹性原则下进行。

二、研学旅行指导师执业规范

（一）研学旅行指导师执业规范的意义

榜样的力量是无穷的，孩子的可塑性极强，在对学生进行研学教育教学活动中，研学旅行指导师本身就是教育内容的体现者和表现者。教育教学过程既是研学旅行指导师引导孩子学习的过程，同时也是学生观察、发现、了解研学旅行指导师的过程。研学旅行指导师的思想品德、行为举止、一言一行都会给孩子留下极其深刻的印象，因此，研学旅行指导师必须首先规范自己的行为，以良好的师德和人格魅力、深厚的专业知识来教育和启迪孩子，在孩子心目中树立研学旅行指导师良好的形象与威望，以塑造孩子们良好的行为规范，促进学生健康人格的形成。同时，规范研学旅行指导师的执业行为，是提高研学旅行课程质量、保障研学活动安全的重要内容，也是树立研学旅行指导师的个人和单位口碑的最佳途径。

（二）执业规范内容

研学旅行指导师不仅是导游，更是传道、授业、解惑的老师，兼具导游和老师的职业素养及职业操守，在执业时应特别注重职业基本规范、日常执业规范、安全意识规范和称谓规范等。以下是从一线研学企业选取的部分规范内容，供大家参考。

1. 职业基本规范

（1）研学旅行指导师不得将企业的商业资料用作其他商业用途，也不得透露给第三方。

（2）研学旅行指导师不得与客户攀谈与业务无关事宜，不得与无关人员闲聊。用言行约束自己，保持好公司良好形象。

（3）研学旅行指导师应注意性别差异，保持与客户、学生的适度距离；禁止与学生发生不必要的或容易产生误会的肢体接触。

（4）研学旅行指导师需要有较强的执行力和团队协作能力，不搞个人主义。服务意识超前，不急不躁、心态平和。

（5）研学旅行指导师不得擅自调整既有行程安排，如有特殊情况需要调整，由主带指导师负责沟通，须征得学校同意，且必须报备公司操作部知晓，方可调整。

（6）研学旅行指导师在任何活动、会议、集合、集会时都必须提前抵达。

（7）研学旅行指导师不得与客户发生任何语言及肢体冲突，客户至上，注意礼貌用语，懂得尊重。

（8）研学旅行指导师需妥善保管好学生的所有证件，应及时收集、做好登记（种类、份数）、准确发放，不得擅自挪作他用。

（9）研学旅行指导师应对所有活动教具妥善保管，及时清点，及时登记。

2. 日常执业规范

（1）工作期间，研学旅行指导师禁止言语粗鲁、说脏话、谈论负面的话题，不得与客户发生言语冲突。

（2）工作期间，研学旅行指导师禁止在学生面前吸烟。

（3）工作期间，研学旅行指导师严禁饮用含酒精类饮品。

（4）工作期间，研学旅行指导师严禁在学生面前咀嚼口香糖及各种零食。

（5）工作期间，除工作需要，研学旅行指导师不得在学生面前长时间玩弄手机。

（6）工作期间，如产生分歧，研学旅行指导师不得当众发生争吵，须及时上报总控、主带指导师等相关负责人协商解决。

（7）工作期间，研学旅行指导师非特殊情况不得与学生单独相处。

3. 安全意识规范

（1）视安全为第一要务，做到防患于未然，所有研学旅行指导师对于带队安全都有责任和义务提出意见和建议。

（2）杜绝所有因个人疏忽造成的安全隐患，研学旅行指导师应随时随地对学生做到安全告知义务及安全监控。

（3）在进行某些特殊项目（如户外活动、爬山、徒步等活动中），研学旅行指导师应始终严密监控现场情况，如遇学生违反安全规定应及时阻止。

（4）研学旅行指导师应合理把控带班流程，确保所有活动顺利进行，并随时做好实施应急预案的准备。

4. 称谓规范

（1）规范称谓：姓 + 老师，如以王老师、邓老师进行称呼。

（2）向学生介绍时，统一为“我是你们这次研学旅行的指导师，大家可以叫 ×× 老师”；不得在学生面前称绰号。

三、研学旅行指导师执行规范及流程

研学旅行组织形式与校内的封闭式课堂相比要复杂多变，学生大规模群体出行对研学旅行指导师带来极大的挑战，下面以学生乘坐火车进行研学旅行活动为例，根据研学服务机构及旅行社的研学旅行实施基本环节整理归纳为以下基本流程。

①行前课；②准备物资；③学校接人（组织集合、行车要求、进站要求、组织进站）；④上火车（始发站、停车站）；⑤行车中；⑥下火车；⑦出站；⑧对接地接指导师；⑨参观（研学课程、体验活动）；⑩组织学生用餐；⑪组织学生分房；⑫入住酒店；⑬指导师查房；⑭组织退房；⑮填写评估表；⑯回收物资；⑰返校。

流程中第①、②项如何落实及组织实施，在上一章节已阐述；第③～⑧项是带领学生前往研学目的地组织的基本环节；第⑨项为研学课程实施的核心环节；第⑩～⑭项根据学生研学课程的整体安排，住宿地点若有调整，此过程要循环执行；第⑮～⑰做好课程执行结束的收尾工作。看似简单的内容，研学旅行指导师只有做到周密的安排、精心的组织，才能确保课程的有效实施，下面将从学校出发、进站、出站、用餐、分房、入住、查房、退房和研学等环节的执行规范及流程进行解读。

（一）学校出发规范及流程

研学旅行指导师组织学生乘坐旅游客车从学校出发到前往火车站，标志着研学旅行实践体验阶段正式开始。研学旅行指导师在这期间应重点做好出行前日和出行当日的操作规范。

1. 出行前日

（1）主带指导师对接客车司机，告知其学校名称、停车位置及准确到校时间。

（2）主带指导师对接学校相关负责人，确认到校时间，学生统一集合地点。

2. 出行当日

（1）研学旅行指导师至少提前30分钟到达学校，不得迟到。

（2）主带指导师提前30分钟再次联系客车司机，明确车辆停靠位置，放置“车号牌”。

（3）主带指导师组织所有研学旅行指导师短暂碰头会，再次确认注意事项，分发教具物资。

（4）所有研学旅行指导师统一着工装，列队进入校区，统一听从主带指导师安排，不得扎堆聊天。

（5）主带指导师与校方负责人对接，其他研学旅行指导师与本班老师对接并自我介绍。

（6）主带指导师负责统一集合，各班研学旅行指导师清点人数，确认本班（或本车）实际老师和学生人数，并通报主带指导师，统一记录，统计人数。

（7）各班研学旅行指导师确认师生是否携带必备证件，学生证件统一收集、统一管理。

（8）各班研学旅行指导师为本班学生、老师发放胸牌及行李牌。

（9）主带指导师统一强调此次研学旅行的纪律和注意事项。

（10）各班研学旅行指导师带领本车学生及老师有序乘车，协助学生放置行李（指派两至三名男同学辅助码放行李，安排一位校方老师辅助，其他同学有序上车）。

（11）上车后告知学生第一排、后排中间不可入座（客车有余位时），再次清点人数，通报给主带指导师，等待主带指导师统一发车指令。

（12）等待发车指令同时，务必要求师生放置好行李架上的行李，系好安全带，放下侧扶手，研学旅行指导师逐一检查到位。

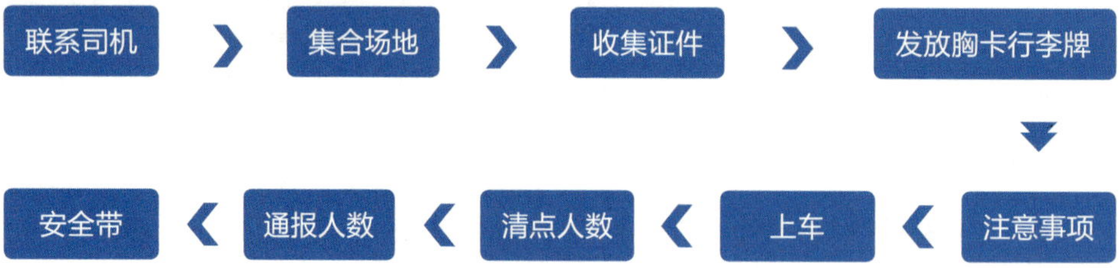

学校出发流程

（二）进站规范及流程

1. 进站安检

（1）各车研学旅行指导师提前将成人（老师）车票发放到人（所有车站成人都会单独检票，票证合一）。

（2）如需要发放学生车票，需逐一核对名字后将车票发给学生。同时，提醒学生妥善保管，避免丢失。

（3）各车研学旅行指导师向主带指导师通报本班到站情况，等待指令。

（4）进站后，各车引导学生到安全地带统一集合，提醒过安检时的注意事项，待学生全部过安检后，通报主带指导师，等待指令。

（5）主带指导师根据安检通过时间，确认是否集中休息，等待候车，并通告各车指导师，统一安排候车或通过检票闸机。

（6）检票时间临近时，各车研学旅行指导师统一听从主带指导师安排，组织各车学生在检票口统一有序集合。

2. 检票上车

（1）总控协调检票时间、检票形式。

（2）主带指导师负责提前安排两位研学旅行指导师值守进站电梯（上下电梯口各一人）；统一进站时，到时提前进入，做好提示准备。

（3）值守电梯的研学旅行指导师，将本车所有学生车票提前交给总控或闸机口值班指导师，方便本车学生顺利进站。离开本车或本班时，将学生安置好，交付本车校方老师托管，责任到人。

（4）各班听从主带指导师指挥，有序进入站台，其他研学旅行指导师有序引导。

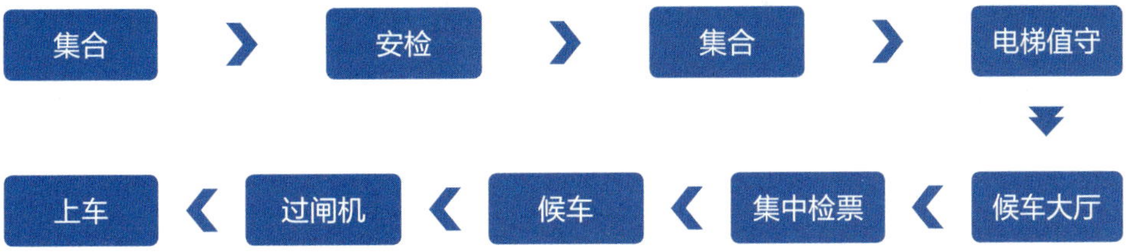

进站流程

（三）上火车规范及流程

1. 始发站上车

（1）准备工作：主带指导师提前安排好各指导师值守车厢，制作过站值班表。

（2）站台指挥：研学旅行指导师在站台指挥学生安全、迅速进入车厢，待所有学生都进入车厢后方可离开站台，进入车厢。

（3）放置行李：各指导师进驻各自值守车厢，提醒学生先找到自己座位，任何人不要私自调换座位，指挥并帮助学生放置行李，提醒同学妥善保管好自己的贵重物品。

（4）清点人数：待学生统一落座后，开始迅速清点人数，并通报主带指导师做人员统计。

2. 经停站上车

（1）准备工作：主带指导师提前安排好各指导师值守车厢，制作过站值班表。

（2）学生站队时，每车门站成两列纵队，行李箱放在队伍外侧，注意队形不要过长，关注学生前后站台安全，禁止学生越过安全线。

（3）研学旅行指导师提前安排本车厢一位校方老师在学生正前方负责领队，研学旅行指导师负责站台引导上车。

（4）当列车进站停靠时，研学旅行指导师引导学生从车厢两端迅速进入车厢中部集中。

（5）放置行李：各指导师进驻各自值守车厢，提醒学生先找到自己座位，任何人不要私自调换座位，指挥并帮助学生放置行李，提醒同学妥善保管好自己的贵重物品。

（6）清点人数：待学生统一落座后，开始迅速清点人数，并通报主带指导师做人员统计。

上火车流程

（四）出站规范及流程

（1）出站前必须以班为单位在站台集合整队，清点人数，通报主带指导师，等待主带指导师统一出站指令。

（2）主带指导师负责提前安排两位研学旅行指导师值守进站电梯（上下电梯口各一人）；统一出站时，到时提前做好准备。

（3）值守电梯的研学旅行指导师离开本车或本班时，将学生安置好，交由本车校方老师看管，责任到各班，听从主带指导师指挥，有序出站，其他研学旅行指导师有序引导。

（4）通过电梯时，值守指导师重要循环提示：学生之间保持一定距离，将行李箱放置身后，关注前方，不要玩手机，不要聊天。

（5）出站时，主带指导师提前到达出站口对接相关车站工作人员，协调统一出站事宜。

（6）出站后，主带指导师寻找空旷场地再次集合，等待后续队伍到达，其余指导师走在队伍最前端与主带指导师会合，注意不要走得过快，避免散客将团队冲散。

（7）统一集合后听从安排（集体照相或上车），然后以班为单位上车（如有拆班拼车，统一出站后按车集合）。

（8）各车研学旅行指导师，回收本车校方老师（学生）火车票。

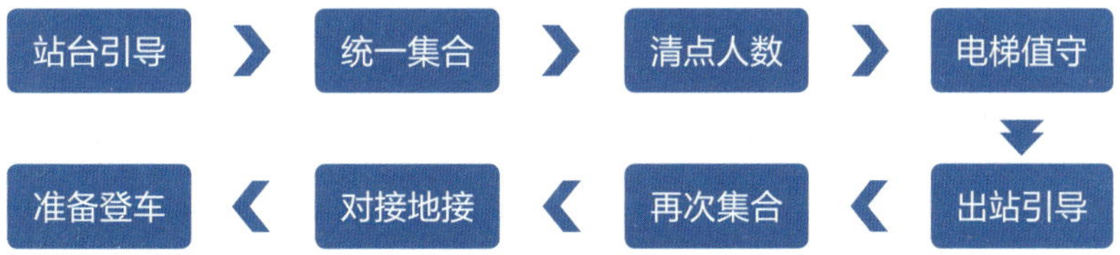

出站流程

（五）用餐规范及流程

（1）用餐前主带指导师提前 30 分钟提示地接导游对接餐厅准备情况，桌牌是否就位。

（2）冬季时应提前 10 分钟通知餐厅上餐（保证餐食不凉），夏季时应提前 15 分钟通知餐厅上餐。

（3）车辆前往用餐地点时，至少提前 10 分钟进行叫醒工作，避免下车时有同学滞留车上。

（4）下车前，研学旅行指导师再次强调下车后的注意事项。

（5）下车时，提醒学生大件行李不用拿，随身携带贵重物品。

（6）研学旅行指导师统一安排，有序下车，提醒学生不得推搡、打闹。

（7）研学旅行指导师负责安排另一位校方老师最后下车，辅助检查车上滞留学生或遗留物品。

（8）研学旅行指导师负责引导同学到安全地带集合，待学生到齐后，迅速集合整队到餐厅。

（9）研学旅行指导师应走在本车队伍最前边，各车学生依次带入餐厅，通知学生按照桌号先落座。

（10）落座后，研学旅行指导师询问洗手间位置并告之学生，并进行引导。

（11）主带指导师应提前安排两位工作人员或指导师进行用餐值班，负责引导各车学生落座，监督和催促上菜情况，解决学生各种需求，随时查看清真餐（避免上错菜、漏上菜等问题出现）。

（12）主带指导师负责引导校方老师落座用餐（也可以给老师单独安排包间），并辅助维持用餐秩序。

（13）等菜品上齐，由值班研学旅行指导师拍照留样后，各车指导师方可用餐。

（14）用餐时，所有研学旅行指导师禁止饮用含酒精类饮品。

（15）用餐结束后，研学旅行指导师应提前到场，值班研学旅行指导师负责通知已用完餐学生抓紧时间去洗手间（人数众多，错开时间差），上完洗手间的学生仍回到原来座位。

（16）待所有学生和老师用餐结束后，清点人数，值班研学指导导师负责引导，以车为单位有序离开准备乘车。主带指导师负责收尾，确认是否有落单学生。

（17）上车后，各车研学旅行指导师再次清点人数，通报给主带指导师，等待主带指导师统一发车指令。

（18）等待发车指令的同时，务必要求师生系好安全带，放下侧扶手，各指导师逐一检查到位。

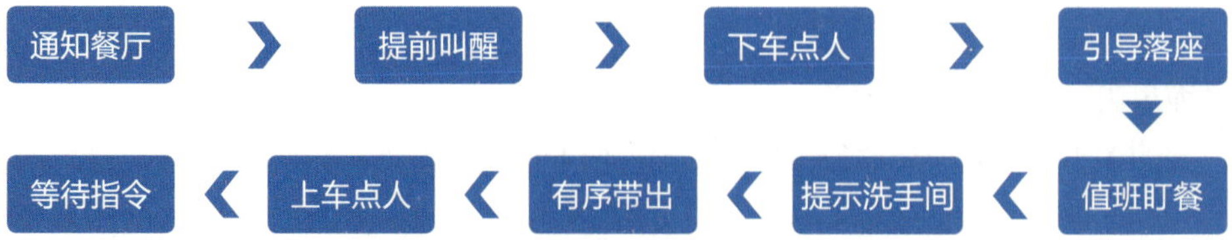

用餐流程

（六）分房规范及流程

（1）分房应由负责市场的人员提前与校方进行沟通，按照校方需求，确定分房形式（按年级分房或按性别分房）。

（2）研学旅行指导师应对住宿情况十分了解（异地可能使用多个酒店，与地接导游详细沟通每个酒店细节）。

（3）主带指导师或总控将本次研学旅行的人员情况（学生人数、老师人数、男女人数、房间数量）告诉地接导游，地接导游负责对接酒店安排所有住宿房间（酒店需按楼层提供清晰的房间号）。

（4）主带指导师或总控得到房间信息后，按照校方需求分房，把每班的分房情况标注清楚。

（5）主带指导师应备份至少两份分房名单，待分房结束后，誊抄清楚，拍照发放工作群。

（6）各车研学旅行指导师及时誊抄各车分房名单，供分房使用。

（7）晚餐后，在前往酒店的途中，宣读《入住酒店事项通知》及分房名单，提醒当晚或次日活动的注意事项。

分房流程

（七）酒店入住规范及流程

1. 入住规范

（1）主带指导师提前将分房信息提交给地接导游，安排酒店按照分房信息以车为单位将房卡打捆分好。

（2）所有研学旅行指导师车辆到达酒店后，通知学生在车上等待，安排一位校方老师负责管理秩序。

（3）各车指导师迅速到酒店前台领取本车房卡，返回车上只需要宣读房号，快速发放（分房信息已在之前车上宣读过）。

（4）所有学生有序下车，领取本人行李，直接入住，不用再次集合（若要消防演练的，需具体安排）。

（5）研学旅行指导师进入大堂辅助疏导学生乘坐电梯，避免拥挤和踩踏。

（6）待学生全部入住后，研学旅行指导师将本车所有证件交由酒店前台进行登记（第二天相互提醒，切记领回）。

（7）主带指导师与酒店前台再次确认次日酒店叫早时间。

（8）在查房之前迅速召开班中会，总结一天研学当中的问题，与地接导游确认次日的行程安排。

（9）准备次日研学课程相关教具及学习内容安排。如晚上有作业或课程活动的，提醒学生按时完成作业，做好各项辅导工作。

（10）主带指导师应提前安排好各指导师进行查房工作，制作排班表，做好入住酒店后的安全保障工作。

2. 退房规范

（1）研学旅行指导师切记领回本车所有相关证件，指导师之间有提醒和告知义务。

（2）主带指导师提前安排研学旅行指导师在餐厅准备收齐房卡工作，备好荧光笔，做好房号登记记录。

（3）收好的部分房卡及时交到前台。

（4）主带指导师提前到达集合地点，组织各班或各车集合站队。

（5）退房后，通知酒店检查遗留物品并做好房间登记，根据时间情况决定是否当时发放房间遗留物品。

（6）学生集合完毕后，统一上车再次清点人数并提醒学生检查行李物品和证件，等候主带指导师发车指令。

酒店入住流程

（八）研学课程执行规范

研学课程执行规范是整个研学活动行中执行的核心，根据企业实际操作情况，可以将研学课程分成参观式课程、体验式课程和研究式课程。

1. 参观式课程执行规范

（1）提前与操作人员对接研学当日行程安排，具体内容如下：到达场馆车程时间，始参观时间和结束时间，参观内容，参观形式（集体参观、分组分班、轮流交替参观等），是否有讲解（自由参观、整体讲解），讲解形式（整体一讲、多班一讲、一班一讲、一车一讲等），讲解人员（地接导游、场馆讲解员、外聘讲解员、专业研学指导师等）是否需要提前预约，参观时是否出具校方介绍信，参观时是否出具校方负责人教师资格证，参观时长，结束时集合地点等。

（2）到达前，做好参观研学点的相关介绍。

（3）到达前，进行相关安全提示和安全警示工作，做好告知义务（人身、财务、交通、安全隐患等）。

（4）下车前，提醒带好相关物品和学习物料（学习用具、研学手册、水杯、雨具、讲解器、接收器等），并记清车号和车牌号码、标志、集合地点、集合时间等。

（5）下车前，集合地点、集合时间等。调整好相关讲解器及接收设备（设备如有问题，提前调试或更换，确保学习顺利）。

（6）到达参观点后，选择安全地带停靠下车。

（7）下车后及时整队清点人数。

（8）确定好讲解人员，对接相关工作人员，提供相关服务保障。

（9）参观开始前，提前确定好结束时间及集合地点，确保学生解散时能及时归队。

（10）参观时，随时提醒学生，保障队伍不要散乱，保持安静，倾听讲解。

（11）参观时，确保学生不要游离团队，有特殊情况需要离队，必须告知本班研学指导师或校方老师。

（12）参观时，不要擅自游离团队，做到与团队同步。

（13）参观时，时刻提醒学生不要触摸展品，注意安全。

（14）参观结束后，选择适合的位置集合并及时清点人数。

（15）参观结束后，及时和主带指导师沟通，等待指令，保持通信联络。

2. 体验式课程执行规范

（1）提前与操作人员对接研学当日行程安排，具体内容如下：到达体验课程目的地的车程时间；体验课程开始和结束时间；体验内容及体验流程；体验课程形式（集体观摩体验、集体互动体验、动手体验、分组分班体验、轮流交替体验等）；是否有相关专业指导老师及相关师资配备情况；课程指导人员（地接导游、场馆辅导员、外聘讲师等）是否需要提前预约；是否有体验课程相关安全提示需要了解或告知；体验课程开展前，是否出具校方介绍信；体验课程开展时，是否出具校方负责人教师资格证；体验时长；结束时集合地点等。

（2）到达前，需要做体验课程相关介绍。

（3）到达前，进行体验课程相关安全提示和安全警示工作，做好告知义务（人身、财务、交通、安全隐患等）。

（4）下车前，提醒带好相关物品和学习物料（学习用具、研学手册、水杯、雨具、讲解器、接收器等），记清车号和车牌号码、标志、集合地点、集合时间等。

（5）到达体验目的地后，选择安全地带停靠。

（6）下车后，及时整队清点人数。

（7）确定好体验课程指导师、辅导员，对接相关工作人员。

（8）确定体验场地活动场地、教具物料、学习资料等，研学指导师提供相关服务保障。

（9）体验课程开始前，提前确定好结束时间及集合地点。

（10）体验课程开展时，随时提醒学生，保障队伍不要散乱，保持安静，倾听规则和讲解。

（11）体验课程开展时，确保学生不要游离团队，有特殊情况需要离队，必须告知本班研学指导师或校方老师。

（12）体验课程开展时，做好相关指导或辅助工作。

（13）体验课程开展时，不要擅自游离团队，做到与课程同步。

（14）体验课程开展时，时刻观察并提醒学生注意体验安全。

（15）体验课程结束后，提示学生保持场地清洁、归类放好物品。

（16）体验课程结束后，选择适合的位置集合并及时清点人数。

（17）体验课程结束后，及时和主带指导师沟通，等待指令，保持通信联络。

3. 研究式课程执行规范

（1）提前与操作人员对接研学当日行程安排，具体内容如下：到达研究式课程目的地的车程时间，研究式课程开始和结束时间，当日活动主题，研究式课程内容，安排哪些研究式课程方法（如科学实验法、实地考察法、访谈法、问卷调查法等），提示准备好相关物资（如试验器具、调查问卷、访谈问题、录音笔、相机等），确定课题研究人员构成，是否需要提供相关帮助（如各项研究方法需要时长以及场地、人员的配合等）。

（2）到达前，做好研究课程相关介绍。

（3）到达前，进行研究课程相关安全提示和安全警示工作，做好告知义务（人身、财务、交通、安全隐患等）。

（4）下车前，提醒带好相关物品和学习物料（课程相关物料、学习用具、研学手册、水杯、雨具、讲解器、接收器等），记清车号和车牌号码、标志、集合地点、集合时间等。

（5）到达研究目的地后，选择安全地带停靠。

（6）下车后，及时整队清点人数。

（7）确定好研究课程所需对接的相关工作人员。

（8）确定课程研究场地、教具物料、学习资料等，并提供相关服务保障。

（9）研究课程开始前，提前确定好结束时间及集合地点。

（10）研究课程开展时，随时提醒学生，保证队伍不要散乱，保持安静，倾听规则和讲解。

（11）研究课程开展时，确保学生不要游离团队，有特殊情况需要离队，必须告知本班研学指导师或校方老师。

（12）研究课程开展时，研学指导师做好相关指导和辅助工作。

（13）研究课程开展时，不要擅自游离团队，做到与学生同步。

（14）研究课程开展时，提醒学生保存好相关素材和资料。

（15）研究课程开展时，时刻观察并提醒学生注意体验安全。

（16）研究课程结束后，提示学生保持场地清洁、注意环保、带好研究器物。

（17）研究课程结束后，选择适合的位置集合并及时清点人数。

（18）研究课程结束后，及时和主带研学指导师沟通，等待指令，保持通信联络。

以上研学旅行指导师的执行环节的规范要求及流程，是以学校组织全年段的学生集体乘坐火车、入住酒店、委托旅行社或研学专业服务机构承办的研学旅行实践活动为基础的。如果研学旅行实践活动以营地为中心，在营地进行食宿时也可以作为参考，如果乘坐其他交通工具也可举一反三，研学旅行课程执行规范及流程因为学校的具体要求、课程资源及特色、承办方的具体情况而有所不同，但是，作为一名研学旅行指导师，必须熟知和掌握最基本的研学旅行实施流程和服务规范。

第三节　研学旅行课程行后总评

研学旅行作为教育改革创新的课程形态，课程体系及评价标准有教育部门的规范，研学旅行总结评价的内容方式目前呈现出百花齐放的特点，不同的学校、不同的机构设立了多种多样的评价内容和评价方式。同时也出现有些评价过于烦琐，甚至量化评价过度，导则无法操作；有些评价又流于形式，甚至没有评价方案，或评价方案与目标不一致等问题。这主要是没有正确理解研学旅行总结评价的内涵。研学旅行课程评价的根本目的在于获得反馈信息，帮助教师改进教学，促进学生发展，保证课程目标的实现，而不在于对学生发展水平做出终结性的评定，更不是利用评价结果对学生进行比较与分等，而是突出发展导向、坚持学生成长导向，通过对学生成长过程的观察、记录、分析，了解学生成长规律、激发学生的兴趣和潜能，让学生在研学旅行中有所收获、有所感悟、有所成长，这就是研学课程总结评价的价值与意义的体现。

一、研学旅行课程成果

学生研学旅行课程的成果展示是研学旅行课程总结评价的一种重要的方式。研学旅行活动是否收到了预期的效果，学生的研学成果展示是衡量的一个重要指标。

学生的研学结果可以有多种形式：一篇研究论文、一份调查报告、一件模型、一块展板、一场主题演讲、一次口头报告、一本研究笔记，也可以是一项活动设计的方案。不同学段、不同学校、不同学生可以根据实际情况采用最适合自己的方式提供研学成果。

研学旅行指导师要根据前期了解学生的研学手册及方案，在研学过程中，有意识地指导学生完成相关的成果内容。学生研学手册的填写是研学旅行指导师必须引导学生完成的作业，研学手册填写一般是以天为单位，每天都有相关的研学课程学习，回到酒店，研学旅行指导师要按照前期分成的学习小组，组织学生完成研学手册的填写工作。

研学成果的内容展示需要研学旅行指导师同学校进行商定，一般展示成果是校方组织，成果表达形式有：图画、照片、模型、实物、录音、录像、光盘、网页、诗歌、节目、口头报告、书面报告和论文等。成果交流方式：班报、刊物、展览会、演讲会、答辩会、研讨会、节目表演、展板、墙报等。研学旅行指导师在展示环节主要提供过程中采集的相关材料，如照片、录像等。但也有一些学校会在研学旅行课程即将结束时进行集体展示，展示的方式有以本次研学旅行为主题的知识竞赛、赛事会、历史剧改编、成果说明会、汇报演出等。目前研学旅行课程发展到今天，学校对于学生的展示成果也有了更高的要求，成果汇报回归到研学旅行课程的本质，要让中高年级学生展示研究性学习的成果，所以指导学生撰写研究性报告是研学旅行指导师面临的一个新的挑战。

二、研学旅行课程评价

《中小学综合实践活动课程指导纲要》指出，应充分肯定学生活动方式和问题解决策略的多样性，鼓励学生自我评价与同伴间的合作交流和经验分享。提倡多采用质性评价方式，避免将评价简化为分数或等级。要将学生在综合实践活动中的各种表现和活动成果作为分析考察课程实施状况与学生发展状况的重要依据，对学生的活动过程和结果进行综合评价。

研学旅行课程由于突破了传统课程的时空束缚，发展出自身的课程特征。其本质在于：让学生亲历知识产生与形成的过程；使学生学会独立运用其脑力劳动；追求“知识”发现、“方法”习得与“态度”形成的有机结合与高度统一。其特征有三个：其一，实践性强；其二，强调知识间的联系与运用；其三，需充分调动学生的积极性与兴趣。因此，针对学生研学旅行课程的评价应具有多元性、过程性、开放性的特点。

（一）多元性

研学旅行课程评价有多元性的特点，是指评价主体的多元性，如参与评价有学生个体、学生群体、指导老师、家长及研学过程中的社会群体人员（在参观的过程中，社会人员对于学生表现有不同的态度方式都会对学生产生一定的影响）。评价的方式多元性，如问卷式、访谈式、成果展现式及自评、他评、群评等。成果展现的多元性，如前面提到的相关成果呈现方式。

（二）过程性

研学旅行课程评价有过程性的特点，需要研学旅行指导师伴随研学旅行的全过程，即行前、行中、行后和实践应用四个环节对学生进行相应的观察、协助总结和评价。研学记录袋记载学生研学过程、学习成就、持续进步等全部表现，包括活动记录、研学成果、评价结果和其他相关资料，是过程性评价很重要的评价依据。

（1）记录袋装有学生自主收集课题的研究方案，活动记录（如观察日志、调查表、访谈记录、实验记录、导学卡等），研究成果（如研究报告、小论文、作品等），学生的自我评价、反思和体会，研学旅行指导师、同学和家长的评价等信息资料。

（2）记录袋档案详细记录学生能力培养和素养形成的路径轨迹，记录的资料要求全面、完整和真实。

（3）记录袋的形成也要发挥学生的作用，让学生参与设计制订评价量表和档案袋内容及形式。

（4）记录袋要有学生在研学实践中所获得的体验，如学生的自我陈述及小组讨论记录、活动开展过程的记录等。

（5）记录袋要有学生学习和研究的方法与技能的掌握情况，如对研学旅行各个环节的资料进行筛选、归类和统计分析，对研究结果的表达与交流等。

（6）记录袋要记录学生创新精神和实践能力的发展，记录学生从发现和提出问题、分析问题到解决问题的全过程中所显示的探究精神和能力，通过活动前后的比较和几次活动的比较来反映发展过程。

（7）记录袋装有学生的学习成果，如一篇研究论文、一份调查报告、一件模型、一块展板、一场主题演讲、一次口头报告、一本研究笔记、一项活动设计的方案等。

（8）记录袋装有对学生研学实践的态度的评价，如是否认真参加每个活动，是否努力完成所承担的任务，是否做好资料积累和分析处理，是否主动提出研究和工作设想、建议，能否与他人合作、采纳他人意见等。

（三）开放性

研学旅行课程评价的开放性是着眼于学生的发展、着眼于创新精神和实践能力的培养。所以，对学生研学成果的评价方式具有时间的开放性、空间的开放性、评价人员的开放性。时间上向前后辐射，空间上向课外、社会、家庭辐射，全过程、全方位、全时空开放。

以北京某中学为例，学生研学旅行的课程学习成果在纳入学生综合素质评价体系中时，应将学生参加研学旅行课程中每个阶段的内容上传至综合素质平台，上传的内容一般包括：研学旅行课程计划、研学成果（研学手册、研学报告、手抄报或总结等选择其一上传即可）、参与活动照片等。老师、学生及学生家长都能通过平台看到学生的作品，可以通过点赞、评价等多种方式对学生上传的内容进行点评，高年级的学校选拔学生时也可以将此作为参考材料。

总之，作为一名研学旅行指导师，在研学旅行课程设计或出发前，首先应明确本次研学旅行预期的研学成果是什么，通过哪些方法和手段能够实现和证明学生已经达到了预期的研学成果。其次应紧扣研学旅行成果展示、研究课题和研学旅行过程中的行为表现等关键环节对学生进行总结评价。最后就是对研学旅行课程评价特点的理解和运用。下面以“个人课题评分表”和“走进徽州”研学旅行活动为例，来加强研学旅行指导师对研学旅行就课程评价的多元性、过程性、开放性特点的理解和体会。

个人课题评分表

一级指标	序号	二级指标（评分细则另附）	分值	得分
研究过程	1	组织严密，《指导手册》上的分工记录详细，分工记录体现出分工的科学合理，人尽其用，体现团结协作精神	5	
	2	有研究计划，研究计划完整周密、思路明确，具有科学性和可行性。研究计划与活动记录、结题报告大体相符	10	
	3	有丰富完整的过程性资料，如原始答卷、实地采访记录和问卷调查记录	5	
	4	课题阶段性成果汇报表现（阶段性成果汇报优、良、中、差课题分别记5分、3分、2分、0分）	5	
	5	研学手册如实反映每一次活动开展情况，字迹工整	10	
	6	每个组员都有研究感受，感受真实、深刻	5	
研究结果	1	研究报告中心明确、内容充实、结构完整、条理清楚	15	
	2	研究报告有充分的理论依据、事实论据和数据分析说明研究结论	10	
	3	研究成果体现一定的深度和广度，有一定的社会价值和社会意义	5	
	4	采用信息技术和其他现代化手段来展示研究成果，界面制作漂亮，展示形式丰富（如图片、照片、问卷、表格），并做到内容与形式的和谐统一（如图片所在位置恰当，能很好为主题报告服务，没有无关图片）	5	
	5	结题答辩成绩（结题答辩优、良、中、差课题分别记5分、3分、2分、0分）	5	
	6	凡未按规定时间和要求上交结题报告等学校规定应上交的各类资料和成果的，迟交一次扣2分		
个人课题评分表得分				
组员评分表得分				
总分				
等级				

说明：评定等级为A、B两个等级，85分以上（含85分）为A等，85分以下为B等。

研学旅行中研学旅行指导师的组织管理与评价
——以"走进徽州"研学旅行活动为例

研学旅行指导师对于学生在选点、选题研究过程中的组织管理和评价是保证研学质量的前提。针对考察地点问题，首先向全校师生及家长进行研学考察地点征集，经过反复推敲以及与旅行社的多次沟通后确定旅行考察地点，并共同挖掘考察地点的研学主题，最终确定徽州组研学主题为"人文徽州——寻源徽文化"，其中涉及多个非常具有研究意义的研学资源，包括西递宏村古村落、徽字号、黄山风景区、呈坎、徽州文化博物馆等，研学过程为期5天。

对于缺乏经验的七年级学生来说，研学旅行指导师组织学生参与有关研学培训，以及阅读有关研学地点的文化介绍书籍是不可缺少的。对于学生的研学培训，主要依托研学手册，该手册不仅涉及有关研究型学习的内涵、方法、一般步骤、研学案例，还涉及"丝绸之路"和"一带一路"的理念、路线、优势等，同时涵盖了研究型学习的基本过程，包括研究的参考主题、开题报告、研究过程记录、结题报告等内容的基本框架，并附有关于研学地点的介绍。有了相关的技能培训、科学的研学手册指导，增强了学生的研学理论认识及对研学思路的认识。此外，经过研学旅行指导师们的精心挑选，确定了多本有关徽州文化的书籍，如《徽州文化十二讲》《皖南古村落》等，让学生的研究性学习更为深入，也为学生提供了更多的选题方向。

开题报告用文字体现该项研学的总体构想。在开题之前，研学旅行指导师遴选了多个有关徽州的参考研学主题，如世界文化遗产西递、宏村古村落的民俗文化研究、环山不同海拔高度的植被分布种类研究等，组织小组参考学校提供的选题，结合自己的兴趣讨论确定，同时与研学旅行指导师讨论其可行性。为了保证开题报告的质量，组织学生汇报开题报告，对此，每个小组都认真准备，全员参与。

实施研学过程性评价，加强过程组织管理，根本目的是保证研学质量，促使学生在研究的过程中遵守纪律，认真针对研学主题进行探究式学习，不断提高学生各方面的能力。因此，研学的过程中，研学旅行指导师针对每位学生的过程评价体系必不可少。例如，学生集合到位情况、探究过程的状态、研学过程记录情况、研学日志等，都可以作为过程性评价的参考标准。经过实施可以发现，一方面，研学过程性评价可以促使学生改变研学思想，不单纯地把研学当成旅游，小组基于研究主题研究，在观察、记录、咨询等过程中表现得更为主动、自觉；另一方面，学生在探究学习过程中，挖掘了自身潜力，体会到了成就感，其积极性和兴趣都有很大的提高。

学生汇报是从研学活动向能力、思维方式、科学素养转化的过程，如何组织学生汇总研学成果，如何让汇报有交流味，这些都少不了研学旅行指导师的指导。七年级的学生在汇报中往往存在 PPT 文字过多、念 PPT 的情况，研学旅行指导师就要求学生根据 PPT 的逻辑顺序分要点介绍，不能纯念 PPT。在汇报结束后安排有结题答辩，以增强交流的效果。例如，有一个小组在汇报时说到他们经历了各种探究活动，采访、发放调查问卷、实地考察等，他们也遇到了许多问题、困惑、委屈等，有一个学生提到在调查采访的时候因有些村民未配合而感到失落，但找到了调查或研究问题的答案时又很兴奋。在组织答辩的过程中，研学旅行指导师的精心点拨与引导是一种润物无声的情感升华体验。

复习与思考

一、简答题

1. 简述研学旅行课程实施过程中乘坐火车的注意事项，列出 3 个可能遇到的问题及相应的解决办法。

2. 通过本章的学习，参考研学旅行课程评价原则，简述如何就研学旅行评价成果做出正确判定。

3. 根据本章内容简述研学旅行指导师在活动实施前要做哪些前期准备？

4. 通过对前三章的学习，你认为本章陕西研学行程和研学手册是否适合上海地区小学四年级的学生？为什么？

二、案例分析

上海某中学要组织初一年级学生到河南殷墟开展研学活动，承办机构的研学旅行指导师为组织开展殷墟行前课，提前与该校进行了妥善的沟通。请依据殷墟研学基地的研学内容，结合本章学习进行该案例的分析，找出研学旅行课程实施的难点，并设计一个适合初中一年级学生的行前课。

第五章　研学旅行指导师技能

技能是个体运用已有的知识经验，通过练习而形成的智力动作方式和肢体动作方式的复杂系统。研学旅行指导师的技能包含很多，按照技能的性质和表现形式可分为操作技能和心智技能。操作技能是通过学习而形成的合乎法制的程序化、自动化和完善化的操作活动方式。心智技能是一种借助内部力量调节、控制心智活动的经验，是通过学习而形成的合乎法则的心智活动方式。本章主要从研学旅行指导师的心智技能，以教学技能为代表，以及操作技能，以研学旅行过程中的管理技能来进行阐述。

第一节　研学旅行指导师教学技能

研学旅行指导师的教学技能是教与学技能的综合体现，从结构上看，教的技能是表达、判断、组织、管理等方面能力的综合；学的技能则是阅读、分析、记忆等多方面能力的综合。在研学旅行实践中，教学技能的形成依赖于两个方面：一是研学旅行指导师的教与学生的学。指导师善教能引导学生善学，使他们掌握科学的学习方法；学生善学则“师逸而功倍”，为指导师省出更多的时间去钻研教法，有利于更好地开展研学工作。二是研学旅行指导师自身的教与学。善教源于善学，不善学就不可能贮存丰富的知识信息，因而教就会成为无源之水、无本之木，善教也无从谈起。因此，善学促进善教，善教又必然要求善学。

研学旅行指导师的教学技能也不同于一般的技能，通过简单地重复、模仿就可掌握。教学技能包含对教学信息的吸收、消化和输出的复杂过程，需要指导师充分发挥主观能动性，对他人的言传身教细加揣摩，依据研学实践灵活使用、改进乃至创新。另外，指导师掌握教学技能的目的是育人，这一目的决定了教学技能的运用必然是灵活多样的。教学过程是师生情感交流的过程，在教学中，不仅指导师的爱憎、好恶能强烈地感染学生，研学旅行过程中学生的情绪好坏也同样会对指导师产生明显的影响。教学技能的作用还在于以情动情、以智激情和传情启智。实践证明，没有高涨的激情就不会迸发出智慧的闪光。优秀的研学旅行指导师，正是充分运用了情绪的互动作用，采用适合的教学方法，才将无数学生引向研学旅行收获的彼岸。因此研学旅行指导师熟练运用的教学方法是教学技能的重要体现，下面我们对在研学旅行课程中常采用的体验式教学法和研究性学习法进行阐述。

一、体验式教学法

体验式教学法是指在研学旅行的过程中为了达到既定的教学目的，从研学需要出发，引入、创造或创设与教学内容相适应的具体场景或氛围，以引起学生的情感体验，帮助学生迅速而正确地理解教学内容，促进他们的心理机能全面和谐发展的一种教学方法。

体验式教学法就是要在研学旅行过程中引起学生积极的、健康的情感体验，直接提高学生对研学活动的积极性，使研学活动成为学生主动进行的、快乐的事情。体验式教学法要求研学过程中使学生感到轻松愉快、心平气和、耳目一新，促进学生学习活动的顺利展开和深入进行。

体验式教学法与常规演示教学法有质的区别，其本质特征是重视学生的实践和过程，以此推动学生研学活动的进行。区别于体验教学的演示教学法则只限于把实物、教具呈现给学生，或者研学旅行指导师简单地做示范实验，虽然也有直观的作用，但仅有实物直观的效果，只能导致学生冷冰冰的智力操作，而不能引起学生火热的激情。

体验式教学法的核心在于培养他们的创造性思维。它力求在师生互动的教学过程中，达到认知过程和情感体验过程的有机结合，激情与明理的相互促进，让学生在研学旅行中学习有关的知识内容，领悟做人道理，选择行为方式，实现“自我教育”。同时在学习的过程中，通过体验感悟认知的快乐，道德向上的快乐，独立创造的快乐，参与合作的快乐……从而使教学过程在学生主动、积极的体验中，生动、活泼地完成教学任务，实现教学目标。体验式教学的作用在于以美为突破口，以情为纽带，以思维为核心，因而对培养学生的创新意识、创新思维有着独特的作用，教学也往往能收到事半功倍的效果。总之，体验式学习就是以培养学生具有独立、自主、创新等主体精神为目标，以营造教学氛围、激发学生情感为主要特点，以学生自我体验为主要手段的学习方式。

（一）基本原则

1. 意识与无意识统一原则和智力与非智力统一原则

实现体验式教学的两个基本条件：无意识调节和补充有意识，情感因素调节和补充理智因素。人的这种认知规律要求在研学中既要考虑如何使学生集中思维，培养其刻苦和钻研精神，又要考虑如何调动其情感、兴趣、愿望、动机、无意识潜能等对智力活动的促进作用。研学旅行指导师在鼓励学生要刻苦努力时，很可能已经无意识地暗示了学生能力不行，所以要努力，这样就无形中增加了他们的畏难情绪。如果我们能意识到这一点，就会把学生视作理智与情感同时活动的个体，就会想方设法地去调动学生身心各方面的潜能。

无意识与意识统一、智力与非智力统一，其实就是一种精神的集中与轻松并存的状态。这时，人的联想在自由驰骋，情绪在随意起伏，感知在暗暗积聚，技能在与时俱增，这正是体验式教学要追求的效果。

2. 愉悦、轻松体验性原则

该原则根据认知活动带有体验性和人的行为效率与心理激奋水平有关而提出。该原则要求研学旅行指导师在轻松、愉快的情境或氛围中引导学生产生各种问题意识，展开自己的思维和想象，寻求答案，分辨正误。这一原则指导下的教学，思维的“过程”同“结果”一样重要，目的在于使学生把思考和发现体验当作一种快乐，而不是一种强迫或负担。

3. 师生互信、互重下的自主性原则

该原则强调两个方面：一是良好的师生关系，二是学生在教育教学中的主体地位。良好的师生关系是体验式教学的基本保证。教学本是一种特定情境中的人际交往，体验式教学更强调这一点。只有师生间相互信任和相互尊重，研学旅行指导师对学生真正做到“晓之以理，动之以情”，两条信息回路才有畅通的可能。这意味着研学旅行指导师必须充分了解学生，学生也充分了解研学旅行指导师，彼此形成一种默契。研学旅行指导师应着重鼓励学生发挥在研学课程中的主体地位，让学生“独立思考”和“自我评价”，培养学生的主动精神和创新精神。这一原则要求研学旅行指导师在体验式教学中要从学生的实际出发，使学生在完成学习任务的同时，得到快乐的教学体验，它意味着一切教学活动都必须建立在学生积极、主动和快乐的基础上。实际上，上述几个原则是密不可分的，它们有机地统一在整个体验式教学之中。

（二）操作程序

1. 创设情境，激发兴趣

兴趣是学生主动探究的向导，它能促使学生积极地探索事物、积极地思考问题和动手操作。研学旅行指导师可以通过实物、挂图、趣味资料、游戏、音乐、生动的语言等手段，创设和谐、愉悦的学习氛围，架起学生已知经验、情感与研学学习之间的桥梁，激发学生的学习情感，唤起学生参与的欲望。

2. 自主研习，合作探究

研学旅行的课堂不仅仅是研学旅行指导师的，更应该是学生的，学生是研学旅行的主体，研学旅行指导师的一切是为了学生的一切，是为了一切的学生，在这一操作程序中，学生始终处于主导地位。探究的问题是学生自己提出来的，解答疑问的方式是师生共同商量的，问题的答案是学生在已知经验的触碰下共同合作探讨出来的，研学旅行指导师不强加给学生任何结论，也不用正确或错误来区分他们不同的知识概念，只是让学生在交互质疑和辩证的过程中，澄清所生的疑虑，逐渐完成知识的建构，形成系统的科学知识。

3. 品读赏析，感悟体验

研学旅行过程中，研学旅行指导师应指引学生对研学目的地的文化、历史、人文、自然等进行学习，品读当地经典，感悟当地文化。学生可以从当地的自然、人文、历史中品读出当地文化，只有学生深刻地品读了当地文化特色后才能更好地进行研学。

例如，在“民族豪情 文明之源”一课中，研学旅行指导师通过带领学生来到壶口观看壶口瀑布，使得学生们身临其境地感受到母亲河——黄河的壮丽以及中华民族自强不息、奔腾向前的气象。通过参观黄帝陵，感受身为炎黄子孙的自豪，增强民族自信心与认同感。

再如，带领学生走进茶园进行采茶、炒茶；让学生走进徽州园林，让学生自己根据徽派园林的特点进行园林设计；学生自己做徽菜；学生学唱黄梅戏等这些活动都是让学生身临其境，亲自动手参与，这样的活动课程都是体验式的教育。

4. 实践创新，提升能力

学生的自主研学技能是在不断的自主探究中逐步形成的，因此，研学教学应多创设实践活动。人的活动过程是不断解决问题的过程，也是不断建构的过程，建构过程又是不断发现和创新的过程。当我们充分利用学生的好奇心、表现欲望和创新潜能，让学生自主参与实践活动时，学生就会根据自己的需要和意愿进行不同形式和不同方面的体验、领悟与创新性学习，就能获得直接经验与成就感，学生的主体性和个性就能获得充分的发展。在这一步骤中，实践活动的形式是多种多样的，如设计广告词和宣传标语、模拟现场、编演课本剧等。总的来说，就是要让学生根据研学课程的内容扮演不同角色，体验人物心理的变化，让学生在活动中提高实践创新能力。

二、研究性学习法

研学旅行既要旅行体验，更要针对问题开展研究性学习，难点在后者。研究性学习又称为专题研习、探究式学习，是一种以学生为主的学习模式，是在指导师的辅助下，由学生策划、执行及自我评估的学习方法。研究性学习不同于综合课程，虽然在很多情况下，它涉及的知识是综合的，但是它不是几门学科综合而成的课程，也不等同于活动课程。虽然它是学生开展的自主活动，但它不是一般的活动，而是以科学研究为主的课题研究活动。它也不等同于问题课程，虽然也以问题为载体，但不是接受性学习，而是以研究性学习为主要学习方式的课程。

研究性学习以培养学生具有永不满足、追求卓越的态度，培养学生发现问题、提出问题、解决问题的能力为基本目标；以学生从学习生活和社会生活中获得的各种课题或项目设计、作品的设计与制作等为基本的学习载体；以在提出问题和解决问题的全过程中学习到的科学研究方法、获得的丰富且多方面的体验和科学文化知识为基本内容；在指导师的指导下，以学生自主采用研究性学习方式开展研究为基本的教学形式的课程。要实现有效的研究性学习，制订科学可行的研究性学习方案至关重要，而开题的过程就是设计研究性学习方案的过程。开题也是研学旅行课程实施的第一步，其质量基本决定了研学旅行的质量。下面从开题前的准备、课题选择、填写开题报告、开题答辩等环节探讨如何指导首次接触研学旅行的学生有效开题，开题报告形式以下表为例。

项目申请书

项目名称			
研学线路			
项目研究的 目的与意义			
项目研究内容			
可能遇到的 问题和解决思路			
主要研究方法	1.文献研究法 2.调查法 3.观察法 4.经验总结法		
预期研究成果	1.PPT 2.小报 3.论文		
项目研究计划			
时间地点	研究内容		
去和贵楼前	查阅相关资料，简单了解和贵楼		
参观和贵楼时	拍照、记录、探访土楼		
去和贵楼后	小组进行讨论、汇总		
研学结束后	整理资料，进行汇报		
项目研究分工			
姓名	职责与分工		
	记录、采访		
	记录、采访		
	采集资料		
	PPT		
	论文撰写		
	录音、录像、拍照		
	录音、录像、拍照		
选题资料来源：百度、知网、书籍等			

（一）如何选择课题

1. 选题原则

研学课题的选择有自发性、科学性、实用性、创新性、可行性五项原则，研学旅行指导师应指导学生依据这五项原则进行选题。

自发性，即根据自己的兴趣，提出、选择或发现的课题符合自己所具备的知识水平和环境条件；科学性，即指导思想、分析方法都必须以科学理论和事实作为依据；实用性，即研究成果具有解释或解决实际问题的价值，甚至有可预见的社会效益、经济效益、影响范围、应用价值和推广前景；创新性，研究未解决或未完全解决的问题、研究方法和思路与众不同、否定或发展已有结论；可行性，即不超过自己的知识水平、实践能力，有利于知识与实践能力的提高，可操作性强。

2. 选题类别

选题依照学科特点分为自然科学类选题和社会科学类选题，其中，自然科学类包括植物、动物、土壤、环境、水文等；社会科学类包括建筑、饮食、考古、交通等。这里以河南的研学为例进行说明。

在河南的研学旅行课题选择上，研学旅行指导师可以根据上述标准来指导学生进行选题。例如，在自然科学方面，学生可以从研究河南植物的角度出发，选择如下课题：调查分析洛阳牡丹甲天下的主要原因；牡丹与芍药外观差异的调查研究等；从动物的角度，则可以对河南不同景点的鸟类多样性进行调查研究等；在土壤方面，可以测定分析洛阳牡丹园土壤中营养元素，也可以选择调查分析中岳嵩山被称为“活化石”的原因……

而在社会科学方面，学生可以从建筑的角度开展如下课题研究：古代书院与现代学校校园环境的比较分析；龙门石窟佛像损毁现状及原因的调查分析；龙门石窟佛像雕刻工艺的调查分析；从嵩阳书院的建筑布局看儒家思想中的“礼”；宋汴梁与元开封建筑特点的差异研究；从开封府建筑布局和特色谈北宋的府衙文化等；在饮食方面又可以调查分析河南以面食为主的主要原因，分析嵩山少林寺僧人饮食结构等。河南文化底蕴深厚，若从考古方面出发还有如下课题：唐三彩烧制过程中的科学原理初探；十二生肖汉字的发展与演变；从殷墟博物馆中的文物看商朝的技术发展；从甲骨文看古代占卜文化的发展现状；甲骨文偏旁部首的规律初探；商周青铜器铸造工艺的对比分析；商周青铜礼器的用途及特色对比研究；建都洛阳的地理因素调查分析等。

（二）如何确定课题名称

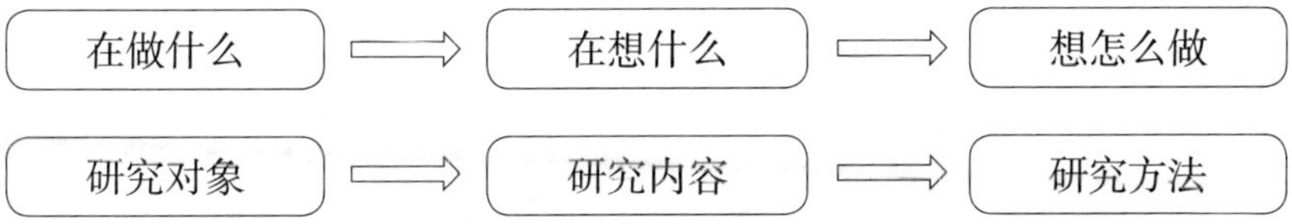

确定课题名称需要考虑的因素

课题研究的选题明确了，课题研究就已经成功了一半。因为它使我们明确了三个问题：我在做什么（研究对象），我想做什么（研究内容），我想怎么做（研究方法）。课题的名称必须明确表述所研究的问题，课题名称包括研究对象、研究内容和研究的方法三要素。一个好的课题名称要简明具体，准确反映研究范围、内容和实质，要符合准确、规范、简洁、醒目的要求。

准确，就是课题名称要把课题研究的问题（研究内容）是什么、研究的对象是什么交代清楚。课题名称要和研究内容一致，用一个适当的切入口，把研究的对象、问题概括出来。下面以某研学手册上的研究课题名称为例进行说明：《京剧与越剧脸谱之间的差异及传承发扬京剧与越剧的建议》，这个课题研究主题是什么并不清晰，究竟是想研究是京剧与越剧脸谱的差异还是京剧与越剧脸谱的传承？主题词不清，研究方向不明确，研究的路径也没能表达清楚。如果改为《京剧与越剧脸谱之间的差异表现和原因探析》，主题和研究路径就会明确和清晰不少，学生在收集材料、问题分析和成果汇报时就能聚焦。

规范，就是所用的词语、句型规范、科学，所有似是而非的词不能用，口号方式、结论式的句型不能用。因为课题就是我们要解决的问题，这个问题正在探讨，正准备进行研究，不能有结论性的语气。例如，《学习杭州西湖特色植物景观，提升人文内涵》这是学生参加杭州研学准备研究的课题，但是从口号式和结论式课题的表述上，首先引不起学生研究的兴趣，其次是研究内容表述不规范。是研究特色植物还是人文内涵？是研究西湖特色植物还是西湖特色植物景观，特色植物是指什么？是研究特色植物与人文内涵的关系，还是研究特色植物景观与人文内涵的关系？研究课题表述不清晰、不规范，师生在具体课题研学过程中必然困惑、无从着手。

简洁，就是名称不能太长，能不要的字尽量不要，一般不要超过 20 个字。例如，《石刻艺术与书法艺术，表意特征及其视觉传达之间的关系与当代社会审美转向性研究》，这个标题用了 35 个字，接近一个语段的长度，而且内容复杂深奥，作为学生的研究课题是不合适的。

醒目，就是课题研究的切口适宜、新颖，使人一看就对课题留下深刻的印象。例如，《大足石刻的受损原因及保护措施研究》，作为一项研学课题，这个选点是比较醒目和聚焦的。通过题目就明白通过对大足石刻受损原因进行分析研究，找到对大足时刻保护的对策，语言言简意赅，表达是清晰准确的。

（三）如何制订研究方案

1. 研究方法

在制订研究方案上，经常采用调查、咨询、走访、考察、观察、试验、统计、分析、查阅等研究方法。研学旅行指导师在指导学生制订方案时首先应确定研究主题是什么、研究目的是什么；随后引导学生思考为什么这样做，有无需要改进的；接着要告诉学生需要的场所和设备器材；再要协助学生做好时间安排、进度安排和人力安排；最后对学生的研究方法步骤进行详细的指导。

2. 具体内容

研究方案具体内容可以从研究背景、研究目的、研究器材、研究内容及方法、可行性分析、时间及人员安排与预期成果进行阐述。

研究背景方面，研学旅行指导师要启发学生从选题依据、研究现状和内容意义出发，对课题背景进行详细阐述。另外，要引导学生明确研学目的，协助学生准备工具、仪器、药品、材料等研究器材。研学过程中常用的研究方法包括查阅文献法、实地考察法、问卷调查法、访问调查法和比较分析法等。还要负责指导学生进行可行性分析和进行时间、人员安排，最后需要引导学生完成研究报告、实物展示等形式的成果。

下面以“关于洛阳牡丹花诗词的时代背景及文化内涵的研究”这一案例来说明研究方案的具体内容。

（1）研究背景。

参加学校组织的“文化寻根中原行”主题活动，其中一项就是参观洛阳牡丹园，引起了学生对与牡丹花相关的诗词的关注，于是结合活动内容确定了研究课题。

牡丹是芍药科、芍药属植物，为多年生落叶小灌木，色泽艳丽，富丽堂皇，素有“花中之王”的美誉。牡丹品种繁多，牡丹花大而香，故又有“国色天香”之称。因此，自古以来牡丹花就受到文人墨客的青睐，关于牡丹花的诗词、歌赋、绘画作品更是数不胜数。经查阅文献，关于牡丹花诗词的研究主要是从牡丹的应用和对旅游业的发展等方面展开，而不同时代的诗词文化对比研究却很少涉及，因此从牡丹花诗词的时代背景和文化内涵等方面展开研究。

（2）研究目的。

查阅不同时代关于牡丹花的诗词，分析诗人创作牡丹花诗词的时代背景，体会不同时代的牡丹花诗词所蕴含的文化内涵。

（3）研究器材。

××品牌××型号的照相机或手机、××品牌××型号的电脑（互联网）、采访提纲、调查问卷、笔、记录本。

（4）研究内容及方法。

查阅文献法：从网上、书籍上查阅关于牡丹花及相关诗词的资料，了解洛阳牡丹在历史上的价值。实地考察法：在洛阳牡丹园观察牡丹的形貌特征，并拍摄不同牡丹花的照片。问卷调查法：在老师、同学、游客中随机发放问卷，了解他们眼中的洛阳牡丹花及其诗词文化。访问调查法：在洛阳本地走访不同年龄段的当地居民，了解他们眼中的牡丹花和当地的人文精神。比较分析法：将考察所得情况与网络查阅资料进行比较分析，将当地居民对牡丹花及诗词的文化内涵的理解与游客的观点进行比较分析，了解牡丹花具有的品质对当地人文精神的影响；将不同时代的诗词进行比较分析，了解其时代背景和文化内涵等。

（5）可行性分析。

学校组织“文化寻根中原行”主题活动其中一站是参观洛阳牡丹园，有机会接触到牡丹园中关于牡丹花的诗词介绍；有连接互联网的电脑可以查阅关于牡丹花的诗词及研究现状；从 4 月 26 日—5 月 13 日，有足够的时间可以完成该课题的研究内容；在课题的研究过程中有专业研学旅行指导师的指导。

（6）时间及人员安排。

时间及人员安排

阶段	时间	地点	内容	人员分配
准备阶段	4.26—5.2	学校	查阅资料、确定课题完成开题报告、设计调查问卷、准备采访提纲	
实施阶段	5.2—7	河南洛阳牡丹园	实地考察、访问调查、问卷调查	
总结阶段	5.8—13	学校	整理资料、比较分析、得出结论、撰写报告、牡丹花诗词鉴赏	

（7）预期成果。

完成一篇题为《关于洛阳牡丹花诗词的时代背景及文化内涵的研究》的研究报告；小组成员将研究过程和结论以 PPT 的形式汇报后，参加课题评选；小组成员每人至少掌握五首关于牡丹花的诗词。

从以上例子可以看出，研究性学习对研学旅行指导师提出了更高的要求。一方面，需要在研学旅行课程前做更多的准备工作；另一方面，在学生的探究过程中，指导师又必须面临和应对大量不可预期的、随机出现的问题，因此制订好科学可行的研究方案，掌握课题开题技巧、研究方法是研学旅行指导师应熟知的教学技能。

第二节　研学旅行指导师管理技能

研学旅行指导师是在一个开放的环境中组织实施研学旅行课程，而不是和传统教学一样在相对封闭的空间教授知识，这对研学旅行指导师的个人能力要求很高。研学旅行指导师不仅需要创新的教育思维，还需要有较强的组织实施能力和掌控能力。研学旅行指导师要在研学旅行过程中结合活动内容，通过一个个小的学习单元来逐渐实现总的研学主题，同时还要负责学生团队的日常管理工作。研学旅行指导师不仅仅是课程的设计者，同时也是学生在研学旅行过程中的引导者、研学活动的保障者。

研学旅行指导师的工作主体是学生，未成年、人数多是其最大的特点，所以指导师的管理技能显得尤为重要，作为研学旅行指导师必备的操作技能，可以依靠经验总结和长期练习获得。本节结合研学旅行实施的主要环节所要求的基本管理技能和方法进行阐述。

一、集合管理

组织集合时，研学旅行指导师必须亲力亲为，提前到场就位，提前勘察好组织集合的场地。研学旅行指导师应具备足够的风险预见性，组织集合时注意周边环境，必须规避危险地带。当学生人数较多，研学旅行指导师有必要配备口哨等工具，以提高工作效率和质量。

组织集合时，应以班或车为单位，主带研学旅行指导师负责控场，各研学旅行指导师积极配合。研学旅行指导师必须提前通知集合时间、地点，如场地不适合大团队集合，可以化整为零，分散组织集合，统计完人数，迅速通报主带研学旅行指导师，等待指令。

集合完毕后，主带研学旅行指导师要对集合效果进行点评，适度表扬或批评。研学旅行中，学生的组织集合频次较高，一定要提高效率，避免拖沓，决不能影响整个集体的研学旅行实践活动计划。

不同集合地点，集合的处理方式也不同。如在组织学生进出火车站时，针对火车站地方小、人多的特点，每个学生都有一个行李箱，组织集合的难度系数比较大，指导师要以班为单位组织集合，只要点清学生人数就可以带出站台，同时给学生提好要求，在乘坐电梯时，行李箱放在身后，以免滑落伤人[1]。

1　更多管理操作参见第四章第二节“研学旅行课程行中执行”部分。

二、站内管理

（一）进站管理

1. 通过安全检查的管理

研学旅行指导师下车后，第一时间到火车站安检口协调学生进站事宜，确认是否开通绿色通道。研学旅行指导师与学校教师进行责任分工，组织学生有序通过安检，研学旅行指导师须走在队伍前方，同时安排一位校方教师全程在队伍后方，进行收尾工作。

2. 乘坐电梯管理

乘坐电梯（扶梯）前，研学旅行指导师要做好提醒工作，同时要求校方的一位老师进行配合值守进站电梯（上下电梯口各一人），值守电梯的研学旅行指导师，离开本车或本班学生时，将学生安置好，交给本车校方老师监管，责任到人。通过电梯时，值守研学旅行指导师应做好学生之间保持一定距离，将行李箱放置身后，关注前方，不要玩手机，不要聊天等注意事项的提示。

3. 候车室管理

学生进入候车后，等待上车时，候车室人员比较杂，要将学生以班为单位组织在一起，不允许学生在候车室购买东西。上车前，如果有时间，可以组织学生提前上卫生间，指导师要和校方老师协调，一人看管学生，一人组织学生去卫生间。

4. 进站检票管理

指导师提前要与检票工作人员联系，协调学生检票事宜，确认是否开通绿色通道，沟通检票方式。

（二）出站管理

出站前必须以班为单位站台集合整队，清点人数。出站时，研学旅行指导师提前到达出站口对接相关车站工作人员，协调统一出站事宜。出站人员较多时，为避免与社会人员交叉出站，指导师可以组织学生等待其他旅客都出站后，再集体安排学生出站。

三、交通工具上管理

（一）火车上管理

火车上管理：火车行驶的过程中，研学旅行指导师要不定时在车厢内巡视并再次提醒学生车上安全事项，在每一个经停站都要有研学旅行指导师进行站台值守，防止学生中途下车；在行程中研学旅行指导师需提示上、中铺学生注意行动安全。卧铺行程时间较长，很多学生可能出现夜间更换服装，特别监督女同学不得穿着过于暴露的服装，如短裙等，一经发现，要求学生及时更换。学生贵重物品不要随意存放（如手机、钱包等），研学旅行指导师要进行夜间巡查，提醒学生个人背包需放在靠窗、靠近头部一侧，避免财产损失。提醒学生在火车上接开水时，一定要小心，不要倒满，避免烫伤。

在终点站下车时，到达目的地前 30 分钟，指导师提醒本车厢学生错峰去卫生间，避免人员扎堆拥堵，提前 15 分钟提醒学生将琐碎物品装包。指导师通知学生提前 10 分钟在车厢出口处排队等待下车，如果有其他乘客，指导师提醒学生让他们先下车，学生再次检查并带好行李物品后再下车，研学旅行指导师在最前端带领队伍，引导所有学生站台集合，如车厢较远并且分散，统一约定在一个车厢站台集合，集合方式以班为单位。

（二）旅游车上管理

研学旅行指导师要提醒学生注意上车安全，记清旅游车的车牌号码和标志，提前安排好晕车的同学坐在前排位置，留出导游专座。在行车过程中，要注意行车安全，车上必须统一系好安全带，放下侧扶手，整理好行李，研学旅行指导师逐一检查到位，清点人数到齐后方可发车。指导师要对学生提出乘车要求，不得随意走动，有特殊情况需通报研学旅行指导师，听从指挥。下车前，研学旅行指导师再次强调下车后的注意事项。有序下车，听从研学旅行指导师统一安排，不得推搡、打闹，研学旅行指导师负责安排另一位校方老师最后下车，辅助检查车上是否有遗留物品和滞留学生。研学旅行指导师负责引导学生到安全地带集合，待学生到齐后，迅速集合整队，清点人数。

四、酒店住宿管理

（一）入住管理

研学旅行指导师应对酒店情况十分了解，要与负责人员详细沟通酒店每个细节，包括：酒店地址及周边环境；是否有专用停车场；前台大厅面积；房间包含几个楼层；安全通道是否畅通；是否挂有争议性壁画；是否有开放性阳台；是否含有特殊房型；是否提供免费矿泉水；房间内是否有自费商品；每个房间几张房卡；早餐地点及楼层；早餐厅容纳人数；早餐形式（房卡、早餐券）等，并对接《入住酒店注意事项》包含内容。

前往酒店过程中，指导师要联系酒店告知将学生房卡提前准备好，在组织学生入住中，指导师要有安全意识，避免将所有学生集中在酒店大堂安排办理入住。指导师车辆到达酒店后，通知学生在车上等待，研学旅行指导师到酒店前台领取本车房卡，在车上发放房卡。学生下车后领取本人行李，直接入住，可以不再安排集合。指导师要非常熟悉酒店安全通道，并检查是否畅通，并提前告知学生熟悉安全逃离线路及演练和入住饭店的各项注意事项。

（二）分房管理

分房应由学校提前与研学旅行指导师进行沟通，按照校方需求，确定分房形式（按年级分房或按性别分房）。研学旅行指导师负责对接酒店，安排所有住宿房间（酒店需按楼层提供清晰的房间号）。研学旅行指导师按照校方需求分房，在分房中要尽量安排男女不同楼层，同班同楼层，如遇楼层差异，遵循男学生低楼层，女学生高楼层的原则进行分配。每层应至少有 1 位校方教师和研学旅行指导师入住（如有可能安排本班研学旅行指导师或安排同性别研学旅行指导师），当校方教师数量不够时，研学旅行指导师进行补位，禁止出现无研学旅行指导师管理楼层的情形。如遇到特殊房型时，要与校方沟通协调解决。研学旅行指导师应备份至少两份分房名单，待分房结束后，誊抄清楚，拍照发到工作群。

（三）查房管理

学生入住后，研学旅行指导师及时查房是非常重要的内容，也是非常谨慎的环节。在查房前，研学旅行指导师必须与校方老师沟通查房的形式，是否需要负责检查女生楼层，尊重校方教师的安排。负责查房值班的研学旅行指导师必须两人同时检查（禁止单人查房情况出现），研学旅行指导师查房时，必须统一工装，注意个人形象，与校方教师一起查房最佳。按照校方要求，仔细核对房间记录，避免敲错门，与其他住客发生不必要的冲突；可采用门外倾听的方式，如发现学生房间依然有大声喧哗、打牌、电视等噪声，敲门提示，进行制止。如果屡教不听，记录房号，通报校方老师，特别要注意处理态度。研学旅行指导师查房时，无特殊情况，异性研学旅行指导师禁止进入学生房间，保持适当距离；如遇特殊情况必须进入房间，首先通知校方老师，经过允许后一人进入，另一位研学旅行指导师在门外值守，且房门不能关闭；如遇房间内部设施问题，研学旅行指导师必须陪同酒店工作人员一同前往房间进行处理。

（四）退房管理

学生退房的时间比较集中，研学旅行指导师为确保退房时间，应提前做好学生的叫早工作，督促学生抓紧时间收拾行李，并提醒学生带齐所有物品。研学旅行指导师要在学生用早餐时收齐学生的房卡，指导师要提前准备好本班的学生房号登记表进行记录。退房后，通知酒店检查遗留物品时做好房间登记，根据时间情况决定是否当时发放房间遗留物品。如出现房间物品破损、丢失等情况，指导师要与学校教师一起与当事学生核实，如核实无误，须由学生自行照价赔偿，酒店开具收费证明，交由校方本班教师保管，避免后续产生不必要的纠纷。学生集合完毕后，统一上车再次清点人数，提醒检查证件物品等注意事项。

（五）研学基地课程执行管理

研学旅行指导师组织学生到达研学基地时，为确保课程执行的质量，指导师要提前与基地方沟通，并要求基地方的接待人员使用职业用语，非特殊情况，使用标准普通话。讲解用语职业、规范，禁止不健康的内容出现，禁止使用污言秽语，注意语言表达的专业性。讲解内容积极向上，树立正气，禁止出现野史、杜撰、神话、歪曲历史事实的内容。

研学旅行指导师在基地活动中应提醒学生带好胸卡、讲解接收器、耳机、研学手册、饮用水等。研学旅行指导师全程要跟紧本班队伍，负责组织、监管、提示学生不能脱离团队。如遇突发状况，需及时与校方沟通共同协商处理。在课程执行过程中，指导师要随时关注基地讲解员讲解内容，若出现重大问题应及时制止或干预。提醒本班学生认真听讲，保持安静，随时提醒学生关注个人财产安全。课程实施中，应该多关注学生的参与度，特殊情况可做适当引导。小范围解散参观时，需强调解散时间、集合时间、集合地点。学生如有特殊情况需要离队，可安排本班校方老师一同前往，禁止学生独自离开。研学基地或景区散客过多时，可提前告知校方老师辅助管理团队。

研学旅行中研学旅行指导师的组织与管理

——以“走进徽州”研学旅行活动为例

本次研学活动首先要做的是多方沟通后确定主题。研学旅行指导师对于学生在选点、选题研究过程中的组织管理是保证研学质量的前提。针对考察地点问题，首先向学校及家长进行研学考察地点征集，经过研学旅行指导师反复推敲及与旅行社的多次沟通后确定旅行考察地点，并共同挖掘考察地点的研学主题，最终确定徽州组研学考察的线路，其中涉及多个非常具有研究意义的研学景点，包括西递宏村古村落、徽字号、黄山风景区、呈坎、徽州文化博物馆等，研学过程为期 5 天。

对于缺乏经验的七年级学生来说，研学旅行指导师组织学生参与相关研学培训，并推荐阅读有关研学地点的文化介绍书籍。对于学生的研学技能培训，主要依托研学手册，该手册不仅涉及有关研究型学习的内涵、方法、一般步骤、研学案例，还涉及线路、景点等，同时涵盖了研究型学习的基本过程，包括研究的参考主题、开题报告、研究过程记录、结题报告等内容的基本框架，并附有关于研学地点的介绍。相关的技能培训、科学的研学手册指导，增强了学生的研学理论认识及对研学思路的认识。此外，经过研学旅行指导师们的精心挑选，确定了多本有关徽州文化的书籍，如《徽州文化十二讲》《皖南古村落》等，让学生的研究性学习更为深入，也为学生提供了更多的选题方向。

开题报告用文字体现该项研学的总体构想。在开题之前，研学旅行指导师遴选了多个有关徽州的参考研学主题，如世界文化遗产西递、宏村古村落的民俗文化研究、黄山不同海拔高度的植被分布种类研究等，组织小组参考学校提供的选题，结合自己的兴趣讨论确定，同时与研学旅行指导师讨论其可行性。为了保证开题报告的质量，每个小组都认真准备，全员参与。

其次是分组协作共同管理。学生是本次研学旅行的主角，做好学生、研学旅行指导师的组织和协调管理工作必不可少。在行程确定后，班主任在本班级以及家长群发布“探究大美中国——走近徽州”研学旅行活动启事，组织学生以学习小组的形式进行报名，每个班级筛选出 4~5 人参与徽州组研学活动，并以班级为单位成立研学小组，共 10 个小组，研学旅行指导师 5 人，出发地导游 1 人，当地导游 1 人。为了提高学生的组织管理效率，每个研学旅行指导师负责对 2 个较为熟悉的小组进行指导和管理，同时研学旅行指导师将权力下放，选举出小组长，进行综合协调，针对研学过程中电子产品的监控、团队协作、文明礼仪、就寝情况、研学态度、任务完成情况等模块，分别由不同组员负责，让每个人都有事可做，共同管理，保证研学组织管理的质量。

在研学过程中会有很多研学旅行指导师与学生的沟通管理方面的问题，如何提高学生和研学旅行指导师的沟通效率，减少沟通障碍显得非常重要。可以缩小指导范围，各司其职，研学过程中每个研学旅行指导师固定指导 2 个小组，学生有任何小组长不能协调的情况，首先向自己的研学旅行指导师汇报。此外，关注电话与 QQ 沟通平台，及时进行有效沟通。

案例：在黄山景区，由于是周末，景区非常拥挤，研学旅行指导师无法与所有人及时沟通。可以采取的措施是强调小组集体参观，组长和小组安全员负责成员的安全及集体行动。对于部分学生掉队的情况，研学旅行指导师和学生可以通过电话以及 QQ 群进行及时联系，确定集合地点。除了与学生的沟通，研学旅行指导师与家长的有效沟通也是必不可少的一环。“儿行千里母担忧”，在研学的过程中，一方面家长和学生可以通过电话进行及时沟通，这样可以让家长了解学生在研学过程中的收获与感受等，另一方面研学旅行指导师与家长的沟通也是促进形成教育合力的关键。互动理论认为，一方的反应取决于另一方所说、所做的程度，且沟通的效果取决于双方所做出的努力。所以，为了促进研学过程中沟通的效果，建立研学家长群非常必要。研学旅行指导师不但可以将研学过程记录的照片上传家长群，而且可以将研学当天学生的优缺点进行总结，发到家长群，让家长了解学生研学过程，进一步支持学校及研学旅行指导师的工作，与研学旅行指导师形成合力。

在研学过程中，学生的安全问题是研学旅行指导师在组织管理过程中首先要考虑的问题。安全问题包括很多方面，如生命安全、身体安全、财物安全、饮食安全等。外出不比在学校，可能会有很多安全隐患。良好的安全培训、规则意识培训是保证研学活动顺利开展的前提。对此，在行前对学生进行出行前的安全教育是防患于未然的有效方法。在研学途中，带队研学旅行指导师针对乘车、住宿、饮食、参观等方面的情况，对学生进行专题培训。例如，研学旅行指导师如何组织学生安全有序过马路；学生喜欢在景区买存在安全隐患的零食吃，造成部分同学拉肚子，如何处理；在景区出现钱包丢失的情况等。针对这些情况，一方面研学旅行指导师应提前做好安全教育，研学旅行指导师之间相互提醒，做好防范；另一方面，研学旅行指导师在当天的研学总结时，提醒学生采取措施，避免发生类似情况，并要求同学们相互鼓励和帮扶。同时提醒学生在遇到安全问题时，应该及时与研学旅行指导师保持联系。在研学途中，容易出现一些突发事件，应做好对突发事件的处理，讲求实效，防止其成为更严重事件的导火索。学生之间的矛盾往往起源于日常生活中的一些小事，如果处理不当往往会造成严重的后果，需要研学旅行指导师及时参与协调管理。

复习与思考

一、简答题

1. 请简述研学旅行指导师在火车上与旅游车上的管理重点。

2. 作为一名研学旅行指导师，如何进行快速、有效地进行分房?

3. 研学旅行指导师如何快速地组织全班同学拍摄集体照?

4. 研学旅行指导师在组织学生进行开题时应注意哪些方面? 请结合具体案例进行说明。

5. 依据体验式教学法的基本原则和操作程序，以博物馆为例，简述如何运用体验式教学法。

二、案例分析

某研学旅行企业组织学生开展研学旅行活动，在乘坐火车出站时，由于出站人员比较多，研学旅行指导师要求学生排好两纵队，集体乘坐电梯出站，为了避免走丢，同时提醒学生不要让其他人员插入队伍。由于学生队伍比较长，且不允许插队，一些社会人员又急于出站，就与研学旅行指导师发生了口角冲突，指责老师不懂教育学生尊重老人，让老人等太久不能出站。

请结合研学旅行指导师的管理技能，简要阐述如何处理以上事件，以及如何化解这样的矛盾冲突。

第六章　研学旅行指导师相关知识

不同教学时间和空间、不同的教学资源和内容、不同的教学组织和方法，对研学旅行指导师提出的要求不同，研学旅行指导师需要尽可能多地掌握与研学旅行相关的法律法规知识、心理学知识、教育学知识、营地教育知识、博物馆教育知识及安全教育等知识。

研学旅行指导师关联知识可以利用文献索引法从法律法规、心理学、社会学、教育学等中获取，并且需要融会贯通、总结提升为开展研学旅行的通用知识。研学旅行指导师相关知识从类别上可分为简单知识和复杂知识、独有知识和共有知识、具体知识和抽象知识、显性知识和隐性知识等，研学旅行指导师在认知层面要明白：作为指导师需要不断地系统学习相关理论，对知识进行汲取转化，结合研学实践，才能内化为研学旅行指导师过硬的能力。

第一节　法律法规知识

中小学生属于未成年人，研学旅行指导师在开展研学旅行活动前，需要对相关的法律法规知识进行学习与了解，通过阅读、听讲、研究、观察、理解、探索等方法获得。对于中小学生来说，专门保护他们的法律主要有《中华人民共和国未成年人保护法》《中华人民共和国义务教育法》《中华人民共和国预防未成年人犯罪法》，与之相关的法律主要有《中华人民共和国侵权责任法》《中华人民共和国刑法》《中华人民共和国民法通则》等，作为一名研学旅行指导师需要熟知相关的法律法规，下面就其中与研学旅行比较密切的法律条款和标准进行重点提炼和汇总。

一、中华人民共和国未成年人保护法[1]

作为研学旅行指导师关联法律法规知识中的中华人民共和国未成年人保护法部

1　中华人民共和国未成年人保护法 [M]. 北京：法律出版社，2012.

分，以下法条内容需每一位研学从业者熟知。

（一）总则

第四条　国家、社会、学校和家庭对未成年人进行理想教育、道德教育、文化教育、纪律和法制教育，进行爱国主义、集体主义和社会主义的教育，提倡爱祖国、爱人民、爱劳动、爱科学、爱社会主义的公德，反对资本主义的、封建主义的和其他的腐朽思想的侵蚀。

（二）学校保护

第一条　学校应当全面贯彻国家的教育方针，实施素质教育，提高教育质量，注重培养未成年学生独立思考能力、创新能力和实践能力，促进未成年学生全面发展。

第二条　学校应当尊重未成年学生受教育的权利，关心、爱护学生，对品行有缺点、学习有困难的学生，应当耐心教育、帮助，不得歧视，不得违反法律和国家规定开除未成年学生。

第三条　学校应当根据未成年学生身心发展的特点，对他们进行社会生活指导、心理健康辅导和青春期教育。

第四条　学校应当与未成年学生的父母或者其他监护人互相配合，保证未成年学生的睡眠、娱乐和体育锻炼时间，不得加重其学习负担。

第五条　学校、幼儿园、托儿所的教职员工应当尊重未成年人的人格尊严，不得对未成年人实施体罚、变相体罚或者其他侮辱人格尊严的行为。

第六条　学校、幼儿园、托儿所应当建立安全制度，加强对未成年人的安全教育，采取措施保障未成年人的人身安全。学校、幼儿园、托儿所不得在危及未成年人人身安全、健康的校舍和其他设施、场所中进行教育教学活动。学校、幼儿园安排未成年人参加集会、文化娱乐、社会实践等集体活动，应当有利于未成年人的健康成长，防止发生人身安全事故。

第七条　教育行政等部门和学校、幼儿园、托儿所应当根据需要，制定应对各种灾害、传染性疾病、食物中毒、意外伤害等突发事件的预案，配备相应设施并进行必要的演练，增强未成年人的自我保护意识和能力。

第八条　学校对未成年学生在校内或者本校组织的校外活动中发生人身伤害事故的，应当及时救护，妥善处理，并及时向有关主管部门报告。

（三）社会保护

第四条　爱国主义教育基地、图书馆、青少年宫、儿童活动中心应当对未成年人免费开放；博物馆、纪念馆、科技馆、展览馆、美术馆、文化馆以及影剧院、体育场馆、动物园、公园等场所，应当按照有关规定对未成年人免费或者优惠开放。

第八条　禁止任何组织、个人制作或者向未成年人出售、出租或者以其他方式传播淫秽、暴力、凶杀、恐怖、赌博等毒害未成年人的图书、报刊、音像制品、电子出版物以及网络信息等。

第十一条　禁止向未成年人出售烟酒，经营者应当在显著位置设置不向未成年人出售烟酒的标志；对难以判明是否已成年的，应当要求其出示身份证件。

任何人不得在中小学校、幼儿园、托儿所的教室、寝室、活动室和其他未成年人集中活动的场所吸烟、饮酒。

第十三条　任何组织或者个人不得披露未成年人的个人隐私。

对未成年人的信件、日记、电子邮件，任何组织或者个人不得隐匿、毁弃；除因追查犯罪的需要，由公安机关或者人民检察院依法进行检查，或者对无行为能力的未成年人的信件、日记、电子邮件由其父母或者其他监护人代为开拆、查阅外，任何组织或者个人不得开拆、查阅。

第十四条　学校、幼儿园、托儿所和公共场所发生突发事件时，应当优先救护未成年人。

二、中华人民共和国预防未成年人犯罪法 [1]

作为研学旅行指导师关联法律法规知识中的中华人民共和国预防未成年人犯罪法部分，以下法条内容需每一位研学从业者特别重视并遵照执行。

第十五条　未成年人的父母或者其他监护人和学校应当教育未成年人不得吸烟、酗酒。任何经营场所不得向未成年人出售烟酒。

第十六条　中小学生旷课的，学校应当及时与其父母或者其他监护人取得联系。

1　中华人民共和国预防未成年人犯罪法 [M]. 北京：中国法制出版社，2012.

未成年人擅自外出夜不归宿的，其父母或者其他监护人、其所在的寄宿制学校应当及时查找，或者向公安机关请求帮助。收留夜不归宿的未成年人的，应当征得其父母或者其他监护人的同意，或者在二十四小时内及时通知其父母或者其他监护人、所在学校或者及时向公安机关报告。

第十九条　未成年人的父母或者其他监护人，不得让不满十六周岁的未成年人脱离监护单独居住。

三、中华人民共和国教育法 [1]

作为研学旅行指导师关联法律法规知识中的中华人民共和国教育法部分，以下法条内容需每一位研学从业者理解。

第二十七条　设立学校及其他教育机构，必须具备下列基本条件：

（一）有组织机构和章程；

（二）有合格的教师；

（三）有符合规定标准的教学场所及设施、设备等；

（四）有必备的办学资金和稳定的经费来源。

第二十八条　学校及其他教育机构的设立、变更和终止，应当按照国家有关规定办理审核、批准、注册或者备案手续。

第二十九条　学校及其他教育机构行使下列权利：

（一）按照章程自主管理；

（二）组织实施教育教学活动；

（三）招收学生或者其他受教育者；

（四）对受教育者进行学籍管理，实施奖励或者处分；

（五）对受教育者颁发相应的学业证书；

（六）聘任教师及其他职工，实施奖励或者处分；

（七）管理、使用本单位的设施和经费；

1　中华人民共和国教育法 [M]. 北京：中国法制出版社，2015.

（八）拒绝任何组织和个人对教育教学活动的非法干涉；

（九）法律、法规规定的其他权利。

国家保护学校及其他教育机构的合法权益不受侵犯。

第三十条 学校及其他教育机构应当履行下列义务：

（一）遵守法律、法规；

（二）贯彻国家的教育方针，执行国家教育教学标准，保证教育教学质量；

（三）维护受教育者、教师及其他职工的合法权益；

（四）以适当方式为受教育者及其监护人了解受教育者的学业成绩及其他有关情况提供便利；

（五）遵照国家有关规定收取费用并公开收费项目；

（六）依法接受监督。

第四十一条 从业人员有依法接受职业培训和继续教育的权利和义务。

国家机关、企业事业组织和其他社会组织，应当为本单位职工的学习和培训提供条件和便利。

第五十一条 图书馆、博物馆、科技馆、文化馆、美术馆、体育馆（场）等社会公共文化体育设施，以及历史文化古迹和革命纪念馆（地），应当对教师、学生实行优待，为受教育者接受教育提供便利。

第五十二条 国家、社会建立和发展对未成年人进行校外教育的设施。

学校及其他教育机构应当同基层群众性自治组织、企业事业组织、社会团体相互配合，加强对未成年人的校外教育工作。

第五十三条 国家鼓励社会团体、社会文化机构及其他社会组织和个人开展有益于受教育者身心健康的社会文化教育活动。

第八十三条 违反本法规定，侵犯教师、受教育者、学校或者其他教育机构的合法权益，造成损失、损害的，应当依法承担民事责任。

四、中华人民共和国侵权责任法[1]

侵权责任法明确规定了精神损害赔偿，这是我国法律中第一次明确精神损害赔偿。作为研学旅行指导师关联法律法规知识中的中华人民共和国侵权责任法部分，以下法条内容需每一位研学从业者理解。

第二十二条　侵害他人人身权益，造成他人严重精神损害的，被侵权人可以请求精神损害赔偿。

第三十七条　宾馆、商场、银行、车站、娱乐场所等公共场所的管理人或者群众性活动的组织者，未尽到安全保障义务，造成他人损害的，应当承担侵权责任。因第三人的行为造成他人损害的，由第三人承担侵权责任；管理人或者组织者未尽到安全保障义务的，承担相应的补充责任。

第三十八条　无民事行为能力人在幼儿园、学校或者其他教育机构学习、生活期间受到人身损害的，幼儿园、学校或者其他教育机构应当承担责任，但能够证明尽到教育、管理职责的，不承担责任。

第三十九条　限制民事行为能力人在学校或者其他教育机构学习、生活期间受到人身损害，学校或者其他教育机构未尽到教育、管理职责的，应当承担责任。

第四十条　无民事行为能力人或者限制民事行为能力人在幼儿园、学校或者其他教育机构学习、生活期间，受到幼儿园、学校或者其他教育机构以外的人员人身损害的，由侵权人承担侵权责任；幼儿园、学校或者其他教育机构未尽到管理职责的，承担相应的补充责任。

五、中华人民共和国旅游法[2]

作为研学旅行指导师关联法律法规知识中的中华人民共和国旅游法部分，以下法条内容需每一位研学从业者熟知和理解。

第五十三条　从事道路旅游客运的经营者应当遵守道路客运安全管理的各项制

1　中华人民共和国侵权责任法 [M]. 北京：中国法制出版社，2015.

2　中华人民共和国旅游法 [M]. 北京：中国法制出版社，2018.

度，并在车辆显著位置明示道路旅游客运专用标识，在车厢内显著位置公示经营者和驾驶人信息、道路运输管理机构监督电话等事项。

第五十四条　景区、住宿经营者将其部分经营项目或者场地交由他人从事住宿、餐饮、购物、游览、娱乐、旅游交通等经营的，应当对实际经营者的经营行为给旅游者造成的损害承担连带责任。

第七十九条　旅游经营者应当严格执行安全生产管理和消防安全管理的法律、法规和国家标准、行业标准，具备相应的安全生产条件，制定旅游者安全保护制度和应急预案。旅游经营者应当对直接为旅游者提供服务的从业人员开展经常性应急救助技能培训，对提供的产品和服务进行安全检验、监测和评估，采取必要措施防止危害发生。旅游经营者组织、接待老年人、未成年人、残疾人等旅游者，应当采取相应的安全保障措施。

第一百零六条　景区违反本法规定，擅自提高门票或者另行收费项目的价格，或者有其他价格违法行为的，由有关主管部门依照有关法律、法规的规定处罚。

第一百一十一条　本法下列用语的含义：

（一）旅游经营者，是指旅行社、景区以及为旅游者提供交通、住宿、餐饮、购物、娱乐等服务的经营者。

（二）景区，是指为旅游者提供游览服务、有明确的管理界限的场所或者区域。

（三）包价旅游合同，是指旅行社预先安排行程，提供或者通过履行辅助人提供交通、住宿、餐饮、游览、导游或者领队等两项以上旅游服务，旅游者以总价支付旅游费用的合同。

（四）组团社，是指与旅游者订立包价旅游合同的旅行社。

（五）地接社，是指接受组团社委托，在目的地接待旅游者的旅行社。

（六）履行辅助人，是指与旅行社存在合同关系，协助其履行包价旅游合同义务，实际提供相关服务的法人或者自然人。

六、中华人民共和国食品安全法 [1]

作为研学旅行指导师关联法律法规知识中的中华人民共和国食品安全法部分，以下法条内容需每一位研学从业者熟知。

第五十五条　餐饮服务提供者应当制定并实施原料控制要求，不得采购不符合食品安全标准的食品原料。倡导餐饮服务提供者公开加工过程，公示食品原料及其来源等信息。餐饮服务提供者在加工过程中应当检查待加工的食品及原料，发现有本法第三十四条第六项规定情形的，不得加工或者使用。

第五十六条　餐饮服务提供者应当定期维护食品加工、贮存、陈列等设施、设备；定期清洗、校验保温设施及冷藏、冷冻设施。餐饮服务提供者应当按照要求对餐具、饮具进行清洗消毒，不得使用未经清洗消毒的餐具、饮具；餐饮服务提供者委托清洗消毒餐具、饮具的，应当委托符合本法规定条件的餐具、饮具集中消毒服务单位。

第五十七条　学校、托幼机构、养老机构、建筑工地等集中用餐单位的食堂应当严格遵守法律、法规和食品安全标准；从供餐单位订餐的，应当从取得食品生产经营许可的企业订购，并按照要求对订购的食品进行查验。供餐单位应当严格遵守法律、法规和食品安全标准，当餐加工，确保食品安全。学校、托幼机构、养老机构、建筑工地等集中用餐单位的主管部门应当加强对集中用餐单位的食品安全教育和日常管理，降低食品安全风险，及时消除食品安全隐患。

第五十八条　餐具、饮具集中消毒服务单位应当具备相应的作业场所、清洗消毒设备或者设施，用水和使用的洗涤剂、消毒剂应当符合相关食品安全国家标准和其他国家标准、卫生规范。餐具、饮具集中消毒服务单位应当对消毒餐具、饮具进行逐批检验，检验合格后方可出厂，并应当随附消毒合格证明。消毒后的餐具、饮具应当在独立包装上标注单位名称、地址、联系方式、消毒日期以及使用期限等内容。

第六十七条　预包装食品的包装上应当有标签。标签应当标明下列事项：

（一）名称、规格、净含量、生产日期；

1　中华人民共和国食品安全法 [M]．北京：中国法制出版社，2019.

（二）成分或者配料表；

（三）生产者的名称、地址、联系方式；

（四）保质期；

（五）产品标准代号；

（六）贮存条件；

（七）所使用的食品添加剂在国家标准中的通用名称；

（八）生产许可证编号；

（九）法律、法规或者食品安全标准规定应当标明的其他事项。

七、学生伤害事故处理办法[1]

我国的大中小学共有两亿多名在校学生，是一个相当庞大的社会群体，保障在校学生的人身安全是维护学生的合法权益、保障学校教育教学正常秩序的重要方面。教育部已经相继颁布了十多项有关学校安全工作的政策法规，其中，中华人民共和国教育部令第 12 号《学生伤害事故处理办法》是根据《中华人民共和国教育法》《中华人民共和国未成年人保护法》和其他相关法律、行政法规及有关规定制定的，自 2002 年 9 月 1 日起施行。本办法是推动教育领域的法制建设，构建有关学校安全的法律、制度框架的重要组成部分，对学生在校期间所发生的人身伤害事故的预防与处理做出了具体规范，共分为总则、事故与责任、事故处理程序、事故损害的赔偿、事故责任者的处理及附则 6 章共 40 条。主要目的在于指导和帮助教育行政部门、各级各类学校积极预防、妥善处理学生伤害事故。作为研学旅行指导师不仅要熟悉和掌握本法规，而且应重视并遵照执行，特别是下列条款。

第九条　因下列情形之一造成的学生伤害事故，学校应当依法承担相应的责任：

（四）学校组织学生参加教育教学活动或者校外活动，未对学生进行相应的安全教育，并未在可预见的范围内采取必要的安全措施的；

（五）学校知道教师或者其他工作人员患有不适宜担任教育教学工作的疾病，但

1　http://www.moe.gov.cn/.

未采取必要措施的；

（七）学生有特异体质或者特定疾病，不宜参加某种教育教学活动，学校知道或者应当知道，但未予以必要的注意的；

（九）学校教师或者其他工作人员体罚或者变相体罚学生，或者在履行职责过程中违反工作要求、操作规程、职业道德或者其他有关规定的；

（十）学校教师或者其他工作人员在负有组织、管理未成年学生的职责期间，发现学生行为具有危险性，但未进行必要的管理、告诫或者制止的。

第十一条　学校安排学生参加活动，因提供场地、设备、交通工具、食品及其他消费与服务的经营者，或者学校以外的活动组织者的过错造成的学生伤害事故，有过错的当事人应当依法承担相应的责任。

第十五条　发生学生伤害事故，学校应当及时救助受伤害学生，并应当及时告知未成年学生的监护人；有条件的，应当采取紧急救援等方式救助。

第十六条　发生学生伤害事故，情形严重的，学校应当及时向主管教育行政部门及有关部门报告；属于重大伤亡事故的，教育行政部门应当按照有关规定及时向同级人民政府和上一级教育行政部门报告。

第三十一条　学校有条件的，应当依据保险法的有关规定，参加学校责任保险。

教育行政部门可以根据实际情况，鼓励中小学参加学校责任保险。

提倡学生自愿参加意外伤害保险。在尊重学生意愿的前提下，学校可以为学生参加意外伤害保险创造便利条件，但不得从中收取任何费用。

第三十二条　发生学生伤害事故，学校负有责任且情节严重的，教育行政部门应当根据有关规定，对学校的直接负责的主管人员和其他直接责任人员，分别给予相应的行政处分；有关责任人的行为触犯刑律的，应当移送司法机关依法追究刑事责任。

第三十九条　其他教育机构发生的学生伤害事故，参照本办法处理。在学校注册的其他受教育者在学校管理范围内发生的伤害事故，参照本办法处理。

八、研学旅行相关标准

（一）研学旅行服务规范

为了规范研学旅行服务流程，提升服务质量，引导和推动研学旅行健康发展，原国家旅游局发布国家旅游局公告（2016 年 37 号），颁布了适用于中华人民共和国境内组织开展研学旅行活动的旅行社和教育机构的《研学旅行服务规范》（LB/T 054—2016）行业标准，并于 2017 年 5 月 1 日起实施。《研学旅行服务规范》中规定了研学旅行服务的术语和定义、总则、服务提供方基本要求、人员配置、研学旅行产品、研学旅行服务项目、安全管理、服务改进和投诉处理。作为研学旅行指导师，研学旅行服务规范内全部内容均需每一位研学从业者重视并理解（具体内容见附件）。

（二）研学旅行指导师（中小学）专业标准

研学旅行指导师（中小学）专业标准（T/ CATS 001—2019）由全中国旅行社协会、高校毕业生就业协会发起，是全国旅游行业首个团体标准，在全国团体标准信息平台（www.ttbz.org.cn）公布，于 2019 年 3 月 1 日实施。该标准对研学旅行指导师的四个维度（态度、知识、技能、发展）、十个方面、三十八项专业素养提出了基本要求，使研学旅行指导师在实施研学旅行教育活动时有了基本的准则，对引领研学旅行指导师的专业发展，以及研学旅行指导师的培养、准入、培训、考核等工作具有重要意义（具体内容见附件）。

第二节　青少年心理学知识

作为一名合格的研学旅行指导师需要对心理学知识进行研习，尤其是青少年发展心理学这类知识。参与研学旅行的青少年在这个年龄阶段的特点是情绪、情感强烈，有明显的两极性，或是激动、振奋，显得十分热情；或是动怒，感到泄气，变得消沉起来。青少年的情绪不稳定具有波动性的特点，使得他们容易从一个极端走向另一个极端。当遇到顺利的情境时，就显得格外兴致勃勃，充满各种幻想；当他们在研学旅行活动中遇到挫折时，会对所参与的研学课程提不起兴趣，甚至出现沮丧、灰心的情绪。自我意识危机、社会适应危机、情绪发展危机、个性发展的危机等都在青少年发展心理学中有所体现，因此，作为研学旅行指导师，必须对青少年的生理变化与心理发展有所了解，同时就青少年情绪和情感的发展、家庭原生亲子关系等深入了解和学习，提升心理学知识素养，才能保障研学旅行顺利高效开展。

本节针对此类型知识的学习，特别整理了国内知名学者的研究专著，供各位研学旅行从业者参考研习。

作为高校心理学、教育学等专业使用的《发展心理学》（第三版），为林崇德教授所著，有助于研学旅行指导师建立起发展心理学的知识体系，尤其是书中论述的发展心理学的研究内容、发展历史、主要理论、研究方法等基本问题。作为个体的人在胎儿期、婴儿期、幼儿期、儿童期、青少年期、成年早期、成年中期和成年晚期的心理发展特点和规律在书中有翔实的描述，可以作为研学旅行课程设计中学情分析的重要参考依据。林崇德教授的《中学生心理学》这本专著，通过阐述中学生心理发展的基本规律，从学习、言语、思维、观察、记忆与想象、社会性、情感、意志、理想、动机、兴趣与价值观、性格、品德、网络心理、心理健康与心理卫生、人际关系及创新心理等诸多方面详细介绍了中学生的心理发展特点与现状。该书纳入了前沿的心理学研究资料，通过许多心理学实验和教育实例可以为研学旅行指导师走进中学生的心理世界、提高研学旅行中教学的效率、开展学生心理健康引导提供很好的帮助。

同样作为心理学知识研习的专著，世界著名发展心理学大师费尔德曼教授的代表作《儿童发展心理学》由苏彦捷教授领衔翻译。该书为哈佛大学等 200 多所美国高校采用的心理学经典教材，特别适合研学旅行指导师尤其是负责课程研发与执行的指导师去研读。书中以发展阶段为线索，内容涵盖胎儿期、婴儿期、幼儿期、学龄前期、童年中期和青春期阶段，每一个阶段着重关注生理、认知、社会性及人格四个方面的发展。

对于研学旅行课程执行中心理学的应用，冯忠良教授的《教学新论——结构化与定向化教学心理学原理》是很好的知识研习教材。全书的理论篇，在回顾教学中面临的问题以及教学改革经验教训的基础上，探讨了结构化与定向化教学思想体系和研究概况；同时探讨了教学心理学的理论基础；学生学习的基本规律，即知识及其掌握规律、操作技能及其形成规律、心智技能及其形成规律、社会规范及其接受规律、学习的动机及积极性的形成、发展规律、学习的迁移规律；以及对教学的设计与考评。实践篇中主要为结构化与定向化教学心理学原理在智育心理、德育心理、技术培训心理方面的应用。

第三节　教育教学知识

研学旅行是以教育为导向的综合实践活动，作为一名合格的研学旅行指导师需要对教育学知识进行专门研习，尤其是青少年教育学相关联的知识。针对此类型知识的学习，我们整理了国内知名学者的研究专著，供各位研学旅行从业者参考研习。

《课程与教学的基本原理》是被誉为“现代课程理论之父”的教育学家泰勒的经典著作，该书由罗康和张阅译著，是迄今为止课程领域最有影响的著作之一，被奉为“现代课程理论的‘圣经’”。书中提出的四个基本问题，构成了考察课程与教学问题的基本原理，既为课程开发提供了坚实的理论基础，又为现代课程研究开创了范式。

《教育学》（第七版）一书是由王道俊教授编写的全国通用的高校教育学公共课教材。该书有16章内容，先从教育的概念引出，通过教育与人的发展、教育与社会发展两个章节的说明，引发对教育目的、教育制度、课程、教学（上、中、下）、德育、美育、体育的论述，同时用了一个章节专门对综合实践活动做了阐释，最后就教学执行者班主任、教师以及教学机构的学校管理做了解读，值得每一位教育工作者研读。

《课程理论：课程的基础原理与问题》一书为施良方教授所著，该书在梳理课程理论的历史和现状之后，重点论述了课程的三大基础学科对课程理论的影响和意义，课程编制的要素、过程及原理几种主要课程编制模式的理论和特点，课程理论的基本问题及发展趋势四方面的基本问题。内容涉及课程与心理学、课程与社会学、课程与哲学、课程目标、课程内容、课程实施、课程评价、过程模式、实践模式、批判模式、课程理论与研究、课程理论的构建、课程的基础问题、课程的未来。

顾明远教授的《比较教育》（第五版）一书主要内容包括各国学制述要、学前教育比较、义务教育比较、普通中等教育比较、职业技术教育比较、高等教育比较、师范教育比较、教育管理比较、回顾与展望等，为“十二五”普通高等教育本科规划教材、高等学校文科教材，全面、系统地论述了比较教育学科的基本知识和研究成果，并反映了进入21世纪以来世界各国教育改革和发展的历程和趋势，对教育教学人员尤其是当下新生力量——研学旅行指导师在教育管理工作中有较大帮助。

林崇德教授所著《教育的智慧——写给中小学教师》一书，以严密的逻辑、流畅的文字、通俗易懂的事例，从理论与实际相结合的高度上对素质教育进行了深入探讨。该书从教师职业的价值、教师的素质、学生的特点、智育与德育、建构各种学科能力、探索德育中品德形成的机制、班主任工作、非智力因素的培养、做学生的保健医、全面发展和学有特色等诸多方面，向我们展示了新世纪教师的必备素质，并明确提出了发展学生的智力与能力，应该从培养思维品质入手；教师参加教科研，是提高自身素质的重要途径；教育的重点应放在学生非智力因素的培养上等脍炙人口、启人心智的感悟。既为教师的成长与发展提供了科学依据，也为学校教育工作者提供了实践指导。

傅建明教授编制的《教育学基础》（中学）为教师教育“课证融合”系列教材编委会编著的教材丛书之一，该书将传统的“教育基础”课程固有的知识框架结合国家教师资格考试内容，进行整合重组，从教育的产生与发展、学校的产生与发展、教育与社会发展、教育与人的发展、教育目的与培养目标、中学课程、中学教学、中学德育、中学教师、班级管理 10 个方面进行知识的介绍。书中内容强调学科知识与原理的系统介绍，也重视资格考试知识点的梳理与解释，更加关注教育教学能力的培养与问题解决能力的形成。

第四节　营地教育知识

营地教育起源于美国，至今已有 150 多年历史，它是基于营地中的一种创新的教育形式，营员通过在营地的生活和体验式的活动，实现受教育的目的。目前营地教育没有统一的概念，无论何种营地形式，它们共同的特点是体验式学习，通过富有创造性的营地活动，让青少年“有目的地玩”和“深度探索自己”。营地教育是学校教育的有效补充和延伸，是以教育学和发展心理学等跨学科理论与实践为依据，鼓励和引导青少年发现潜能，培养他们合作共赢所需的意识与能力，如沟通交流能力、领导力、生存能力、服务精神等。

目前我国营地基地按性质和内容可以分为青少年教育基地（如爱国主义教育示范

基地）、青少年活动营地、农村社会实践基地、科普教育基地、国防教育基地（如少年军校）、少年儿童野外营地、青少年户外体育活动营地等类型。教育部在2017—2018年连续公布了两批共40个全国中小学生研学实践教育营地和581个基地，各省、市也评定了各级中小学生研学实践教育营地（基地）。作为一名研学旅行从业者，特别是营地（基地）研学旅行指导师，需要着重了解营地（基地）各类知识。

中国定向运动协会拓展与露营委员会吴军生主任编著的《户外教育教程》是国内中文版为数不多的营地教育指导参考书，该书分为3篇共6章，分别为理论篇、实操篇和延伸篇，主要内容包括户外教育的理论基础、户外教育风险管理、户外教育教学与实施、常见户外活动技能指导、户外教育营地和传统户外训练项目。图文并茂、系统地介绍了徒步健行、野外生存、拓展训练、定向运动、攀岩运动、登山运动、漂流运动、山地自行车、跑酷运动、户外运动及其健身指导方法，其中基础性与前沿性相结合、知识性与技能性相结合、原理性与可操作性相结合的理念特别值得研学旅行指导师效仿。

《营地建设与管理》一书由国家体育总局青少年体育司和中国登山协会共同编著出版，其结合国际青少年户外营地发展的经验，根据我国青少年户外营地建设与管理的需求编写而成。全书共分4章，主要内容包括青少年户外营地的建设、青少年户外营地的管理、青少年户外营地的运营、青少年户外营地的风险管理等，该书用作研学实践营地研学旅行指导师的培训外延参考书是特别好的补充。

《营地指导员基础教程》一书由国家体育总局青少年体育司和中国登山协会共同编著出版，其主要内容包括营地教育概述，营地青少年的成长与发展，营地教育的原理与方法，营地指导员的动机、态度与行为，营地指导员的领导力与团队管理，营地活动的设计、组织、实施与评估，营地活动的风险管理等，该书用作研学实践营地研学旅行指导师的培训参考书是特别好的补充。

翻译版《儿童自然体验活动指南》是帕蒂·博恩·塞利（Patty Born Selly）的著作。该书的内容涉及动植物、食物、垃圾回收、水、空气、天气、能源、身体健康、环保等方面，既包括相关理念的阐述，也包括116个适合儿童开展的游戏活动，每个活动都说明了适宜的年龄、活动目标，与美国科学教育标准有效衔接，具有较强的实践性、指导性，是不可多得的作为研学旅行中自然生态研学教育教学参考资源。另外，该书的每一章都阐述一个具有普遍性和重要意义的环境主题，包括减少垃圾、废物回收、空气质量、天气、气候变化、节约能源等，并提供一些相关信息，说明如何根据青少年发展的阶段性特点把这些主题内容通过适宜的方式呈现给他们，这些主题也是当前阶段开展绿色生态研学旅行非常值得参考学习的教材内容，同时可以思考我们的研学旅行课程如何与中小学科学课标进行衔接。

第五节　博物馆教育知识

博物馆是人类记忆和传承文明的重要方式，通过展示藏品和实物来体现文化财产属于全社会的一种概念。它对于人的精神享受、视野的扩宽和修养的提高，以及人文与科学的传承等方面，都有着重要和独特的作用。博物馆已成为研学旅行的重要资源和基地，博物馆教育具有实物性、直观性、自主性、社会性、寓教于乐等特点。实物性是指博物馆以形象化的文物、标本反映出科学的内容和事物的面貌；直观性是指博物馆利用文物、标本以及其他辅助展品组成的展览为观众创造从直观上、感性上认识事物的条件；自主性是指博物馆可根据社会需要和馆藏特点来办展览，观众可据其所需、所好来汲取知识；社会性是指博物馆参观不受出身、性别、职业、民族、文化程度的限制，因而具有最广泛的社会性；寓教于乐是指博物馆的教育活动把知识、娱乐融于一体，寓教育于娱乐之中，如参观航天中心进行的宇航模拟运行，可使观众在领略遨游太空的乐趣中获得知识。目前研学旅行从“博物馆活动参观”到“博物馆活动”再到“博物馆课程”的提升，博物馆研学课程的教学内容从只涉及单一学科逐步趋向于多学科内容的融合，都需要研学旅行指导师对博物馆学方面的知识进行专门研习，以借助场馆资源开发博物馆专题课程，让学生在研学体验中开展深度学习。针对此类型知识的学习，我们整理了国内知名学者的研究专著，供各位研学旅行从业者参考研习。

中国博物馆协会社会教育专业委员会编写的《中国博物馆青少年教育工作指南》，是目前中国博物馆青少年教育工作的指引性文件，分为文本和附录两部分。前者给出了基本路径和具体做法，后者收入了研究报告、相关案例和制式文件，提供了具有操作性的解读和辅导。研学旅行指导师在进行博物馆课程研发时，可以参考此工作指南，依据在地馆的情况进行本地博物馆研学课程的体系化构建，包括课程研发、课程实施、课程评价及相关工作管理的流程与标准梳理。与之相关的文献还有中国博物馆协会社会教育专业委员会编著、文物出版社出版的《中国博物馆青少年教育工作指南》，该书作为目前中国博物馆青少年教育工作的指引性文件，给出了开展博物馆教育的基本路径和具体做法，指南中收录的研究报告、案例和制式文件，为研学旅行指导师提供了具有操作性的解读和辅导。

中国博物馆协会社会教育专业委员会、秦始皇帝陵博物院编写的《带路：博物馆教育的行动与思考》是一部研讨会论文集，该书收录博物馆教育讨会论文 45 篇，内容涉及博物馆教育与学校教育、博物馆社教活动的策划与实施、信息时代下的博物馆教育、博物馆教育评估、博物馆讲解等，基本涵盖了博物馆社会教育工作的各个方面。作为一名研学旅行指导师，需要研习其中的篇章，尤其是这些在博物馆社会教育岗位上的一线管理及社教人员的文章，以思考自己在实际的博物馆研学实践教育中如何借助这些前瞻性理论研究，不断完善在地化博物馆课程体系，给中小学生提供寓教于乐的课程内容。

"博物馆里的中国"一套 10 册，该丛书立足科学性、知识性，用生动兼具趣味性的语言文字介绍了遍布于国内外 150 余家博物馆的藏品，近千件珍贵中国文物的传奇身世共同呈现出一个多样而又立体化的"中国"，为研学旅行指导师提供了完备的博物馆研学课程文字素材及研发思路。

除以上纲领性研学参考书籍之外，高等院校使用的专业博物馆学领域的教材也值得研学旅行指导师研究。比如，耿超、刘迪等著的《博物馆学理论与实践》就是一部以高校文博专业授课讲义为基础编成的教材，该书结合当前博物馆发展趋势，从理论与实践两个方面较为全面地阐述了博物馆学的相关内容，既系统介绍了博物馆学的基本理论，强调了多学科交叉在博物馆研究方面的积极意义，又论述了博物馆陈列设计、听众服务、文化产品开发与经营等博物馆实务，还论述了对新技术、新理念在博物馆工作中的应用前景以及高等院校文博人才的培养。《博物馆与学校的合作机制研究》一书作为专著，既有西方馆校合作的脉络、现状及启示，又有中国馆校合作的脉络及宏观背景，专著中的文献研究、访谈调查、质性及量化实证分析、理论建模等多重方法非常值得初高中研学旅行实践课程借鉴，秉承这样的背景，上海科技馆通过与上海地方学校合作，构建了适合当地学生开展的科技类博物馆系列研学课程。

复旦大学博物馆馆长郑奕博士的《博物馆教育活动研究》一书，从国际博物馆发展趋势和国际博物馆学界前沿理论的角度，阐述现代博物馆的教育使命、经营理念、学习理论、教育优势和教育活动特点，同时就国际社会重视博物馆教育的普遍做法给了研学旅行从业者在这个领域以理论性支撑。尤其书中提及围绕展览展开延伸和拓展型教育服务这一思路，对博物馆教育活动进行目标规划和任务传递、实施策略和方法都有启示，值得研学旅行指导师深入学习。

第六节 安全教育知识

安全性是中小学生研学旅行的基本原则之一，没有安全就没有研学旅行，安全风险管理对于加强中小学生研学旅行安全管理具有重要意义。作为一名合格的研学旅行指导师，需要对安全教育知识进行专门研习，以确保在研学旅行中能够快速识别、评估和控制安全风险，加强安全教育方面知识的学习以提高研学旅行指导师安全风险管理水平。本节针对此类型知识的学习，整理了国内知名学者（从业者）的研究专著，供各位研学旅行从业者参考研习，同时提出研学旅行课程流程中发现安全隐患的方法，如下图所示。

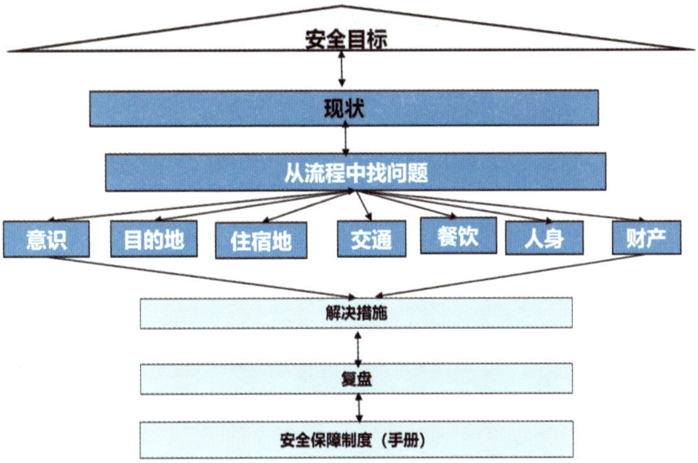

研学旅行课程流程中发现安全隐患的方法

若要应用自如，以下几本书对研学旅行指导师在研学旅行安全教育方面具有指导性。其中，《应急管理知识体系指南》一书为中国科学院大学陈安教授编著，可作为研学旅行指导师安全教育研习工具书，参考借鉴其中的基础知识体系框架、内容与功能、工具与方法等理论模型，可用于研学旅行课程规划设计之初的安全预案中。

傅贵教授的《安全管理学——事故预防的行为控制方法》一书共 10 章内容，以行为安全“2-4”模型（事故致因模型）为主线，使用内容逻辑关系图表达各部分内容之间的逻辑关系，把事故的原因分解为两层面、四阶段的行为之后，分别阐述了事故的各阶段行为原因的控制方法，然后给出事故案例的综合原因分析与预防策略。其内容主线是行为安全线路，无行业色彩，作为研学旅行指导师，可以参考借鉴其中的模型和方法，同样可以用在研学旅行课程规划设计之初的安全预案中。

《中小学幼儿园安全管理培训教材》一书联合了国内著名中小学安全管理方面的专家、教授及资深实践工作者进行精心编写。该书共分为 5 篇，包括国内外中小学安全管理概况、中小学安全保障体系的具体建立、安全工作责任制和一些安全事故的处理方法、安全宣传教育的重要意义及实施工作等，适合作为研学旅行指导师做研学课程规划设计时有关安全应急预案的参考书。

《中小学教师安全教育培训手册》一书诠释了安全教育，包括安全管理概述、交通与楼梯安全管理、消防安全管理、传染病防控及食品卫生安全、校园集体活动的安全管理、网络安全管理、安全事故的防范与处理、隐性事故与安全事故责任追究、自然灾害防范、突发事件应急预案与安全工作考评等，该书可以作为研学旅行指导师做研学课程规划设计时有关安全应急预案的参考书。

以上为安全教育关联知识学习书本文献摘录，作为一名研学旅行指导师当应具备持续学习力，以确保学生在研学旅行中的安全。

复习与思考

一、简答题

1. 简述以上与研学旅行密切相关的知识对研学旅行指导师工作的影响。

2. 研学旅行指导师可以通过哪些渠道进行知识进阶学习，又如何养成终身学习的习惯?

3. 阅读《教育学基础（中学）》一书，结合本章的学习，简述开展研学旅行活动中的教育目的与培养目标。

4. 通过本章理论及案例的学习，简述如何将《博物馆里的中国》的内容运用到博物场馆类研学基地。

5. 阅读《发展心理学（第三版）》一书，结合本章的学习，用图表方式列出各学段学生的心理特点，并用关键词优化的方式补充各学段可以开展的研学旅行活动。

二、案例分析

某希望小学六年级于 2019 年 11 月 8 日通过名为快乐假日旅行社的研学机构组织出省前往某景区的研学旅行活动，其间，学生小奎被一个石制灯具砸中，经医治无效身亡。根据以上案例，以研学旅行指导师的视角，从研学旅行指导师知识关联上分析造成此次事件的可能原因以及后续处理中学校、旅行社及景区各自所担负的责任情况。

附录

附录1　教育部等11部门关于推进中小学生研学旅行的意见

（教基一〔2016〕8号）

各省、自治区、直辖市教育厅（教委）、发展改革委、公安厅（局）、财政厅（局）、交通运输厅（局、委）、文化厅（局）、食品药品监督管理局、旅游委（局）、保监局、团委，新疆生产建设兵团教育局、发展改革委、公安局、财务局、交通局、文化广播电视局、食品药品监督管理局、旅游局、团委，各铁路局：

为贯彻落实党的十八大和十八届三中、四中、五中、六中全会精神，深入学习贯彻习近平总书记系列重要讲话精神，秉承“创新、协调、绿色、开放、共享”的发展理念，落实立德树人根本任务，帮助中小学生了解国情、热爱祖国、开阔眼界、增长知识，着力提高他们的社会责任感、创新精神和实践能力，现就推进中小学生研学旅行提出如下意见。

一、重要意义

中小学生研学旅行是由教育部门和学校有计划地组织安排，通过集体旅行、集中食宿方式开展的研究性学习和旅行体验相结合的校外教育活动，是学校教育和校外教育衔接的创新形式，是教育教学的重要内容，是综合实践育人的有效途径。开展研学旅行，有利于促进学生培育和践行社会主义核心价值观，激发学生对党、对国家、对人民的热爱之情；有利于推动全面实施素质教育，创新人才培养模式，引导学生主动适应社会，促进书本知识和生活经验的深度融合；有利于加快提高人民生活质量，满足学生日益增长的旅游需求，从小培养学生文明旅游意识，养成文明旅游行为习惯。

近年来，各地积极探索开展研学旅行，部分试点地区取得显著成效，在促进学生健康成长和全面发展等方面发挥了重要作用，积累了有益经验。但一些地区在推进研学旅行工作过程中，存在思想认识不到位、协调机制不完善、责任机制不健全、安全保障不规范等问题，制约了研学旅行有效开展。当前，我国已进入全面建成小康社会的决胜阶段，研学旅行正处在大有可为的发展机遇期，各地要把研学旅行摆在更加重要的位置，推动研学旅行健康快速发展。

二、工作目标

以立德树人、培养人才为根本目的，以预防为重、确保安全为基本前提，以深化改革、完善政策为着力点，以统筹协调、整合资源为突破口，因地制宜开展研学旅行。让广大中小学生在研学旅行中感受祖国大好河山，感受中华传统美德，感受革命光荣历史，感受改革开放伟大成就，增强对坚定“四个自信”的理解与认同；同时学会动手动脑，学会生存生活，学会做人做事，促进身心健康、体魄强健、意志坚强，促进形成正确的世界观、人生观、价值观，培养他们成为德智体美全面发展的社会主义建设者和接班人。

开发一批育人效果突出的研学旅行活动课程，建设一批具有良好示范带动作用的研学旅行基地，打造一批具有影响力的研学旅行精品线路，建立一套规范管理、责任清晰、多元筹资、保障安全的研学旅行工作机制，探索形成中小学生广泛参与、活动品质持续提升、组织管理规范有序、基础条件保障有力、安全责任落实到位、文化氛围健康向上的研学旅行发展体系。

三、基本原则

——教育性原则。研学旅行要结合学生身心特点、接受能力和实际需要，注重系统性、知识性、科学性和趣味性，为学生全面发展提供良好成长空间。

——实践性原则。研学旅行要因地制宜，呈现地域特色，引导学生走出校园，在与日常生活不同的环境中拓展视野、丰富知识、了解社会、亲近自然、参与体验。

——安全性原则。研学旅行要坚持安全第一，建立安全保障机制，明确安全保障责任，落实安全保障措施，确保学生安全。

——公益性原则。研学旅行不得开展以营利为目的的经营性创收，对贫困家庭学生要减免费用。

四、主要任务

1. 纳入中小学教育教学计划。各地教育行政部门要加强对中小学开展研学旅行的指导和帮助。各中小学要结合当地实际，把研学旅行纳入学校教育教学计划，与综合实践活动课程统筹考虑，促进研学旅行和学校课程有机融合，要精心设计研学旅行活动课程，做到立意高远、目的明确、活动生动、学习有效，避免“只旅不学”或“只学不旅”现象。学校根据教育教学计划灵活安排研学旅行时间，一般安排在小学四到六年级、初中一到二年级、高中一到二年级，尽量错开旅游高峰期。学校根据学段特点和地域特色，逐步建立小学阶段以乡土乡情为主、初中阶段以县情市情为主、高中阶段以省情国情为主的研学旅行活动课程体系。

2. 加强研学旅行基地建设。各地教育、文化、旅游、共青团等部门、组织密切合作，根据研学旅行育人目标，结合域情、校情、生情，依托自然和文化遗产资源、红色教育资源和综合实践基地、大型公共设施、知名院校、工矿企业、科研机构等，遴选建设一批安全适宜的中小学生研学旅行基地，探索建立基地的准入标准、退出机制和评价体系；要以基地为重要依托，积极推动资源共享和区域合作，打造一批示范性研学旅行精品线路，逐步形成布局合理、互联互通的研学旅行网络。各基地要将研学旅行作为理想信念教育、爱国主义教育、革命传统教育、国情教育的重要载体，突出祖国大好风光、民族悠久历史、优良革命传统和现代化建设成就，根据小学、初中、高中不同学段的研学旅行目标，有针对性地开发自然类、历史类、地理类、科技类、人文类、体验类等多种类型的活动课程。教育部将建设研学旅行网站，促进基地课程和学校师生间有效对接。

3. 规范研学旅行组织管理。各地教育行政部门和中小学要探索制定中小学生研学旅行工作规程，做到“活动有方案，行前有备案，应急有预案”。学校组织开展研学旅行可采取自行开展或委托开展的形式，提前拟定活动计划并按管理权限报教育行政部门备案，通过家长委员会、致家长的一封信或召开家长会等形式告知家长活动意义、时间安排、出行线路、费用收支、注意事项等信息，加强学生和教师的研学旅行事前培训和事后考核。学校自行开展研学旅行，要根据需要配备一定比例的学校领导、教师和安全员，也可吸收少数家长作为志愿者，负责学生活动管理和安全保障，与家长签订协议书，明确学校、家长、学生的责任权利。学校委托开展研学旅行，要与有资质、信誉好的委托企业或机构签订协议书，明确委托企业或机构承担学生研学旅行安全责任。

4. 健全经费筹措机制。各地可采取多种形式、多种渠道筹措中小学生研学旅行经费，探索建立政府、学校、社会、家庭共同承担的多元化经费筹措机制。交通部门对中小学生研学旅行公路和水路出行严格执行儿童票价优惠政策，铁路部门可根据研学旅行需求，在能力许可范围内积极安排好运力。文化、旅游等部门要对中小学生研学旅行实施减免场馆、景区、景点门票政策，提供优质旅游服务。保险监督管理机构会同教育行政部门推动将研学旅行纳入校方责任险范围，鼓励保险企业开发有针对性的产品，对投保费用实施优惠措施。鼓励通过社会捐赠、公益性活动等形式支持开展研学旅行。

5. 建立安全责任体系。各地要制订科学有效的中小学生研学旅行安全保障方案，探索建立行之有效的安全责任落实、事故处理、责任界定及纠纷处理机制，实施分级备案制度，做到层层落实，责任到人。教育行政部门负责督促学校落实安全责任，审核学校报送的活动方案（含保单信息）和应急预案。学校要做好行前安全教育工作，负责确认出行师生购买意外险，必须投保校方责任险，与家长签订安全责任书，与委托开展研学旅行的企业或机构签订安全责任书，明确各方安全责任。旅游部门负责审核开展研学旅行的企业或机构的准入条件和服务标准。交通部门负责督促有关运输企业检查学生出行的车、船等交通工具。公安、食品药品监管等部门加强对研学旅行涉及的住宿、餐饮等公共经营场所的安全监督，依法查处运送学生车辆的交通违法行为。保险监督管理机构负责指导保险行业提供并优化校方责任险、旅行社责任险等相关产品。

五、组织保障

1. 加强统筹协调。各地要成立由教育部门牵头，发改、公安、财政、交通、文化、食品药品监管、旅游、保监和共青团等相关部门、组织共同参加的中小学生研学旅行工作协调小组，办事机构可设在地方校外教育联席会议办公室，加大对研学旅行工作的统筹规划和管理指导，结合本地实际情况制订相应工作方案，将职责层层分解落实到相关部门和单位，定期检查工作推进情况，加强督查督办，切实将好事办好。

2. 强化督查评价。各地要建立健全中小学生参加研学旅行的评价机制，把中小学组织学生参加研学旅行的情况和成效作为学校综合考评体系的重要内容。学校要在充分尊重个性差异、鼓励多元发展的前提下，对学生参加研学旅行的情况和成效进行科学评价，并将评价结果逐步纳入学生学分管理体系和学生综合素质评价体系。

3. 加强宣传引导。各地要在中小学广泛开展研学旅行实验区和示范校创建工作，充分培育、挖掘和提炼先进典型经验，以点带面，整体推进。教育部将遴选确定部分地区为全国研学旅行实验区，积极宣传研学旅行的典型经验。各地要积极创新宣传内容和形式，向家长宣传研学旅行的重要意义，向学生宣传“读万卷书、行万里路”的重大作用，为研学旅行工作营造良好的社会环境和舆论氛围。

教育部　国家发展改革委　公安部

财政部　交通运输部　文化部

食品药品监管总局　国家旅游局　保监会

共青团中央　中国铁路总公司

2016 年 11 月 30 日

附录2 研学旅行服务规范（LB/ T 054—2016）

1 范围

本标准规定了研学旅行服务的术语和定义、总则、服务提供方基本要求、人员配置、研学旅行产品、研学旅行服务项目、安全管理、服务改进和投诉处理。

本标准适用于中华人民共和国境内组织开展研学旅行活动的旅行社和教育机构。

2 规范性引用文件

下列文件对于本文件的应用是必不可少的。凡是注日期的引用文件，仅所注日期的版本适用于本文件。凡是不注日期的引用文件，其最新版本（包括所有的修改单）适用于本文件。

GB/T 10001 标志用公共信息图形符号

GB/T 15971 导游服务规范

GB/T 16890 水路客运服务质量要求

GB/T 31380 旅行社等级的划分与评定

GB/T 31710 休闲露营地建设与服务规范

LB/T 004 旅行社国内旅游服务规范

LB/T 008 旅行社服务通则

3 术语和定义

下列术语和定义适用于本标准。

3.1

研学旅行 study travel

研学旅行是以中小学生为主体对象，以集体旅行生活为载体，以提升学生素质为教学目的，依托旅游吸引物等社会资源，进行体验式教育和研究性学习的一种教育旅游活动。

3.2

研学导师 study tutor

在研学旅行过程中，具体制定或实施研学旅行教育方案，指导学生开展各类体验活动的专业人员。

3.3

研学营地 study camp

研学旅行过程中学生学习与生活的场所。

3.4

主办方 organizer

有明确研学旅行主题和教育目的的研学旅行活动组织方。

3.5

承办方 undertaker

与研学旅行活动主办方签订合同，提供教育旅游服务的旅行社。

3.6

供应方 supplier

与研学旅行活动承办方签订合同，提供旅游地接、交通、住宿、餐饮等服务的机构。

4 总则

4.1 研学旅行活动的主办方、承办方和供应方应遵循安全第一的原则，全程进行安全防控工作，确保活动安全进行。

4.2 研学旅行活动应寓教于游，着力培养学生的综合素质能力。

4.3 研学旅行活动应面向以中小学生为主体的全体学生，保障每个学生都能享有均等的参与机会。

5 服务提供方基本要求

5.1 主办方

5.1.1 应具备法人资质。

5.1.2 应对研学旅行服务项目提出明确要求。

5.1.3 应有明确的安全防控措施、教育培训计划。

5.1.4 应与承办方签订委托合同，按照合同约定履行义务。

5.2 承办方

5.2.1 应为依法注册的旅行社。

5.2.2 符合 LB/T 004 和 LB/T 008 的要求，宜具有 AA 及以上等级，并符合

GB/T 31380 的要求。

5.2.3 连续三年内无重大质量投诉、不良诚信记录、经济纠纷及重大安全责任事故。

5.2.4 应设立研学旅行的部门或专职人员，宜有承接 100 人以上中小学生旅游团队的经验。

5.2.5 应与供应方签订旅游服务合同，按照合同约定履行义务。

5.3 供应方

5.3.1 应具备法人资质。

5.3.2 应具备相应经营资质和服务能力。

5.3.3 应与承办方签订旅游服务合同，按照合同约定履行义务。

6 人员配置

6.1 主办方人员配置

6.1.1 应至少派出一人作为主办方代表，负责督导研学旅行活动按计划开展。

6.1.2 每 20 位学生宜配置一名带队老师，带队老师全程带领学生参与研学旅行各项活动。

6.2 承办方人员配置

6.2.1 应为研学旅行活动配置一名项目组长，项目组长全程随团活动，负责统筹协调研学旅行各项工作。

6.2.2 应至少为每个研学旅行团队配置一名安全员，安全员在研学旅行过程中随团开展安全教育和防控工作。

6.2.3 应至少为每个研学旅行团队配置一名研学导师，研学导师负责制定研学旅行教育工作计划，在带队老师、导游员等工作人员的配合下提供研学旅行教育服务。

6.2.4 应至少为每个研学旅行团队配置一名导游人员，导游人员负责提供导游服务，并配合相关工作人员提供研学旅行教育服务和生活保障服务。

7 研学旅行产品

7.1 产品分类

研学旅行产品按照资源类型分为知识科普型、自然观赏型、体验考察型、励志拓展型、文化康乐型。

a）知识科普型：主要包括各种类型的博物馆、科技馆、主题展览、动物园、植物园、历史文化遗产、工业项目、科研场所等资源；

b）自然观赏型：主要包括山川、江、湖、海、草原、沙漠等资源；

c）体验考察型：主要包括农庄、实践基地、夏令营营地或团队拓展基地等资源；

d）励志拓展型：主要包括红色教育基地、大学校园、国防教育基地、军营等资源；

e）文化康乐型：主要包括各类主题公园、演艺影视城等资源。

7.2 产品设计

承办方应根据主办方需求，针对不同学段特点和教育目标，设计研学旅行产品。

a）承办方应根据主办方需求，针对不同学段特点和教育目标，设计研学旅行产品；

b）小学一至三年级参与研学旅行时，宜设计以知识科普型和文化康类型资源为主的产品，并以乡土乡情研学为主；

c）小学四至六年级参与研学旅行时，宜设计以知识科普型、自然观赏型和励志拓展型资源为主的产品，并以县情市情研学为主；

d）初中年级参与研学旅行时，宜设计以知识科普型、体验考察型和励志拓展型资源为主的产品，并以县情市情省情研学为主；

e）高中年级参与研学旅行时，宜设计以体验考察型和励志拓展型资源为主的产品，并以省情国情研学为主。

7.3 产品说明书

旅行社应制作并提供研学旅行产品说明书，产品说明书除应符合《中华人民共和国旅游法》和 LB/T 008 中有关规定外，还应包括以下内容：

a）研学旅行安全防控措施；

b）研学旅行教育服务项目及评价方法；

c）未成年人监护办法。

8 研学旅行服务项目

8.1 教育服务

8.1.1 教育服务计划

承办方和主办方应围绕学校相关教育目标，共同制定研学旅行教育服务计划，明确教育活动目标和内容，针对不同学龄段学生提出相应学时要求，其中每天体验教育课程项目或活动时间应不少于 45 min。

8.1.2 教育服务项目

教育服务项目可分为：

a）健身项目：以培养学生生存能力和适应能力为主要目的的服务项目，如徒步、挑战、露营、拓展、生存与自救训练等；

b）健手项目：以培养学生自理能力和动手能力为主要目的的服务项目，如综合实践、生活体验训练、内务整理、手工制作等项目；

c）健脑项目：以培养学生观察能力和学习能力为主要目的的服务项目，如各类参观、游览、讲座、诵读、阅读等；

d）健心项目：以培养学生的情感能力和践行能力为主要目的的服务项目，如思想品德养成教育活动以及团队游戏、情感互动、才艺展示等。

8.1.3 教育服务流程

教育服务流程宜包括：

a）在出行前，指导学生做好准备工作，如阅读相关书籍、查阅相关资料、制定学习计划等；

b）在旅行过程中，组织学生参与教育活动项目，指导学生撰写研学日记或调查报告；

c）在旅行结束后，组织学生分享心得体会，如组织征文展示、分享交流会等。

8.1.4 教育服务设施及教材

教育服务设施及教材要求如下：

a）应设计不同学龄段学生使用的研学旅行教材，如研学旅行知识读本；

b）应根据研学旅行教育服务计划，配备相应的辅助设施，如电脑、多媒体、各类体验教育设施或教具等。

8.1.5 研学旅行教育服务应有研学导师主导实施，由导游员和带队老师等共同配合完成。

8.1.6 应建立教育服务评价机制，对教育服务效果进行评价，持续改进教育服务。

8.2 交通服务

8.2.1 应按照以下要求选择交通方式：

a）单次路程在 400 km 以上的，不宜选择汽车，应优先选择铁路、航空等交通方式；

b）选择水运交通方式的，水运交通工具应符合 GB/T 16890 的要求，不宜选择木船、划艇、快艇；

c）选择汽车客运交通方式的，行驶道路不宜低于省级公路等级，驾驶人连续驾车不得超过 2 h，停车休息时间不得少于 20 min。

8.2.2 应提前告知学生及家长相关交通信息，以便其掌握乘坐交通工具的类型、时间、地点以及需准备的有关证件。

8.2.3 宜提前与相应交通部门取得工作联系，组织绿色通道或开辟专门的候乘区域。

8.2.4 应加强交通服务环节的安全防范，向学生宣讲交通安全知识和紧急疏散要求，组织学生安全有序乘坐交通工具。

8.2.5 应在承运全程随机开展安全巡查工作，并在学生上、下交通工具时清点人数，防范出现滞留或走失。

8.2.6 遭遇恶劣天气时，应认真研判安全风险，及时调整研学旅行行程和交通方式。

8.3 住宿服务

8.3.1 应以安全、卫生和舒适为基本要求，提前对住宿营地进行实地考察，主要要求如下：

a）应便于集中管理；

b）应方便承运汽车安全进出、停靠；

c）应有健全的公共信息导向标识，并符合 GB/T 10001 的要求；

d）应有安全逃生通道。

8.3.2 应提前将住宿营地相关信息告知学生和家长，以便做好相关准备工作。

8.3.3 应详细告知学生入住注意事项，宣讲住宿安全知识，带领学生熟悉逃生通道。

8.3.4 应在学生入住后及时进行首次查房，帮助学生熟悉房间设施，解决相关问题。

8.3.5 宜安排男、女学生分区（片）住宿，女生片区管理员应为女性。

8.3.6 应制定住宿安全管理制度，开展巡查、夜查工作。

8.3.7 选择在露营地住宿时还应达到以下要求：

a）露营地应符合 GB/T 31710 的要求；

b）应在实地考察的基础上，对露营地进行安全评估，并充分评价露营接待条件、周边环境和可能发生的自然灾害对学生造成的影响；

c）应制定露营安全防控专项措施，加强值班、巡查和夜查工作。

8.4 餐饮服务

8.4.1 应以食品卫生安全为前提，选择餐饮服务提供方。

8.4.2 应提前制定就餐座次表，组织学生有序进餐。

8.4.3 应督促餐饮服务提供方按照有关规定，做好食品留样工作。

8.4.4 应在学生用餐时做好巡查工作，确保餐饮服务质量。

8.5 导游讲解服务

8.5.1 导游讲解服务应符合 GB/T 15971 的要求。

8.5.2 应将安全知识、文明礼仪作为导游讲解服务的重要内容，随时提醒引导学生安全旅游、文明旅游。

8.5.3 应结合教育服务要求，提供有针对性、互动性、趣味性、启发性和引导性的讲解服务。

8.6 医疗及救助服务

8.6.1 应提前调研和掌握研学营地周边的医疗及救助资源状况。

8.6.2 学生生病或受伤，应及时送往医院或急救中心治疗，妥善保管就诊医疗记录。返程后，应将就诊医疗记录复印并转交家长或带队老师。

8.6.3 宜聘请具有职业资格的医护人员随团提供医疗及救助服务。

9 安全管理

9.1 安全管理制度

主办方、承办方及供应方应针对研学旅行活动，分别制定安全管理制度，构建完善有效的安全防控机制。研学旅行安全管理制度体系包括但不限于以下内容：

a）研学旅行安全管理工作方案；

b）研学旅行应急预案及操作手册；

c）研学旅行产品安全评估制度；

d）研学旅行安全教育培训制度。

9.2 安全管理人员

承办方和主办方应根据各项安全管理制度的要求，明确安全管理责任人员及其工作职责，在研学旅行活动过程中安排安全管理人员随团开展安全管理工作。

9.3 安全教育

9.3.1 工作人员安全教育

应制定安全教育和安全培训专项工作计划，定期对参与研学旅行活动的工作人员进行培训。培训内容包括：安全管理工作制度、工作职责与要求、应急处置规范与流程等。

9.3.2 学生安全教育

学生安全教育要求如下：

a）应对参加研学旅行活动的学生进行多种形式的安全教育；

b）应提供安全防控教育知识读本；

c）应召开行前说明会，对学生进行行前安全教育；

d）应在研学旅行过程中对学生进行安全知识教育，根据行程安排及具体情况及时进行安全提示与警示，强化学生安全防范意识。

9.4 应急预案

主办方、承办方及供应方应制定和完善包括：地震、火灾、食品卫生、治安事件、设施设备突发故障等在内的各项突发事件应急预案，并定期组织演练。

10 **服务改进**

承办方应对各方面反馈的质量信息及时进行汇总分析，明确产品中的主要缺陷，找准发生质量问题的具体原因，通过健全制度、加强培训、调整供应方、优化产品设计、完善服务要素和运行环节等措施，持续改进研学旅行服务质量。

11 **投诉处理**

11.1 承办方应建立投诉处理制度，并确定专职人员处理相关事宜。

11.2 承办方应公布投诉电话、投诉处理程序和时限等信息。

11.3 承办方应及时建立投诉信息档案和回访制度。

附录3　研学旅行指导师（中小学）专业标准
（T /CATS 001— 2019）

前言

本标准按照 GB/T 1.1—2009 给出的规则起草。本标准由中国旅行社协会提出并归口。

本标准起草单位：中国旅行社协会、高校毕业生就业协会、中国旅行社协会研学旅行分会 、浙江旅游职业学院 。

本标准主要起草人：邓德智、孙桂珍、李强、高志权、张云凤、刘念、邹昊、高敬敬、金占林、蒋跃先。

1. 范围

本标准规定了研学旅行指导师的术语和定义、专业态度、专业知识、专业能力等。

本标准适用于中华人民共和国境内从事研学旅行（中小学）服务中担当指导师职责的人员。

2. 规范性引用文件

下列文件对于本文件的应用是必不可少的。凡是注日期的引用文件，仅所注日期的版本适用于本文件。凡是不注日期的引用文件，其最新版本（包括所有的修改单）适用于本文件。

GB/T 16766 旅行业基础术语

GB/T 15971 导游服务规范

LB/T 054 研学旅行服务规范

3. 术语和定义

下列术语和定义适用于本文件。

3.1

研学旅行　study travel

以中小学生为主体对象，以集体旅行生活为载体，以提升学生素质为教学目的，依托旅游吸引物等社会资源，进行体验式教育和研究性学习的一种教育旅游活动。

[LB/T 054—2016，定义 3.1]

3.2

研学旅行指导师 study travel tutor

指策划、制定或实施研学旅行课程方案，在研学旅行过程中组织和指导中小学学生开展各类研究学习和体验活动的专业人员。

3.3

研学旅行课程方案 study travel course program

指为了完成研学计划、实现研学目标、遵循研学规律而制定的指导性、契约性的研学旅行课程规划。

4. 专业态度

4.1 专业认识

4.1.1 认识开展研学旅行的意义，热爱研学旅行指导师事业，具有职业理想和敬业精神。

4.1.2 认同研学旅行指导师的专业性和独特性，注重自身专业发展，具有终身学习的意识。

4.1.3 重视学生身心健康，将保护学生生命安全放在首位，促进学生的全面发展。

4.1.4 注重人格魅力和学识魅力教育感染学生，做学生健康成长的指导者和引路人。

4.2 专业准则

4.2.1 维护学生合法权益，尊重个体差异，平等对待每一位学生。不讽刺、嘲笑、歧视学生。

4.2.2 遵守教师和导游的职业行为规范，品行端正，为人师表，身心健康，无传染性疾病，仪容仪表举止得体。

4.2.3 精心制定和实施研学旅行课程方案，完成研学目标、确保安全，让学生拥有快乐有意义的研学旅行生活。

4.2.4 在研学旅行活动中，不得出现违背党的路线方针政策的言行，不得发表错误观点和编造散布虚假信息、不良信息，不得出现损害国家利益、社会公共利益或违背社会公序良俗的行为。

5. 专业知识

5.1 研学旅行知识

5.1.1 掌握研学旅行政策法规知识，掌握相关研学旅行目的地及基地、营地的情况。

5.1.2 掌握研学旅行组织和服务知识、文明旅游知识和旅行常识。

5.1.3 掌握研学旅行安全风险管理知识，熟悉基本的安全防护救护知识与灾害应急常识。

5.1.4 掌握研学旅行课程方案设计、课程及体验活动实施等知识。

5.2 教育教学知识

5.2.1 了解中小学教育教学理论，熟悉学生的认知规律和教育心理学的基本原则和方法。

5.2.2 了解新课程改革方向和相关理论，掌握新课程中的教学观和学生观。

5.2.3 了解中小学课程结构、课程类型、课程标准，熟悉中小学综合实践活动课程内容。

5.2.4 熟悉课程资源开发、管理与利用的方法，掌握研学旅行课程教学知识。

5.3 通识性知识

5.3.1 了解保护青少年健康成长方面的有关法律法规知识，熟悉中小学教育的基本情况。

5.3.2 了解我国各类非物质遗产和各民族风俗，掌握相应的乡情、县情、省情和国情。

5.3.3 了解相应的自然、人文、社会科学知识，掌握与研学旅行课程方案直接相关的学科内容。

5.3.4 熟悉现代化的信息技术知识。

6. 专业能力

6.1 研学旅行课程方案设计

6.1.1 具有较强的语言文字表达能力，能正确设计或修订完善研学旅行课程方案，保证方案的教育目标正确，教育主题鲜明，教学内容丰富。

6.1.2 能从学情和乡土乡情、县情市情、省情国情出发，结合学生核心素养要求，根据学校和研学资源两方面考虑，合理设计出适合不同年龄段学生的研学旅行课程方案。

6.1.3 能将知识、能力和情感（价值观）等目标设计在研学旅行课程方案中，并能融合在研学旅行的行前、行中和行后各个阶段。

6.1.4 应遵循教育性、实践性、安全性、公益性四大原则设计研学旅行课程方案，能引导和帮助学生设计完成课程研学计划。

6.1.5 能合理利用各种资源，开发自然类、历史类、地理类、科技类、人文类、体验类等多种类型的活动课程，

设计的研学旅行课程方案能体现出自主性、探究性、体验性、互动性、趣味性等特点。

6.2 研学旅行组织与实施

6.2.1 具备良好的组织管理能力、沟通协调能力、教育教学能力和安全保障能力，能将研学旅行的教育目标落实到具体的课程计划中，确保研学旅行安全有序地实施。

6.2.2 充分做好行前准备工作。开好行前预备会议，向各方宣传解读研学旅行课程方案。检查各项准备工作，关键环节宜实地查看。

6.2.3 做好行中组织监督管理工作。应将预先设计的课程内容及活动逐一落实，在旅游车上组织好移动课堂，督促基地营地按方案执行，确保学生安全有序地完成研学任务。

6.2.4 做好行后总结评价工作。应灵活运用多种评价方法，客观公正反馈研学成绩，组织好研学旅行成果汇报，利用评价结果促进学生全面发展和健康成长，同时完善研学旅行课程方案以及研学旅行组织工作。

6.3 研学旅行激励与评价

6.3.1 运用过程性评价。在研学方案中应在每一个重要环节中适时设计评价，发现和赏识每位学生的进步，给予学生恰当的评价和指导，通过过程性评价激励学生进行积极的自我评价。

6.3.2 采用多元化评价。评价主体、评价对象、评价内容应多元化，对学生的研学态度、研学能力和方法、研学结果等方面进行综合性评价。宜采用激励性语言

评价学生的研学过程，用描述性语言评价学生的研学成果。

6.3.3 发挥评价的激励作用。研学评价要从学生的原有基础出发，尊重学生的个性特点，强调以鼓励为主的发展性评价。宜采用研学任务卡、研学任务书、研究报告、游记、研学作品等多种形式对学生进行激励性评价。

7. 持续发展

7.1 反思提升

7.1.1 收集、分析、反馈相关信息，总结反思改进研学工作。

7.1.2 学习跨学科知识，进行重组融合，提高研学课程再开发的能力。

7.1.3 学习现代新技术、运用新技能，探索提高研学效果的新方法。

7.1.4 学习教育和旅游领域的最新知识和技能，创新研学旅行教育模式。

7.2 规范考核

7.2.1 研学旅行指导师入职前培训和认定：在研学旅行过程中承担研学旅行指导师职责的人员，应参加中国旅行社协会（或授权的培训机构）组织的研学旅行指导师的培训，经考核合格取得研学旅行指导师证书。

7.2.2 研学旅行指导师继续教育计划与实施：研学旅行指导师应定期完成一定学时的培训。研学旅行指导师根据相关考核和评审条件进行等级晋升。

附录4　北京市陈经纶中学分校齐鲁文化探寻社会综合实践活动学生手册

学　生　手　册

班　　级：________________________

姓　　名：________________________

指 导 师：________________________

家长电话：________________________

读行齐鲁　感悟人生

唤醒心灵中的真善美

第一部分　研学背景

“行是知之始，知是行之成”，“行”是实践，“知”是认识。随着教育改革的不断深入，走出校园，走进生活，走进社会大课堂，成为中小学生现如今培养核心素养最重要的也是最有效的方式之一。

北京市陈经纶中学分校“齐鲁文化探寻课程”秉承教育即生活的理念，由北大状元带领学生将课堂在行走的课堂中，与自然和人文相遇，与社会和生活相触，从而拓宽视野，重点培养学生的自主发展与社会参与两方面核心素养，培养个性以及多元化的文化理念和思维习惯。

第二部分　研学目标

1. 知识目标

引导学生运用各学科知识，解决实际生产生活中的问题。

2. 能力目标

引导、培养学生的行动力和“七项感知力”——我能行、我的贡献有价值、我能够影响发生在自己身上的事情、内省能力、人际沟通能力、整体把握能力和判断能力。

3. 情感目标

将创造力融合于欢乐的活动氛围中，最大限度地激活学生的潜能，培养和提升学生的团队协作、自我认知、自我挑战、自我超越能力，践行锐意进取和团结拼搏的精神。

4. 文化目标

积累儒学文化、感受儒家情怀、培养审美情趣。引导学生发现美、感知美、评价美的意识和能力，建立健康的审美价值取向；学会自我表达和创意表现个人兴趣和意识，能在生活中拓展和升华美。

第三部分　研学日程安排

日期		时间	活动行程	活动主题
4月10日 闻道	上午	04:30—04:45	4:30学校集合 4:45出发前往北京南站 乘坐G101次（06:43—9:13）赴曲阜	开启研学 曲阜明道
		09:13—09:30	曲阜东接站	
		09:30—10:10	前往孔林	凭吊圣人 传承儒学
		10:10—11:30	步入孔林，缅怀先师	
		11:50—12:30	前往曲阜国际饭店	箪食瓢饮 古训绕梁
		12:30—13:20	午餐（按餐桌发儒生服）	
	下午	14:00—15:20	集体大合影 璧水桥前整衣冠 随仪仗至杏坛前 祭拜仪式 •启户仪式　•奠酒献礼　•恭读祭文 •集体行礼　•齐诵论语　•祈福许愿 •大成殿前班级合影留念	清明祭孔 缅怀儒宗
		15:15—15:35	换下祭祀汉服，交引导员统一收纳	修齐治平 儒之风范
		15:35—15:15	参观孔庙，领略儒家建筑文化	
		16:15—16:45	参观孔府（衍圣公府、汉魏碑刻馆）	
		16:55—18:00	曲阜迎宾馆晚餐	温故知新 吾日三省
		18:30—20:30	乘车赴泰安，入住泰安天池酒店	
4月11日 取势	上午	07:00—07:30	早餐、广场集合	勇攀泰山 自立自强
		07:30—07:50	乘车前往泰山	
		07:50—08:20	红门停车场内热身，年级主题教育活动	
		08:30—12:30	红门到中天门（5.36千米，爬升675米，约1.5小时） 稽查站设置救助站1 壶天阁设置求助站2 中天门设置救助站3	

<table>
<tr><th colspan="2">日期</th><th>时间</th><th>活动行程</th><th>活动主题</th></tr>
<tr><td rowspan="6">4月11日
取势</td><td rowspan="2">上午</td><td>08:30—12:30</td><td>中天门到玉皇顶（距离5.55千米，爬升851米，大约2.5小时）
十八盘设置救助站4
龙门设置救助站5
南天门设置救助站6</td><td rowspan="2">勇攀泰山
自立自强</td></tr>
<tr><td>12:30—13:20</td><td>泰山成长礼　相约大观峰
记录各班登顶率，集体大合影
（全体学生“山之颂”大自然操展示）</td></tr>
<tr><td rowspan="4">下午</td><td>13:20—17:10</td><td>下山，红门停车场集合</td><td rowspan="4">敢为敢当
永不服输</td></tr>
<tr><td>17:10—17:40</td><td>乘车前往住宿酒店</td></tr>
<tr><td>17:50—18:40</td><td>酒店餐厅用晚餐</td></tr>
<tr><td>18:50—23:00</td><td>泰山印象晚会：
共同成长——集体生日
状元与你分享难忘时刻</td></tr>
<tr><td rowspan="9">4月12日
明志</td><td rowspan="4">上午</td><td>07:00—08:00</td><td>早餐、整理物品、退房</td><td rowspan="7">湖光山色
如诗泉城</td></tr>
<tr><td>08:00—10:00</td><td>乘车赴济南</td></tr>
<tr><td>09:40—10:40</td><td>研学大明湖，寻找老舍的足迹</td></tr>
<tr><td>11:00—11:20</td><td>乘车前往趵突泉</td></tr>
<tr><td rowspan="5">下午</td><td>11:20—12:20</td><td>研学趵突泉、李清照纪念馆</td></tr>
<tr><td>12:20—13:00</td><td>鲁全宾馆午餐</td></tr>
<tr><td>13:10—14:20</td><td>乘车至济南西高铁站</td></tr>
<tr><td>14:20—15:00</td><td>济南西高铁站候车</td><td rowspan="2">分享收获
珍藏回忆</td></tr>
<tr><td>15:44—17:29</td><td>乘坐高铁G190（15:14—17:00）济南西到北京南）返回北京南站，预计18:30到校</td></tr>
</table>

第四部分　研学安全保障及教育

一、组织保障

每个班（研学营）安排一位指导师和地接导游，一名活动纪律志愿者，负责协调和保障研学过程中各项活动及安全，以及突发事件应急处理工作。各班级按照《齐鲁文化探寻手册》相关要求进行课程研学。

二、人身安全

1. 出发前开展安全及相关研学背景课程，研学过程时刻保持安全在心。无论行前、行中，身体有任何不适的同学，必须及时告知带队老师。所有工作人员和辅导员 24 小时电话开机，务必保持通信畅通。

2. 研学旅行中，任何时间，未经带队老师许可，学生禁止擅自活动，万一丢失，请及时联系带队老师，并且在原位等候。

3. 攀登泰山过程中，务必注意落石，要手扶栏杆，脚踏实地，以班级为单位集体行动，不要拥挤，班级与班级之间间隔 50 米之上。绝对禁止超越。

4. 乘坐大巴和高铁，请有序上下车，务必带好随身物品，固定座位，禁止车上放垃圾。坐大巴车务必系好安全带。禁止随意走动。

5. 研学过程中，不要擅自离队和掉队，任何一次地点的变换，各班指导师会清点人数。保证所有人到齐才可以进行下一个活动。

6. 请服从安排有序入住，老师和辅导员会查房，禁止夜晚私自外出。严禁宿舍串门，退房务必带好随身物品，损坏床单被罩，照原价赔偿。

7. 请家长配合学校在学生出行前做好安全教育工作，本次攀登泰山强度非常高，有心脏和脑血管、哮喘病史的同学绝对禁止爬山。

三、财产安全

1. 妥善保管随身行李物品，贵重物品务必贴身保管，防止财务和证件丢失。

2. 安检中，不要拿错行李。

3. 晚上务必关好门窗，保管好房卡和钥匙。

四、全程规范指南[1]

文明、守纪、守时，观察、自理、自立，责任、团结、勇敢，谦逊、感恩、反思。

第五部分　研学旅行活动准备

一、总体指南

研学过程可参考研学手册，每天记录研学日志。内容分为行动前，行动中，行动后。活动前自主选择目标查阅相关资料，活动中完成小组合作和活动体验过程，活动后完成小组分享和内化过程。

二、证件准备

如果需要身份证复印件找老师。

三、衣物准备

1. 团队活动一定要穿校服，冲锋衣，登山鞋。备好雨衣、换洗衣服，其余衣服按需要自己准备，注意保暖。

2. 学生根据自己要求，携带洗漱用品（过敏的同学尽量不用酒店提供的拖鞋、毛巾和床单，请自备好任何接触性用具）。

3. 建议带自己的必要物品，背双肩背包便于行动。

4. 不建议带大量现金和贵重物品。

5. 严格控制使用电子产品时间，合理利用电子产品帮助学习。行进路上不戴耳机。

四、交通准备

1. 晕车同学选择尽量靠前的座位，提前自行准备好药物，按照说明书和医嘱时间提前服用。

2. 不要在大巴车上吃瓜子和带皮的食品，下车带好垃圾。

1　具体内容略。

3. 每天晚上回酒店住宿时，不要将物品留在大巴车上。

五、药品准备

根据自身要求，可携带常备药品，如外伤用药，肠胃疾病用药，晕车药，防止蚊虫叮咬及个人其他用药。

第六部分　研学旅行指导师团队

略。

第七部分　研学课题

1. 以小组为单位选择一项主要研究课题

英语	泰山游记的宣传画报
	泰山游览的导游宣传页设计
地理	对“三孔”世界文化遗产的开发利用与保护的实地调查
	对世界文化与自然双遗产——泰山的旅游开发与保护的调查研究
生物	泰山植被分布与生境适应性特点研究
	早春开花植物观察记录（泰山及三孔）
	三孔古树保护措施调查研究及建议
物理	大气压随海拔和温度的变化规律
数学	重于泰山——“泰山有多重”，探究建立数学模型估计泰山的重量
	孔庙祭祀活动中与“数”相关活动的意义探寻
科技	探究古代石牌坊（石质结构）结构和建造方法
	趵突泉的形成特点的研究
	孔府院落布局研究

2. 根据课程和选择的课题提前预习提出自己的疑问，并在研学过程中寻找答案。

我的研学疑问	

第八部分 研学行程

第一日（4月10号）——三孔明道

一、背景介绍

孔子是我国春秋末期著名的思想家、教育家，被尊为儒家学派的创始人。孔庙是历代王朝祭祀孔子的庙宇，孔庙基本格局是明弘治十六年（1503 年）形成的。到了清代，又经过多次重修，形成了今天的规模。占地面积 230 多亩，主要建筑包括五殿、一阁、一坛、两庑、两堂和十七座碑亭，共 466 间，各种门坊 57 座，古树 1700 余株，碑碣 2200 余块，南北长达 1300 多米。

大成殿是孔庙的中心建筑，也是祭祀孔子的中心场所。从孔庙神道开始，一直到大成殿所做的一切铺垫，都是为了显示这座宫殿的无比崇高。“大成”出自《孟子》中的“孔子之谓集大成”，赞扬孔子思想集古圣贤之大成。大成殿始建于宋天禧二年（1018 年），开始称文宣王殿。北宋崇宁三年（1104 年），宋徽宗赵佶赐名“大成殿”，并亲书殿额。我们今天见到的大成殿是清代按皇宫规制重建的，金碧辉煌，气势宏伟，与北京故宫太和殿、泰山岱庙天贶殿并称为“东方三大殿”。大成殿最引人注目的是四周廊下环立的 28 根石雕龙柱，尤其是前檐的十根深浮雕龙柱，栩栩如生，形态逼真，堪称中国石刻艺术的瑰宝。细心的工匠还在 28 根龙柱上刻下了 1296 条龙，据说这是传说中天下所有龙的总数。

（一）孔府：曲阜孔府被人们称为“天下第一家”

孔府在北宋末期规模扩大到数十间，到金代随着孔子后世官位的升迁和爵位的提高，孔府建筑不断扩大，至明清时期达到现在规模。现在孔府占地约 7.4 公顷，有古建筑 480 间，分前后九进院落，中、东、西三路布局。九进院落，所有建筑以中轴对称排列，主次分明，秩序井然。在中国封建社会，就是要建造三路五进的院落，也需要皇帝的特许。像孔府这样三路九进的院落，实际上是比照帝制，除皇室外，无人能比。孔府也处处体现着孔子中规中矩的正统思想。

（二）孔林

孔林是世界上延时最久的家族墓地，墓葬数量之多，规模之大，保存之完好，在世界上绝无仅有。孔林占地 3000 多亩，林墙周长 5591 米，坟冢 10 万余座，墓碑 4003 座，古建筑 116 间，历代石像、石仪 85 对。孔林内有柏、桧、柞、榆、槐等各类古树名木 10 万多株。

二、研学笔记

（一）儒家文化——“五伦”“五常”和“四维八德”

五伦，即五种人伦关系，这是处理人与人之间关系的道理和行为准则。

- 父子有亲——父子之间有骨肉之亲
- 君臣有义——君臣之间有礼义之道
- 夫妇有别——夫妻之间挚爱而又内外有别
- 长幼有序——老少之间有尊卑之序
- 朋友有信——朋友之间有诚信之德

思考题：回想自己生活中的五种关系，有哪种关系是你想要改变的？你会为此怎么做？

五常，仁、义、礼、智、信为儒家“五常”。

1. 仁

仁，人二也。指在与另一个人相处时，能做到融洽和谐，即为仁。凡事不能只想着自己，不能自私自利，多设身处地为别人着想，为别人考虑，做事为人为己，即为仁。儒家重仁，仁者，爱人也。简言之，能爱人即为仁。

仔细观察“仁”的特点，在生活中如何做到仁（思考一个公式 0.5+0.5=1，一个成语“大智若愚”）？

2. 义

义，人字出头，加一点。在别人有难时出手出头，帮人一把，即为义。

3. 礼

礼，示人以曲也。己弯腰则人高，对他人即为有礼，因此敬人即为礼。古之礼，示人如弯曲的谷物也。只有结满谷物的谷穗才会弯下头，礼之精要在于曲。

思考题：人与自然存在什么样的关系？为什么结满谷物会弯下头？从物理学的角度思考不成熟的谷穗是什么样的。从谷穗看做人，你该如何做人呢？

4. 智

智，知道日常的东西。把平时生活中的东西琢磨透了，了解宇宙运行的规律，了解人与人之间的关系，就叫智。

5. 信

信，人言也。远古时没有纸，经验技能均靠言传身教。信者，实为人类之言，是人类从普遍经验中总结出来的智慧。

思考题：论信的重要性。

以七个人的小组为单位，结合自己的学习经验，解读论语中“学而不思则罔，思而不学则殆”是如何运用的。对你的学习方法有何启发？

（二）探寻圣人哲学

天行健，君子以自强不息，地势坤，君子以厚德载物。大道之行也，天下为公。孟子继往开来，养浩然正气：富贵不能淫，贫贱不能移，威武不能屈。曾子一日三省吾身：格物、致知、诚意、正心、修身、齐家、治国、平天下。张载怀抱理想“为天地立心，为生民立命，为往圣继绝学，为万世开太平”。范仲淹更以“先天下之忧而忧，后天下之乐而乐”。

自选上述一个哲学主题，用 50 字左右写一下在生活和学习上运用的方法。

第二日（4月11号）——泰山明志

一、背景介绍

泰山1987年12月被评为世界自然与文化双遗产。2000年来，泰山一直是帝王朝拜的对象，其山中的人文杰作与自然景观完美、和谐地融合在一起。泰山一直是中国艺术家和学者的精神源泉，是古代中国文明和信仰的象征。

泰山是一座中国书法博物馆。2007年12月，中国书法家协会命名泰山为“中国书法名山”。

（一）泰山精神

“国泰民安”“和合共生”的美好希冀，“登泰山而小天下”“会当凌绝顶，一览众山小”的豪情，以及“尧舜一日万几，文王日昃不暇食，仲尼终夜不寝，颜子欲罢不能”的自强不息的精神（李鼎祚:《周易集解》卷1），不断增强民族的自尊心、自信心、自豪感，促使国人锲而不舍地攀登，以达到至高至上的境界。

（二）泰山颂

巍巍岱宗，众山之巅。雄踞神州，上接九天。吞吐日月，呼吸云烟。
阴阳变幻，气象万千。兴云化雨，泽被禹甸。齐青未了，养育黎元。
鲁青未了，春满人间。星换斗移，河清海晏。人和政通，上下相安。
风起水涌，处处新颜。暮春三月，杂花满山。十月深秋，层林红染。
伊甸桃源，谁堪比肩。登高望岳，壮思绵绵。国之魂魄，民之肝胆。
屹立东方，亿万斯年。

（三）泰山挑夫颂

挑山工，挑山工，性实在，
不空谈，步步稳，担担重。
汗如泉，劲如松，顶烈日，
迎寒风，春到夏，秋到冬。
青春献泰山，风光留大众。
有此一精神，何事不成功。

二、思考练习

1. 选择五个你最喜欢的泰山书法作品，体会文字背后作者的故事和所抒发的感情，并用古诗词表达自己的情感。

2. 五张震撼人心的画面——永攀高峰的过程中，观察身边的人和事情。用图片记录五张感动和震撼自己内心的画面。

3. 制作移动脊梁的小视频——采访一个登山工，并用小视频记录登山工的故事，至少思考三条品质，以小组为单位讨论如何在学习上践行挑山工精神，写一篇 50 字左右的感想。对话挑山工：调研泰山挑山工的历史，采访三个挑山工，主题自选（泰山故事、运动科学、泰山精神），以小组为单位，分享研学泰山的心得。结合自身的学习经历选出三个泰山挑山工品质，为学习增加新的动力。

4. 小组讨论思考题：经过爬泰山，讨论一下什么是坚持，用爬山一件事情说明如何坚持，小组讨论在实现梦想的道路上，如何拥有坚持的品质。

5. 观察在以班级为单位小组合作爬山的过程中哪些行为能够体现友谊，用照片记录能够体现团队协作能力的画面，小组讨论在生活中我们该如何理解“有朋自远方来不亦乐乎”。

6. 习近平主席在会议讲话中经常提到“事业任重道远，责任重于泰山”，结合泰山之行的感悟，谈谈你对这句话的认识。

第三日（4月12号）——济南寻贤

一、背景介绍

（一）大明湖

大明湖，位于济南市中心偏东北处、旧城区北部，由济南众多泉水汇流而成，公园面积 103.4 公顷，湖面面积 58 公顷，平均水深 2 米左右，最深处 4.5 米，是繁华都市中一处难得的天然湖泊，济南三大名胜之一，素有“泉城明珠”的美誉。其著名景点有历下亭、北极阁、铁公祠、超然楼等。

大明湖景色优美秀丽，水色澄碧，湖上鸢飞鱼跃，荷花满塘，画舫穿行，堤柳夹岸，亭榭点缀其间，南面千佛山倒映湖中，形成一幅天然画卷。春日，湖上暖风吹拂，柳丝轻摇，微波荡漾；夏日，湖中荷浪迷人，葱绿片片，嫣红点点；秋日，湖中芦花飞舞，水鸟翱翔；冬日，湖面虽暂失碧波，但银装素裹，分外妖娆。清代书法家铁保留下的“四面荷花三面柳，一城山色半城湖”的名句，绘声绘色地道出了大明湖的佳绝之处。

（二）趵突泉

趵突泉位于济南市历下区，南靠千佛山，东临泉城广场，北望大明湖，五龙潭，面积 158 亩。该泉位居济南七十二名泉之首，被誉为“天下第一泉”，也是最早见于古代文献的济南名泉。

趵突泉是泉城济南的象征与标志，与济南千佛山、大明湖并称为济南三大名胜。泉池东西长 30 米，南北宽 20 米，泉分三股涌出平地，泉水澄澈清冽。泉的四周有大块砌石，环以扶栏，可凭栏俯视池内三泉喷涌的奇景。泉水一年四季恒定在18℃左右，严冬水面上水汽袅袅，像一层薄薄的烟雾，一边是泉池幽深，波光粼粼，一边是楼阁彩绘，雕梁画栋构成了奇妙的人间仙境，当地人称之为“云蒸雾润”。

二、思考练习

1. 如果在大明湖畔你遇到老舍先生，发挥想象力，你会对他说什么？

2. 以小组为单位采访三位市民，采访主题是“大明湖和趵突泉印象”，了解山东的民俗文化。

3. 最重要的三件事——学习完“一山”“一水”“一圣人”，写出来三件事（最难忘的一件事情，最遗憾的一件事情，最开心的一件事情）。

4. 三条学霸学习经验——结合本次研学经历，采访至少三位北大带队老师（主题自选：方法、经验、故事、家庭教育、中考备考等）。

第九部分　研学交通

略。

第十部分　研学评价（部分）

1. 自我评价（在你认为最符合的描述下面画“√”）

	优秀	良好	合格	待改进
积极参与活动				
认真听取讲解				
生活独立自主				
在外文明研学				
遵守研学纪律				
注意个人卫生				

2. 指导师评价（邀请队长在他 / 她认为最符合的描述下画“√”）

	优秀	良好	合格	待改进
团队意识				
友爱互助				
积极参与				
遵守时间				

第十一部分　生涯规划——登高望远，写给自己的信

齐诵《论语》

女：

子曰："学而时习之，不亦说乎？有朋自远方来，不亦乐乎？人不知而不愠，不亦君子乎？"

男：

子曰："吾十有五而志于学，三十而立，四十而不惑，五十而知天命，六十而耳顺，七十而从心所欲，不逾矩。"

一班：

子曰："为政以德，譬如北辰，居其所而众星共之。"

子曰："巧言令色，鲜矣仁！"

二班：

子曰："唯仁者能好人，能恶人。"

子曰："君子周而不比，小人比而不周。"

三班：

子曰："射不主皮，为力不同科，古之道也。"

子曰："人而不仁，如礼何？人而不仁，如乐何？"

四班：

子曰："不患无位，患所以立；不患莫己知，求为可知也。"

子曰："温故而知新，可以为师矣。"

五班：

子曰："《诗》三百，一言以蔽之，曰：'思无邪'。"

子曰："父在，观其志；父没，观其行；三年无改于父之道，可谓孝矣。"

六班：

子曰："君子食无求饱，居无求安，敏于事而慎于言，就有道而正焉。可谓好学也已。"

子曰："父母在，不远游，游必有方。"

七班：

子曰：“不仁者不可以久处约，不可以长处乐。仁者安仁，知者利仁。”

子曰：“父母之年，不可不知也。一则以喜，一则以惧。”

八班：

子曰：“道之以政，齐之以刑，民免而无耻。道之以德，齐之以礼，有耻且格。”

子曰：“朝闻道，夕死可矣。”

九班：

子曰：“不患人之不己知，患不知人也。”

子曰：“学而不思则罔，思而不学则殆。”

十班：

子曰：“吾与回言终日，不违，如愚。退而省其私，亦足以发，回也不愚。”

子曰：“见贤思齐焉，见不贤而内自省也。”

十一班：

子曰：“夷狄之有君，不如诸夏之亡也。”

子曰：“居上不宽，为礼不敬，临丧不哀，吾何以观之哉？”

十二班：

子曰：“里仁为美。择不处仁，焉得知？”

子曰：“能以礼让为国乎？何有？不能以礼让为国，如礼何？”

齐诵：

子曰：“君子欲讷于言而敏于行。”

子曰：“德不孤，必有邻。”

子曰：“君子喻于义，小人喻于利。”

子曰：“人而无信，不知其可也。大车无輗，小车无軏，其何以行之哉？”

子曰：知之为知之，不知为不知，是知也。

孔子祭文

公元 2019 年 4 月 10 日，惟夏历己亥之年，己巳之月，日在丁丑，恭逢大成至圣先师孔子 2570 年诞辰，北京市陈经纶中学分校师生远道故里，祭拜大成至圣先师，祈告圣灵曰：

白云舒卧，紫霞纵横。红缠杏坛，绿掩碑亭。
多士肃肃，庙堂雍雍。典祀有常，是仰是崇。
生民之初，心智懵懵。彝伦不明，长夜无穷。
伟哉夫子，如岳之耸。庠序养贤，开辟鸿蒙。
杏坛设教，儒学大弘。亘古首屈，文教巅峰。
博我以文，删正六经。倬彼云汉，为章苍穹。
三千弟子，惟道是弘。夫子精华，代代相承。
文德既修，远方来朋。照临千秋，为祷为颂。
诗礼传世，荡荡德风。立我经纶，莫非尔功。
立德树人，道远任重。奠基教育，振聋发聩。
不懈追求，行则笃敬。追求卓越，身正令行。
陈分精神，众志成城。孜孜不懈，与时偕行。
师生同契，永秉传承。共缅先师，追远慎终。
河山舞姿，日月霓虹。龙飙鳞爪，凤翥翼翀。

呜呼夫子，魂兮归来，克鉴斯诚！
呜呼夫子，魂兮归来，享此献奉。

附录5　北京市陈经纶中学分校齐鲁文化探寻社会综合实践活动研学旅行指导师手册

研学旅行指导师手册

班　　级：____________________

车　　号：____________________

指导师姓名：____________________

指导师电话：____________________

一、学校研学背景

“行是知之始，知是行之成”，“行”是实践，“知”是认识。随着教育改革的不断深入，走出校园，走进生活，走进社会大课堂，研学旅行成为培养中小学生核心素养重要且有效的方式之一。

北京市陈经纶中学分校“齐鲁文化探寻课程”秉承教育即生活的理念，由北大状元带领学生将课堂放在行走中，与自然和人文相遇、与社会和生活相触，重点培养学生的自主发展与社会参与两方面的核心素养，培养学生个性及多元化的文化理念和思维习惯。

二、学校研学目标

1. 知识目标

引导学生运用各学科知识，解决实际生产生活中的问题。

2. 能力目标

引导、培养学生的行动力和“七项感知力”——我能行、我的贡献有价值、我能够影响发生在自己身上的事情、内省能力、人际沟通能力、整体把握能力和判断能力。

3. 情感目标

将创造力融合于欢乐的活动氛围中，最大限度地激活学生的潜能，培养和提升学生的团队协作、自我认知、自我挑战、自我超越能力，践行锐意进取和团结拼搏的精神。

4. 美育目标

积累儒学文化、感受儒家情怀、培养审美情趣。引导学生发现美、感知美、评价美的意识和能力，建立健康的审美价值取向；学会自我表达和创意表现个人兴趣和意识，能在生活中拓展和升华美。

三、研学整体行程

<table>
<tr><th colspan="2">日期</th><th>时间</th><th>活动行程</th><th>活动主题</th></tr>
<tr><td rowspan="12">4月10日
闻道</td><td rowspan="6">上午</td><td>04:30—04:45</td><td>4:30学校集合
4:45出发前往北京南站
乘坐G101次（06:43—9:13）赴曲阜</td><td rowspan="2">开启研学
曲阜明道</td></tr>
<tr><td>09:13—09:30</td><td>曲阜东接站</td></tr>
<tr><td>09:30—10:10</td><td>前往孔林</td><td rowspan="2">凭吊圣人
传承儒学</td></tr>
<tr><td>10:10—11:30</td><td>步入孔林，缅怀先师</td></tr>
<tr><td>11:50—12:30</td><td>前往曲阜国际饭店</td><td rowspan="2">箪食瓢饮
古训绕梁</td></tr>
<tr><td>12:30—13:20</td><td>午餐（按餐桌发儒生服）</td></tr>
<tr><td rowspan="6">下午</td><td>14:00—15:20</td><td>集体大合影
璧水桥前整衣冠
随仪仗至杏坛前
祭拜仪式
•启户仪式　•奠酒献礼　•恭读祭文
•集体行礼　•齐诵论语　•祈福许愿
•大成殿前班级合影留念</td><td>清明祭孔
缅怀儒宗</td></tr>
<tr><td>15:15—15:35</td><td>换下祭祀汉服，交引导员统一收纳</td><td rowspan="3">修齐治平
儒之风范</td></tr>
<tr><td>15:35—15:15</td><td>参观孔庙，领略儒家建筑文化</td></tr>
<tr><td>16:15—16:45</td><td>参观孔府（衍圣公府、汉魏碑刻馆）</td></tr>
<tr><td>16:55—18:00</td><td>曲阜迎宾馆晚餐</td><td rowspan="2">温故知新
吾日三省</td></tr>
<tr><td>18:30—20:30</td><td>乘车赴泰安，入住泰安天池酒店</td></tr>
<tr><td rowspan="4">4月11日
取势</td><td rowspan="4">上午</td><td>07:00—07:30</td><td>早餐、广场集合</td><td rowspan="4">勇攀泰山
自立自强</td></tr>
<tr><td>07:30—07:50</td><td>乘车前往泰山</td></tr>
<tr><td>07:50—08:20</td><td>红门停车场内热身，年级主题教育活动</td></tr>
<tr><td>08:30—12:30</td><td>红门到中天门（5.36千米，爬升675米，约1.5小时）
稽查站设置救助站1
壶天阁设置求助站2
中天门设置救助站3</td></tr>
</table>

<table>
<tr><th colspan="2">日期</th><th>时间</th><th>活动行程</th><th>活动主题</th></tr>
<tr><td rowspan="6">4月11日
取势</td><td rowspan="2">上午</td><td>08:30—12:30</td><td>中天门到玉皇顶（距离5.55千米，爬升851米，大约2.5小时）
十八盘设置救助站4
龙门设置救助站5
南天门设置救助站6</td><td rowspan="2">勇攀泰山
自立自强</td></tr>
<tr><td>12:30—13:20</td><td>泰山成长礼　相约大观峰
记录各班登顶率，集体大合影
（全体学生“山之颂”大自然操展示）</td></tr>
<tr><td rowspan="4">下午</td><td>13:20—17:10</td><td>下山，红门停车场集合</td><td rowspan="4">敢为敢当
永不服输</td></tr>
<tr><td>17:10—17:40</td><td>乘车前往住宿酒店</td></tr>
<tr><td>17:50—18:40</td><td>酒店餐厅用晚餐</td></tr>
<tr><td>18:50—20:00</td><td>泰山印象晚会：
共同成长——集体生日
状元与你分享难忘时刻</td></tr>
<tr><td rowspan="9">4月12日
明志</td><td rowspan="4">上午</td><td>07:00—08:00</td><td>早餐、整理物品、退房</td><td rowspan="7">湖光山色
如诗泉城</td></tr>
<tr><td>08:00—10:00</td><td>乘车赴济南</td></tr>
<tr><td>09:40—10:40</td><td>研学大明湖，寻找老舍的足迹</td></tr>
<tr><td>11:00—11:20</td><td>乘车前往趵突泉</td></tr>
<tr><td rowspan="5">下午</td><td>11:20—12:20</td><td>研学趵突泉、李清照纪念馆</td></tr>
<tr><td>12:20—13:00</td><td>鲁全宾馆午餐</td></tr>
<tr><td>13:10—14:20</td><td>乘车至济南西高铁站</td></tr>
<tr><td>14:20—15:00</td><td>济南西高铁站候车</td><td rowspan="2">分享收获
珍藏回忆</td></tr>
<tr><td>15:44—17:29</td><td>乘坐高铁G190（15:14—17:00）济南西到北京南）返回北京南站，预计18:30到校</td></tr>
</table>

四、研学过程要求

（一）基本要求

安全第一，耐心细致；学游结合，循循善诱。

（二）基本制度

1. 信息反馈和岗位意识

指导师须以自身工作为中心，不得脱离岗位；对突发事项要及时反馈，由指导师本人或指定人员完成对外沟通协调。

2. 提前熟悉行程和工作指南

指导师须在下一个活动开始前，提前阅读工作指南，熟悉下一环节的工作内容。

3. 指导师行为规范要求

（1）上车首先清点人数，按小组进行，组织各小组报告本组人数，提醒大家坐好，系好安全带。

（2）上车给自己鼓掌、给司机鼓掌、给老师鼓掌（控制学生玩手机），每次上车给家长发信息报告收获和平安。

（3）组织合影。上网搜索五个经典的团队合影姿势，每天评出最美的瞬间，每天每位指导师至少记录三个有特色的团队或个人图片，并且上传到群里。

（4）引导学生就餐，注意饮食卫生，提醒带好随身物品。

（5）晚上查房间然后向主带指导师汇报，等所有学生都睡了才可以休息。

（6）早上集合讲述任务，晚上集体开会讨论存在的问题和注意事项。

（7）不准在学生和老师面前玩手机（拍照和接电话除外），接电话请旁边处理。

（8）一切行动听从指挥，绝对禁止私自决定做事，熟读安全预案，遇见危机情况向主带指导师和相关人员报告。

（9）严格遵守时间观念，带好手机电源或对讲解，随时沟通，收到信息一定要回复自己的姓名，然后说收到完毕。

（10）全心为学生服务，有情绪找主带指导师，禁止对学生和学校老师大声叫嚷。

（11）熟读学生研学手册，指导学生完成研学任务。

（12）必须穿戴同一配发的服装，统一黑色裤子、登山鞋、背包。

（13）团队行走的过程中，不要太快，一定要回头看队尾，要对导游的讲解组织大家分享或者协助导游做活动，登山过程安全第一，紧跟自己的班级。

（14）说话声音要洪亮，保持微笑，注意说话的时候用目光和学生交流，多喝水保护好嗓子。

（15）必须记住所带团队的组长姓名，尽量熟悉学生，记住他们的名字。

（16）风雨同舟，共同进步，努力保证本次研学活动圆满成功。

五、研学指导师团队

（一）人员分工

分工	人数	名单	职责
主带指导师	2人	主指导师A（外联） 主指导师B（内管）	落实以下工作： 1.流程和时间把控 2.对内的人员管理和工作协调 3.对外的协调沟通和解决问题 4.物资管理 5.指令的汇总和下达 6.意见汇总 7.应急协调
指导师团	14人	略	指导师的主要职责有： 1.清点人数 2.物资发放 3.整理队伍，引导行进 4.维持上下车、就餐秩序 5.强调安全及注意事项 6.行程介绍和活动引导 7.互动交流，学习指导
导游团	14人	略	地接具体安排
医疗团	2人	略	校医和承办机构具备医生资质的医务人员

（二）人员电话

略。

六、研学课程实施

（一）课题指导实施

1. 针对以下课题进行备课（备课文稿统一架构）。

英语	泰山游记的宣传画报
	泰山游览的导游宣传页设计
地理	对“三孔”世界文化遗产的开发利用与保护的实地调查
	对世界文化与自然双遗产——泰山的旅游开发与保护的调查研究
生物	泰山植被分布与生境适应性特点研究
	早春开花植物观察记录（泰山及三孔）
	三孔古树保护措施调查研究及建议
物理	大气压随海拔和温度的变化规律
数学	重于泰山——“泰山有多重”，探究建立数学模型估计泰山的重量
	孔庙祭祀活动中与“数”相关活动的意义探寻
科技	探究古代石牌坊（石质结构）结构和建造方法
	趵突泉的形成特点的研究
	孔府院落布局研究

2. 根据学生课程和选择的课题提，在研学过程中解答学生疑问。

学生的研学疑问	

（二）研学工作笔记

笔记1：学校

分工	工作内容及细节			完成√
4:30	抵达中学的校门口		备注	
4:30—4:40	签到	校门口，找主带指导师签到		
	领取物资	领取并按清单清点物资		
	对接大巴	对接司机，确认大巴位置		
4:40	集合，统一入校			
4:30—4:40	集合	校门口集合		
	入校	由主指导师B率队进校		
	对接班主任	简单地进行自我介绍		
	整队点人		问题及时上报	
	对讲报数	人员到齐的可尽早报数		
	等待指令统一出校			
	引导出校	列队顺次出校		
	放置行李	协调学生放置行李	检查行李架	
	引导上车	引导学生上车	首排座位预留，给导游、老师和晕车的学生	
	清点人数	坐定后，尽快清点人数		
	对讲报数	人员到齐的可尽早报数		
4:55	对讲机播报人数			
4:55—5:00	播报人数	1号车××人，到齐		
5:00	出发，前往北京南站			
5:00—6:00	发车		提醒学生系好安全带	
	自我介绍	大家好，我是咱班的带队指导师__，大家可以叫我__。愿意与大家分享学习上的问题	注意事项提醒	

笔记 2：北京南站

时间	工作内容及细节			完成√
6:00	到达南站（以大巴实际到达时间为准）		备注	
6:00—6:10	下车	1.下车前，强调物品和安全 2.取物品时，注意维持秩序		
	取行李	排成四路纵队，拉杆箱在右		
	整队	顺次安检，两路队伍一组	若有问题联系主指导师A避免停滞	
6:10	进站候车			
6:10—6:43	候车	二楼候车，强调看好物品		
	准备上车	收拾物品，整理队伍	提醒师生准备好车票	
	清点人数	根据主指导师B指令上报人数		
	检票上车	等待主指导师指令		
	放置行李	检查行李放置情况		
	清点人数	就座后确认人员上车情况		
6:43	动车出发			
6:43—8:37	互动	1.高铁与城市发展有何关系 2.计算北京至曲阜的时间		
	阅读时间	提醒学生阅读研学手册，了解第一天的研学背景（30分钟），结束后有提问和回答环节		
	采访	采访10名学生，收集学生的研究题目、研学问题，将采访结果写在纸上，拍照发到工作群里		
8:37	准备下车			
8:37—9:13	时间提醒	车过济南西站后提醒大家，还有一站，9:13到达		
	提醒入厕	强调要在9:00之前		
	收拾物品	收起小桌，检查座位、地面		
9:13	到达曲阜东站			

笔记3：曲阜东站出站

时间	工作内容及细节			完成√
9:13	到达曲阜东站		备注	
9:13—9:45	下车	带好行李物品		
	整队	排成四路纵队，拉杆箱在右		
	清点人数	根据主指导师B指令上报人数		
	出站口对接	出站，对接地接导游	需要时收取师生车票	
	步行上车	放置行李、上车		
	清点人数	等待主指导师B指令上报人数		
	出发	等待主指导师B指令统一出发		
9:45	大巴车前往孔林			
9:45—10:30	与导游沟通	沟通时间、分工和注意事项		
	导游时间	由导游简单介绍曲阜及行程	游览和午餐时间点	

★出站上车示意图

笔记4：孔林

时间	工作内容及细节			完成√
10:30	到达孔林南门（以实际到达时间为准）		备注	
10:30—10:50	下车取物品	不取大件行李，带好水、资料等		
	整队	四路纵队		

时间	工作内容及细节			完成√
10:30—10:50	领取门票	找主指导师A领取门票并下发	各指导师	
	安检进园	随导游安检进园		
	瞻仰孔子墓			
	返回	提醒导游，组织学生上厕所	选有厕所的线路	
	分享时间	题目：分享参观后感想，与学生探讨人生的意义和价值	指导师主持	
11:50	出孔林，上车前往曲阜国际宾馆			
11:50—12:30	上车	随导游引导，秩序上车		
	清点人数	等待主指导师B指令上报人数		
	出发	行程约20分钟	用餐注意事项	
12:20	抵达曲阜国际宾馆			

★曲阜市内线路示意

笔记 5：曲阜国际宾馆　午餐

时间	工作内容及细节			完成√
12:20	大巴车到达曲阜国际宾馆		备注	
12:20—12:30	下车整队	四路纵队		
	时间介绍 强调四项	1.午餐时间（12:30开始） 2.餐后原地等待 3.提醒餐后去厕所 4.13:10集合，换汉服		
	进入餐厅	按主指导师指令，依桌号就座		
12:30	午餐时间			
12:30—13:30	学生用餐	12:30开始，禁止打闹、跑动	注意添加主食等	
	指导师用餐	用餐时间地点等主指导师指令		
	餐后等待	指导师餐后去班级位置	禁止脱团自由活动	
	厕所时间	提醒上厕所	13:10之前结束	
	集合换汉服	在导游的指导下，学穿汉服	13:10开始	
	上车点人	等待主指导师B指令上报人数		
13:30	上大巴车，前往孔庙			

笔记 6：万仞宫墙合影

时间	工作内容及细节			完成√
13:50	大巴车到达孔庙		备注	
13:50—14:00	准备下车	手册、旗、水、物品、汉服		
	下车整队	七路纵队，高个子在前排		
	列队待命	等候主指导师B指令，排列合影队列		
14:00	万仞宫墙前合影			

笔记7：孔庙孔府

时间	工作内容及细节			完成√
14:15	进入孔庙		备注	
14:15—14:30	整理队伍	回归四路纵队		
	门票	主指导师A负责门票		
	安检入园	协助导游，引导学生安检入园		
14:30	璧水桥前			
14:30—16:10	正衣冠	检查团队的汉服，整理衣冠		
	行至大成殿	由仪仗人员引导，步入		
	祭孔大典	维持团队秩序，拍照		
	归还汉服	与导游协调		
	厕所时间		注意控制时间	
	参观浏览	整队点人，随导游浏览孔庙		
	完成手册	导游讲解完，用三分钟时间与学生分享自己对“仁”的理解和体会，协助学生完成研学手册		
16:10	参观孔府、魏汉碑刻			
16:10—16:40	参观	指导师协助导游完成	注意沟通结束时间	
	集合	16:35集合队伍		
16:40	步行至停车场			
16:40—17:10	步行	引导学生步行至停车场	注意路口截断车流	
	上车	提醒整理衣服、物品		
	点人	等待主指导师B指令上报人数		
17:10	驱车前往迎宾馆			
17:10—17:30	前往晚餐点	约20分钟		
17:30	抵达迎宾馆，晚餐			

时间	工作内容及细节			完成√
17:30—18:30	晚餐	注意事项同午餐		
	厕所时间	强调上厕所，高速不过服务区	18:15前截止	
	整队上车	等待主指导师B指令上报人数		
18:30	大巴车前往泰安，行程2小时			

笔记 8：泰安宾馆

时间	工作内容及细节			完成√
20:30	抵达泰安		备注	
20:30—20:50	分发房卡	1.按班分发房卡，指导师对接学校××老师领取 2.由老师分发到人	到达前介绍入住、分房、查房等事项	
	强调事项	1.起床时间：6:30 2.提醒早餐时间、地点；暂定7:00—7:20 3.强调班级吃饭区域（1楼还是3楼） 4.提醒准备第二天出发前的物品：小书包和厚衣服 5.晚上熄灯时间 6.统计没有带身份证的同学；告知学生提前起床吃饭，第二天早上7:00大厅集合，前往办理登山手续		
	协助老师入住	1.给老师发放房卡 2.协助老师前台办理入住 3.提醒老师凭房卡吃早餐，强调一遍时间和地点	早餐7:00—7:20 提醒1楼、3楼都行	
21:00	整理登山餐			
21:00—21:20	清点数目	大厅/小会议室协助主指导师		
	标注班级	打印班级名称（一班，二班）		
21:20	宾馆大厅开组会			

时间	工作内容及细节			完成√
21:20—22:00	活动总结	总结第一天的工作		
	活动安排	由总控和主指导师布置第二天的活动安排		
22:00	休息时间			

注：实验学校师生单列。

笔记9：登山前

时间	工作内容及细节			完成√
7:00	指导师大厅集合		备注	
7:00—7:20	检查装备	对讲、旗子、应急包		
	领取登山餐	对接主指导师A，领取指导师午餐；整理老师、导游、司机午餐	填写数量，签字	
	分发学生餐	自主选取地点（车上、大厅、餐厅）	要求餐包装入背包	
	交接学生	大厅，将无身份证学生交主指导师A	7:10前完成	
7:20	上大巴车			
7:20—7:30	整队	整理队伍，带队上车		
	组织上车	检查物品：旗子、午餐、水、衣服、药品		
	清点人数	等待主指导师B指令上报人数	7:30前必须完成	
7:30	出发前往红门停车场			
7:30—7:50	简介流程	动员会、热身、登山、晚餐、晚会		
	强调安全	1.登山中以班级为单位统一前行 2.身体不适及时反映 3.保持卫生 4.合理分配饮食和体力 5.注意避让		

7:50	抵达红门停车场			
7:50—8:00	下车准备	检查物品、调整背包背带		
	下车整队	四路纵队		
	步行到广场			
	列队就位	各指导师负责引导		
8:00	动员会			
8:00—8:30	维持秩序	主指导师B带领做准备活动		
	整队	校长讲话并授旗仪式	指导师单独列一队	
8:30	开始登山			

★红门停车场至广场（步行350米）

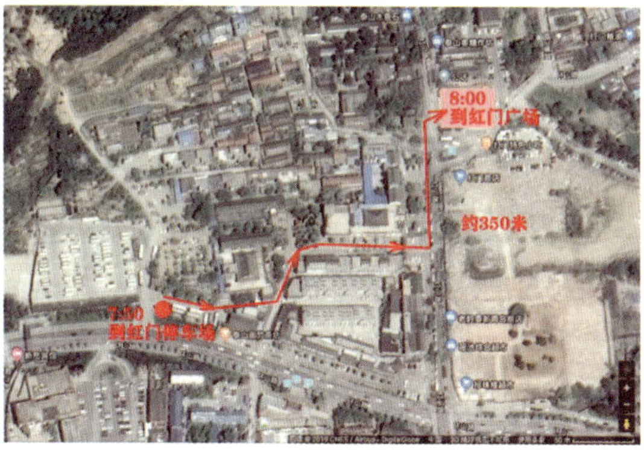

★红门广场列队，参加动员会

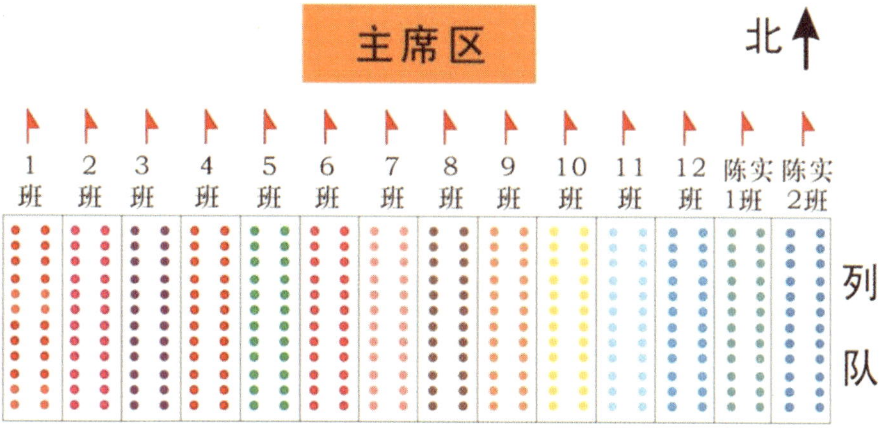

笔记 10：登山

★活动流程：

时间	行程
8:30—12:30	红门到中天门（5.36千米，爬升675米，约1.5小时）救助站1、2、3 中天门到玉皇顶（距离5.55千米，爬升851米，大约2.5小时）救助站4、5、6
10:30	十八盘
12:30—13:20	山顶活动：玉皇顶参观；参加“泰山大课堂”；班组合影；班组活动；集体合影
13:20—17:10	下山

★主要点位示意（略）

★指导师工作内容：

时间	工作内容及细节			完成√
8:30	开始登山		备注	
8:30—10:30	检票进山	先头部队出发		
	人员落位	1.检票口安排导游协调 2.导游、医护前往负责区域 3.指导师跟随自己班级攀登 4. 机动人员落位 5. 不参加爬山人员，大本营活动（人员、导游、车辆）	1.按班级出发，间隔5分钟 2.以班级最后一名同学的节奏为基准 3.指导师拍摄10张照片，晚会时分享 4.全程注意学生情况，有问题及时反馈	
	列队前行	维持秩序，把控节奏和时间		
	强调安全	注意护管学生，不允许学生前往危险区域		
	上报位置	等待主指导师B指令上报位置		
10:30	十八盘			
10:30—12:30	强调安全	指导师重复安全注意事项		
	合理休息	选择合适地点休息	安全为主、视野之内	
	秩序通过	指导师组织人员按顺序通过		

时间	工作内容及细节			完成√
12:30	登顶			
12:30—13:20	天街	天街处暂时休整几分钟		
	厕所时间	唐摩崖附近上厕所		
	玉皇顶参观	继续攀登，至玉皇顶		
	泰山大课堂	早到的班级开展活动	指导师负责指导	
	班组活动	合影留念		
13:20	唐摩崖下集体合影			
13:20—13:30	集体合影	指导师协助列队，维持秩序		
13:30	下山			
13:30—17:10	强调安全	分段、分组负责，控制		
	控制速度			
	上报位置	等待主指导师B指令及时上报位置		
17:00	抵达山下大本营（视具体时间确定）			
17:00—17:10	整队点人			
	上报人数	等待主指导师指令，上报人数		
	等待出发	等待主指导师出发指令		
17:10	前往天池温泉酒店			
17:10—17:40	前往酒店	抵达前介绍注意事项		
17:40	抵达天池温泉酒店			

笔记 11：晚餐及晚会（部分略）

时间	工作内容及细节			完成√
17:40	抵达天池温泉酒店		备注	
13:30—17:10	介绍行程	1.晚餐时间地点 2.晚会时间、场地 3.第二天时间安排（早餐、退房、等待出发）	详情等待主指导师B进一步通知	

时间	工作内容及细节			完成√
13:30—17:10	下车、整队			
17:50	晚餐			
17:50—18:40	晚餐	确认吃饭区域（具体同上）		
	集合	整队集合，等待指令去会场		
18:40	前往会场			
18:40—18:50	前往会场	引导学生前往会场		
18:50	泰山印象晚会			
18:50—19:50	集体生日			
	状元谈中考	准备一个五分钟的收获分享 讲述所带学生印象最深的故事	指导师主持	
	诗朗诵			
20:00	研学手册时间			
20:00—20:50	完成 研学手册	辅导学生完成研学手册	指导师负责	

笔记 12：出发前往济南

时间	工作内容及细节			完成√
7:00	大厅集合、放置行李		备注	
7:00—7:10	集合	携带行李，大厅集合		
	放置行李	引导学生、老师将行李放于大巴车上	填写数量，签字	
7:10	出发前准备工作			
7:10—7:50	收房卡	指导师统一收齐房卡，统一退房		
	退房	同上		
	早餐	同上		
	餐厅待命	餐后原地等待出发指令		
7:50	整队上车			

时间	工作内容及细节			完成√
7:50—8:00	上车	注意事项提醒		
	清点人数	等待主指导师B指令上报人数		
8:00	出发前往济南（行程约1小时40分）			

笔记 13：济南及返程

时间	工作内容及细节			完成√
9:40	抵达大明湖		备注	
9:40—12:10	游览大明湖	辅助导游，维持秩序		
	老舍纪念馆			
	整队上车	等待主指导师B指令上报人数		
	前往趵突泉	提醒注意事项		
	游览趵突泉	引导完成研学作业	指导师负责	
	游览李清照纪念馆			
	整队上车	等待主指导师B指令上报人数	12:10上车完毕	
12:10	前往餐厅			
13:00	餐厅午餐时间			
13:00—13:50	轮班值勤	引导学生用餐，维持秩序		
	厕所时间	提醒学生上厕所		
	整队上车	等待主指导师B指令上报人数		
13:50	出发前往济南西			
13:50—14:10	活动总结	研学旅行活动总结	指导师主持	
14:10	到达济南西			
14:10—14:50	下车整队	注意事项和流程同上		
	清点人数	注意事项和流程同上		
	安检进站	注意事项和流程同上		
	领取车票			

时间	工作内容及细节			完成√
14:50	上车			
14:50—15:15	引导上车	学生走特殊通道，统一上车		
	指导师检票	指导师走正常通道，检票上车		
15:15	返程			
15:15—17:00	放置行李	协助学生放好行李		
	到站值勤	到站时，去车门值勤		
	厕所时间	提醒学生，到站不能去厕所	4:30—4:45	
	整理物品	收起小桌，检视周围是否有遗留物品		
17:00	抵达北京			
17:00—18:30	出站	注意事项和流程同上		
	引导大巴车	注意事项和流程同上		
	清点人数	等待主指导师B指令上报人数		
	等待出发	等待主指导师B指令上报人数		
18:30	抵达学校	后续工作（略）		

*未尽事宜，等待主指导师指示。注意保持对讲机畅通。

指导师签到及物品发放表

班级	指导师签到	物品下发	物品上交	指导师
1班				

天池温泉物品发放表

班级	房卡发放	登山餐	对讲		对讲			指导师
			充电	领取	充电	领取		
1班								

人数清点表1

班级	人数	学校	候车厅	刚上高铁	曲阜东	孔林	曲阜国际	停车场	迎宾馆	指导师
1班	*学*师									

人数清点表2

班级	人数	天池宾馆	红门广场	山顶	大本营	红门停车场	会场		指导师
1班	*学*师								

人数清点表3

班级	人数	天池宾馆	大明湖	趵突泉	午餐厅	备用栏	指导师
1班	*学*师						

人数清点表4

班级	人数	西站广场	候车大厅	高铁	北京南	大巴车	指导师
1班	*学*师						

七、研学旅行过程评价（部分）

评价指标		评价内容	优秀	良好	合格	待改进
一级指标	二级指标					
行前准备	文献检索	利用信息索引法收集目的地关联资料				
	物资准备	出行物资、行李准备				
	行前预习	对于本次活动的针对性预习				
行中实施（依据每天情况综合评价）	信息利用	合理利用手机等工具				
	资料记录	认真观察，记录有效数据				

评价指标		评价内容	优秀	良好	合格	待改进
一级指标	二级指标					
行中实施（依据每天情况综合评价）	体验感悟	文明研学，及时记录体验过程				
	时间观念	遵守研学纪律，按时集合，准时就寝				
	环保意识	随手带走自己产生的垃圾，不破坏环境				
	就餐秩序	自助餐时有序排队就餐，就餐时安静，不打闹、不浪费				
	研习秩序	认真听取讲解，安静有序随队活动，不擅自活动不脱离队伍				
	参访秩序	积极参与活动，生活独立自主				
	团队合作	活动中能够关心他人，与同学友好相处，有良好的团队意识				
行后总结	研学报告	报告书写规范性、创新性、完整性				

八、研学旅行安全预案（部分）

为贯彻落实教育等部门关于加强研学旅行学生安全工作的指导精神，预防学生研学活动过程中事故的发生，保障活动有序、顺利、安全进行，发现问题时能够以最快的速度实施救治，特制订如下有关规则、制度及应急处理预案。

（一）指导思想

以《陈经纶学校安全工作条例》为指针，认真落实各项安全措施，教育师生遵守各种安全法律法规，培养引导师生具备一定的自护能力，让活动既突出意义，又安全愉快。

（二）预案目的

本着预防为主的原则，确保本次外出研学活动中参与登泰山的师生的安全得到有效保障，防止登泰山特别是遇到下雨情况时事故的发生。

（三）安全应急工作组

安全应急工作小组表

<table>
<tr><td rowspan="3">应急小组</td><td>组长</td><td></td><td></td></tr>
<tr><td>副组长</td><td></td><td></td></tr>
<tr><td>组员</td><td></td><td></td></tr>
<tr><td rowspan="2">学生管理组</td><td>组长</td><td></td><td></td></tr>
<tr><td>组员</td><td></td><td></td></tr>
<tr><td rowspan="2">医务后勤组</td><td>组长</td><td></td><td></td></tr>
<tr><td></td><td></td><td></td></tr>
</table>

（四）防范制度和措施

（1）严格按学校批示执行外出活动，包括活动地点、行进线路、安全组织措施、紧急情况预案等内容，并存档备案。

（2）行前导育培训，要对班主任及全体学生进行事前安全教育，增强师生遵纪守规和安全防范意识。

（3）与校方一起，成立学生集体外出活动安全事故防范及应急处理小组，明确各随队指导师及校方领导、年级学生管理组长、班主任老师的安全职责。

（4）协助校方给学生家长开展安全教育工作，同时用书面形式将活动告知家长，让家长明确安全要求，掌握学生的活动内容、回家时间，协同做好教育工作。

（五）有关负责人任务及要求

遵照如上的防范制度，成立安全应急小组，明晰分工责任。制订活动的各种方案，引导活动顺利进行，处理活动中发生的一切意外事故。指导师协助班主任，做一些力所能及的事，如稳定学生情绪、联系车辆和医院等。秉承“高高兴兴活动去，平平安安回校来”的基本原则。

（1）本次研学活动中，全体人员均要以高度的责任心对每个学生的安全负责。自始至终参与活动的全过程，不得中途私自离开，保证本次活动顺利进行。

（2）指导师及学校师资组成员自带手机，活动中随时待机，保证信息畅通无误。所有带队辅导老师均要监守自己的岗位，服从统一部署和指挥。

（3）提前向学生做好安全教育，注意学生动态，不允许学生出入危险场地。对外出活动前后出现的问题，要及时与校方联系沟通，不能违反规定擅自处理。

（4）先遣队带队时要仔细检查道路的周边环境，对有危险的地段要派人留守，提醒大家注意安全。

（5）发生突发事件时，领导小组要在最短的时间内做出决策，采取相应措施，有必要时拨打120、110等求救电话，及时向上级汇报并做好各项善后工作。

（6）按规定的线路排队出发参与每一场活动，做到出发前各指导师即时点名，到目的地后再次点名。

（六）对具体突发事件的处置

1. 处理交通事故应急预案

（1）如遇发生事故，记住肇事车的车型、车牌、颜色，责任人拨打110报警电话，并及时向学校报告出事地点及详细情况，同时组织安全人员实施自救。

①如有学生受伤，应从尽快由随车指导师和班主任一起将受伤学生送往离出事点最近的医院进行抢救。

②无论是车祸或车辆故障一律立刻将车上其他学生转移到安全地带，如撤离时车门无法打开，应设法砸破车窗以便逃生。

（2）协同学校一起，立即组织力量以最快的速度赶到事发现场，随行安全责任人指挥人员保护现场，查明事故原因和损害情况，以书面材料上报相关领导。

2. 处理饮食卫生应急预案

（1）建立严格信息报告制度，若发生类似食物中毒症状，要求随队指导师与班主任立即上报安全责任人，并报告随队队医诊断，确定是否送医院紧急治疗或临时治疗，如需送医院治疗则由指导师与班主任护送前往。

（2）立即组织其他班级安全员对所有学生进行调查，以免造成多人发生中毒事故。组织人员查明中毒原因，并对每项食物留样检查。事发后及时向学校领导汇报详细情况，之后以书面材料呈报。

3. 处理人身意外伤害及疾病应急预案

（1）如遇活动中与他人争执事件，随队指导师应始终站在学生身前，要镇静，巧妙周旋，尽可以赢得时间，以避免学生受到任何人身攻击或其他伤害。

（2）如遇溺水事件，立即组织有水性的老师进行现场抢救，抢救后及时送医院治疗观察。抢救的同时第一时间上报学校，并根据现场水域情况拨打 110 报警。

（3）学生出现摔伤、扭伤、撞伤或疾病时，应立即报告随行校医进行治疗，如伤情较重应马上由教师送往就近医院抢救治疗，并及时上报病由、病情。

（4）如遇火灾事故，迅速组织学生撤离火场，拨打 119，在消防车到来之前，要组织人员逃生，不得擅自组织学生参加灭火。

总之，随行指导师和学校老师应控制学生的混乱场面（阻止学生围观）和二次事故现象的发生；校有关领导要迅速查明情况，并根据需要拨打电话；班主任老师及时与学生家长进行联系，加强与家长的沟通，稳定家长的情绪。

4. 处理登山过程中应急预案

（1）严格遵守泰山景区管理规定，在林区登山禁带火种，禁止一切火源。

（2）统一行动，做到前后有序不超随队指导师，若遇走散事件的发生，请在指定地点汇合或联络应急小组老师。

（3）登山时要尽量少带行李，轻装前进，背包在出发前要调整适合身体的背姿，物资准备应包括舒适运动鞋（多备一双，雨天鞋湿时可以更换）、雨伞（必备）、干粮和水（上山 2 瓶、下山 1 瓶，500mL）；

（4）在登山之前做热身运动，开始爬山前要做简单热身操。爬山对膝关节压力较大，因此要加强膝关节的热身。爬前热身基本步骤如下：

① 两手叉腰，足尖点地交替活动双侧踝关节。

② 屈膝半蹲，足跟提起，反复练习 3~5 次，活动双侧膝关节。

③ 交替抬高和外展双下肢，以活动髋关节。

④ 前后、左右弓箭步压腿、牵拉腿部肌肉和韧带。

（5）登山不是为了竞争，只为健身或沿途开展研学。故不计速度，沿大路缓慢而行，走石级时尽量靠中间行，手扶梯时谨防脱手，不另辟蹊径寻林荫小路。

（6）登山的地点在经过慎重选择后，本次为一条景区常规安全登山线路，随队老师亲自踩点并记录登山耗时时长及登山距离，出发前需将此线路提前做好标记下发学生。

（7）登山时依据个人节奏缓慢上行。以半小时就休息 5 分钟的原则，避免过度疲劳，若遇暴雨，暂停登山，找亭子或者避雨地点避雨，待雨小了再统一行动。

（8）下山不要走得太快，更不能奔跑，这样会使膝盖和腿部肌肉感受过重的张力，而使膝关节受伤或肌肉拉伤，也容易发生翻滚跌落。若遇到下雨，下山路滑，切记一定要慢行，必要时要等雨停了再下山。

（9）在登山时，还要时时预防腰腿扭伤，因此，在每次休息时，都要按摩腰腿部肌肉，防止肌肉僵硬。

（10）如有滚石掉下务必先回头看，切勿打到后面的队友，并喊一声“注意石头。”

（11）停止攀爬后千万不要马上停下坐下休息，应使身体各部位慢慢放松下来。建议攀爬后到达休息点时，做一些力所能及的腰、腹、腿、臂的放松运动，然后再坐下来休息。

（12）不要等到感觉口渴时才去喝水。要经常补充水分，但喝水时不要一次性喝太多（会增大对心脏压力），应该做到少量多次。

（13）爬山属于有氧代谢运动，参与人体各大器官的循环，特别是呼吸系统。在爬山过程中，人体对氧气的需求量会不断增加。一般情况下，攀爬过程中要保持均匀的呼吸，哪怕要减慢速度。在呼吸方式上，以鼻呼、口鼻混合吸较好。

（14）爬山刚开始时，由于氧气供应落后于肌肉的活动需要，因此会出现腿沉、胸闷、气喘等现象，特别是经常不锻炼的人感觉会更强，但这是正常的。如果感觉比较难受，应停下来调整呼吸；如感到特别不适，需马上告知随队老师，然后由随队队医确认是否可继续攀爬，若队医建议下撤，需要停止爬山下撤休整，并前往医院检查。

（15）安全第一，上下山严格跟队活动，不许擅自超捷径。队员注意相互保护（大家是一个集体，相互照顾），服从指挥人员安全指导。

（16）登山过程中，每位随队老师均需要随身携带急救药品，如云南白药、止血绷带等，以在便发生摔伤、碰伤、扭伤时使用，口服药品需家长授权老师并通知学校，由老师督导学生按时服用。

参考文献

[1]《中华人民共和国教师法》(中华人民共和国主席令第十五号)

[2]《关于推进中小学生研学旅行的意见》(教基一〔2016〕8号)

[3]《中小学综合实践活动课程指导纲要》(教材〔2017〕4号)

[4]《关于做好中小学研学旅行试验区工作的通知》(基一司〔2016〕14号)

[5]《中小学学生赴境外研学旅行活动指南(试行)》

[6]《新时代中小学教师职业行为十项准则(2018年修订)》

[7]《研学旅行服务规范》(LBT 054—2016)

[8]《研学旅行指导师(中小学)专业标准》(T/CATS 001—2019)